中文社会科学引文索引（CSSCI）来源集刊（2017—2018）

对外汉语研究

第 二 十 一 期

上海师范大学
《对外汉语研究》编委会 编

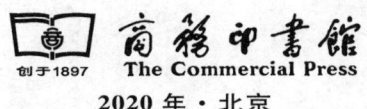

2020 年·北京

《对外汉语研究》编委会

名誉主编：张　斌

主　　编：齐沪扬

编委会成员（按音序排列）：

  陈昌来　　崔希亮　　范开泰　　范　晓　　古川裕〔日本〕
  李宇明　　陆俭明　　孟柱亿〔韩国〕　　潘文国　　齐沪扬
  邵敬敏　　沈家煊　　石定栩〔中国香港〕　　史有为
  吴为善　　信世昌〔中国台湾〕　　张谊生　　赵金铭

本期执行编委：齐沪扬　吴为善

本期执行编辑：杜　轶
编辑助理：王思媛　焦密阳

目 录

汉语本体研究

事理逻辑与语言逻辑——从"历史上的今天"谈起 …………… 王灿龙（1）
"程度副词＋有＋N"和"程度副词＋没（有）＋N"的对称和不对称
　　——基于语料库的考察 ……………………… 杨德峰　杨鸿禄（14）
再论"了₃"的句法语义功能 ………………………………… 王　晨（26）
"处所宾语"中的受事宾语 …………………………………… 单宝顺（38）
"应该VP"的结构关系研究——兼谈"应该"的核心语义 …… 王伟民（50）
"X系"的性质转化与演化机制 ……………………… 代宗艳　宗守云（65）
新量词"波"用法探析 ……………………………… 李晓琴　陈昌来（77）
反预期表达与话语标记"谁知"的形成 ……………… 刘　丞　杨　静（85）

汉语应用研究

汉语教师必须具备的最重要的素质 ………………………… 马　真（95）
"随便"的语义研究及其教学探索 …………………………… 宋璟瑶（109）
合成词的语义透明度：理论与实证 ………………… 宋贝贝　王意颖（121）
多功能介词"向"的二语习得顺序考察 ……………… 张成进　王绮萌（134）
基于T单位的CSL口语动态发展轨迹个案研究 …………… 胡兴莉（150）
韩国学生普通话上声变调能产性的实验研究
　　……………………………………… 亓海峰　秦　震　严菡波（168）
泰语母语者汉语言语流利度研究 ……………… 陈　艳　刘　艺　宁景虹（177）
近二十余年商务汉语研究状况分析（1998—2018） …………… 郭　婷（190）

事理逻辑与语言逻辑[*]
——从"历史上的今天"谈起

王灿龙

摘　要：本文通过对特定语言事实的考察，认为审视语言事实、研究语言现象应区分事理逻辑与语言逻辑。事理逻辑是指决定事物存在、发展和变化的某种内在规定性。事理逻辑是一种客观存在，独立于人的认识与思维，不随人的意志的转移而转移。语言逻辑是语法系统规则之外关涉语言表达的一套规约机制。语言逻辑是依附于人的认知和社会文化等产生的，是语言的一种内在机制，不同的语言，其语言逻辑不尽相同。"语言逻辑"概念的提出，除了使我们对语言事实和现象的认识和分析更为理性、更为精细、更为深入之外，还有助于我们对传统的修辞研究在理论上做进一步的提升。

关键词：语法规则；语用问题；事理逻辑；语言逻辑

〇、引言

最近几十年来，时常见到这么一个新说法："历史上的今天"。例如：

(1) 照理是应该有武器和武器好的打胜仗，没有武器和武器坏的打败仗；但在<u>历史上的今天</u>，却有许多相反的事，这都是人民的力量。(《人民日报》1987-10-08)

(2) 每天晚上在北京有线台播出的《红旗飘飘——中国共产党<u>历史上的今天</u>》目前已成功在全国 30 个省、80 多家电视台"落地"。(《北京晚报》2001-03-31)

(3) <u>历史上的今天</u>：1950 年 11 月 25 日毛岸英在朝鲜牺牲(《中国新闻网》2014-11-25)

(4) 谁能想到，这里正是原来大庆石油管理局机关所在地，<u>历史上的今天</u>，他正是在这里行窃被当场捕获的。(杨江生、蔡明《监狱培养出的发明家》)

---

[*] 本文系中国社会科学院创新工程项目"汉语语法事实的深度描写与理论阐释"的阶段性成果之一，曾在第七届现代汉语句法语义前沿研讨会(2019 年 11 月 8 日至 10 日，广东外语外贸大学)上宣读。初稿承蒙《对外汉语研究》匿名审稿专家提出宝贵意见，谨致衷心谢忱。

"历史上的今天"作为一个短语,其形式并不复杂。从结构关系上看,它是偏正短语,"历史上"为限定成分,"今天"是中心语。但是,由于"今天"和"历史上"所表示或关涉的时间范畴不同,因此,对这个短语整体语义表达的合理性有人提出过质疑,比如北大中文论坛(www.pkucn.com)上曾有帖子这样写道:"'今天'还没有结束,却已经成为了'历史',感觉是该词的用法上有逻辑矛盾。换成'历史上的昨天'也许要更好。"(引文中两个词语上的单引号为笔者所加)①显然,质疑者不是认为"历史上的今天"这个说法语法不正确,而是认为它不合逻辑。

一个词语形式的产生,从外部来看,是基于表达现实的需要;从内部来看,是特定的词法、句法规则以及这些规则之外的某些因素综合作用的结果。词法、句法规则之外的因素有些直接涉及逻辑问题。因此,词语的生成合不合逻辑,有时候的确是需要考虑的。不过,直面这一点,首先得搞清楚如下问题:语言表达涉及什么样的逻辑?怎么判定它合不合逻辑?语言表达该如何讲究逻辑?等等。这些问题在过往的语言研究中似乎没有引起人们足够的重视。本文拟从汉语的一些事实入手,对此做点尝试性的思考,目的是抛砖引玉,借此引起同行们对这个问题的关注和更深入的研究。

一、"历史上的今天"的生成理据

"历史上的今天"这个表达形式的句法结构关系比较简单,上文已有说明,不再赘述。下面重点考察这个表达式生成的句法之外的理据。先看《现代汉语词典》(第7版,以下简称《现汉》)对"历史"和"今天"这两个词语的解释。

《现汉》关于"历史"条目设立了四个义项,其中第二、第三两个义项的解释分别是"过去的事实"和"过去事实的记载"②。无论是"过去的事实",还是"过去事实的记载",都涉及一个共同的时间概念:过去。而"过去"是相对于"今天""现在"来说的,"今天、现在"以前的时间才统称为"过去"。

关于"今天",《现汉》立了两个义项,分别释为"说话时的这一天"和"现在;目前"③。"说话时的这一天"可以看作是"今天"的本义;"现在、目前"可以看作是"今天"的引申义,是一种宏观时间义,所指时间跨度随语境或大或小。不管"今天"是本义用法,还是引申义用法,有一点是共同的,即以说话的当前时间为参照——说话时的那一天是"今

---

① 该帖名曰"'历史上的今天'是否存在?",发表时间为2014年10月13日。
② 《现代汉语词典》(第7版),第802页。
③ 同上,第674页。

天",或者说话当天前后一段宏观时间为"今天"(现在;目前)①。

单纯就语义范畴关系来看,"今天"是时间词语,"历史"这个词只是关涉时间(总是跟"过去"相联系),它本身不是时间词语;"历史"所关涉的时间跟"今天"所指时间属于两个不同的范畴,就特定的说话时刻来说没有交集。质疑"历史上的今天"不合乎逻辑者,可能正是着眼于这一点来看的:"历史"是"历史","今天"是"今天";"今天"虽然会成为"历史",但"今天"还不是"历史";"历史"虽然曾经是"今天",但"历史"已不再是"今天"。着眼于这样的时间范畴孤立地来看,"历史上"和"今天"确实难以构成偏正关系短语。

但是,我们审视"历史上的今天"这个说法,不能单单局限于这样的时间范畴,我们还要考虑到"今天"这个时间词的特殊性质以及实际的语言表达功能。我们知道,语言中有一类词叫索引词(index),比如汉语中的人称代词"你""我""他",它们的所指对象不像专有名词那样,是绝对明确和唯一的(同名现象例外)。在不同的交际语境中,"你""我""他"的所指会是不同的人,即总是随语境和言者的变化而变化。有些时间词语跟人称代词一样,也具有索引词的功能,其指称对象取决于交际语境和说话的时间。"今天"就是这样一个典型的索引词。

这可以从两个方面来看。就任何一个交际主体而言,他(她)说话的当天都是"今天";就任何一个白昼黑夜而言,因为总有某个事件发生于其时,而且该事件可以成为语言表达的对象,因此,这个"白昼黑夜"就是"今天"。这就是说,无论是理论上还是实践上,时间长河中的任何一个白昼黑夜总能与"今天"相关联。以前的一个个白昼黑夜是已经逝去了的一个个"今天",当下的白昼黑夜就是我们正处于其中的"今天",以后的一个个白昼黑夜是我们将要经历和面对的一个个"今天"。因此,一个不争的事实是,未来的所有日子都要一一经过"今天",走向"过去",成为"历史"。

人类对时间的认识,最初是通过观察天体(如太阳、月球等)的运动、生物体的生老病死以及非生物体位置的改变而获得的(王灿龙,2016)。虽然时间是永恒的,但人类却将它看作一个单向流逝的长河。这个单向流逝的长河本来是没有边界的,但是人们在心理认知上赋予它不同的边界,即这个单向流逝的时间长河被标上不同的时间节点,分成不同的时间段。从现实的意义上来看,每一个节点和时段都是独特、唯一的,彼此互不相同,更不相等。假如像给星系和星体那样,对每一个节点和时段都给予一个独特的名称,那么这将是人的记忆和认知所无法承受的②。因此,人类利用地球公转又自转的

---

① 形式上看表达的是时间点,实际上是时间段,只是这个时间长度是个模糊数值。
② 宇宙中星系和星体的数量虽然也很庞大,但人类目前认知的却非常有限,对于这些有限个体的分别命名尚不足以给人类的记忆造成负担。

循环往复特点,发明了一套明确、简便的纪时(间)方法,用极其有限的词语形式无限地表达各种不同的时点和时段。

比如将一年分为12个月,每个月赋予一个名称,这样任何一个不同的年度都可用这12个月的名称,通过区分年份来进一步区分月份;每个月再分30或31天(公历),任何一个不同的月份都可用这30或31个日期的名称,通过区分年份和月份来进一步区分日期。其他如24小时、60分钟等都是基于同样的道理而设。这种标示时间节点的方法没有增加新的语言符号和句法规则,也就是说,没有加重人们记忆和认知的负担。这正是人类最伟大的语言创举之一。

举一个例子:由于每个月都有10号,当我们不借助语境简单地说10号的时候,听者就可能不知道具体是指哪一天,因此,为了明确起见,我们就在日期之前加上月份、年份予以限定,比如2017年3月10号、2027年3月10号,或2017年7月10号、2027年7月10号,等等。由此,时间长河(过去、未来)中的任何一个日子,都可以通过年、月、日三个不同词语形式的组合予以充分准确地定位并指称,这正好契合语言符号组合的本质特征。

人类对以上这种时间表达法有两个突出的认知:一是认为,对于不同年份来说,其月份有一个对应关系,即某年的1月、2月、3月、4月、5月等分别对应于某另一年的1月、2月、3月、4月、5月等;二是认为,对于不同的月份来说,其日期也有一个对应关系,即某月的1号、2号、3号、4号、5号、6号、7号、8号、9号、10号等分别对应于某另一月的1号、2号、3号、4号、5号、6号、7号、8号、9号、10号等。虽然两个不同年份的某一月(比如3月)在实际的时间指称上绝对不同,两个不同月份的某一日(比如10号)的实际时间指称也绝对不同,但是,就语言表达说,人们常常拿某个时间作为参照,来指称其对应的另一个时间。例如:

(5)目前,全世界因特网使用者达4亿多,全世界每天在网络上传送的电子邮件已达到14亿封。因特网在中国同样发展迅猛。中国1997年10月网民只有62万,截止到2001年6月,网民已突破2 500万人。被称为"电子邮件之父"的美国工程师汤姆林森(Ray Tomlinson),<u>30年前在这个月</u>,于所属BBN科技公司剑桥的研究室,把世界第一封电子邮件从他的一台电脑发送到毗邻的另一台电脑。"我想不起来第一封信写什么,可能是林肯总统的演讲词。我惟一记得的是信全是用大写字体写的。"汤姆林森告诉记者。(《北京晚报》2001 - 10 - 15)

例(5)中的"这个月"就是记者写这篇通讯稿时的时间——2001年10月。以此为参照所形成的表达形式"30年前在这个月"的认知基础是,"2001年的10月"跟"30年前那一年份的10月"具有对应关系。既然身处其中的"2001年的10月"可以称作"这个月",那么,"30 年前那一年份的 10 月"就不妨相应地称作"30 年前这个月"。因为"这"跟"你""我""他"一样,具有索引词的特点,其所指取决于特定的语境。

"这个月"不属于典型的词,它在使用上受到限制,因此,"30 年前在(或'的')这个月"之类的语言表达形式用得不是很多。如果现代汉语中有"今月"的说法①,那么情况就肯定不一样了。何以见得呢?这有"今天"的用法可以旁证。请看下面的例子:

(6) 又到了 11 月 26 日。<u>去年的今天</u>,一声雷响,我眼前一片漆黑。(孙见喜《贾平凹的情感历程》)

(7) 4 月 21 日 星期四 26 年了,每到这一天,我总觉得冷。这来自心底来自骨髓的寒意,是 26 年前,我第一次迎面遇见死亡时,他留给我的。前天,是父亲的忌日。可真正让我感知到死亡的,是 <u>26 年前的今天</u>,在龙华火葬场的门口。(潘虹《潘虹独语》)

(8) 父亲在四年前的夏天起了病,先是四肢痉挛,神智迷糊,其后转成轻性的癫痫,时发时愈。及到<u>一年前的今天</u>,一个静寂的冬天的下午,他悄悄地离开了这世界。(唐韬《南归杂记》)

(9) <u>六十九年前的今天</u>,江南一个富家里又添了一个绸缎金银裹托着的小生命。(林徽因《九十九度中》)

先看例(6)和例(7)。由例句直接提供的信息可知,这两例中的"今天"分别指"11 月 26 日"和"4 月 21 日"。我们知道,放眼到不同的年份,每个年份都有一个"11 月 26 日"和"4 月 21 日"。本来,我们指称这个日期时可以直接利用公元纪年法,说成"某年 11 月 26 日"和"某年 4 月 21 日",比如"1949 年 11 月 26 日"和"2008 年 4 月 21 日"。但是,由于这种表达是一种纯粹的客观指称,过于独立、直白,难以勾连语篇中的其他信息(大多数情况下是作为时间背景信息出现的),因此,在用这种历法时间形式指称过去某个时间的情况下,它表达的时间概念不能与当前语境产生直接的语义关联。为了特意避免这一点,人们就转而寻求另一种混合时间范畴的表达方式,即上位时间取过去时间概念,下位时间取现在时间概念②。由于不同年份的下位时间概念(月、日)可以构成对应关系,因此这种采用混合时间范畴定位的时间仍然是明确的、唯一的,比如像例(6)"去年的今天"和例(7)"26 年前的今天"所表示的时间,分别指"1994 年 11 月 26 日"和

---

① 中古时期曾有"今月"的说法。例如:
    a. 推案旧典,运集大王,辄以今月二十七日擒尚斩承。(《三国志·吴书十九》)
    b. 皇子河中节度使从珂奏:"臣今月五日,阅马於黄龙庄,衙内指挥使杨彦温据城叛,臣寻时诣问,称奉宣命。"(《旧五代史·唐书十七》)
② 我们将"年"看作是"月"的上位时间概念,"月"是"日"的上位时间概念。因此,"年"自然也是"日"的上位时间概念。

"1969年4月21日"①。

再来看例(8)和例(9)。这两个例子本身没有提供明确的时间信息。如果扩展至全篇,我们仍不知道文章确切的写作时间的话,那么当然无法像上面两例那样,直接用历法时间表达形式来定位例中画线部分所指时间。但是,这并不意味着这个时间是含糊的。可以肯定地说,这两例中的"一年前的今天"和"六十九年前的今天"依然是明确的,它对应的某个公历日期是客观存在的。这一点不难理解。下面就以"一年前的今天"为例做进一步的分析。

"今天"是指说话或写作时的那一天,这是客观的。然后由这一天回溯"一年",得到一个讫点(即某一天),这个讫点所指的日子就跟"今天"相对应(两者间隔一年),这就是"一年前的今天"之所指,这个所指是明确的。也就是说,如果我们知道"今天"在公历中的定位,那么"一年前的今天"在公历中的定位也就可以准确推得。

可见,"一年前的今天"这种表达形式不仅句法上合乎现代汉语的结构规则,表义上能找到自己的归宿,对应于一个明确的公历日期,而且逻辑上也丝毫没有任何的不当。"六十九年前的今天"的理据同此,不再赘述。

既然"一年前的今天"和"六十九年前的今天"合乎语法、语义和逻辑,而"一年前"和"六十九年前"又都是表示过去时间。过去时间即是历史时间。当我们再进一步概括,将"一年前"和"六十九年前"这类较明确的历史时间以"历史上"这个说法来统称的时候,则得到"历史上的今天"这个表达形式。不同的只是,"一年前的今天"和"六十九年前的今天"所定位的时间是封闭的,各自只对应一个日期。而"历史上的今天"却是相对开放的,它对应的是一串日期,即从说话(写作)的那个年份往前,每一年当中都有一个与"今天"相对应的日子②。这正是"历史上的今天"这个形式表示时间的特殊之处,是其他一般时间词语所无法做到的。

由以上的分析可知,之所以可以说"历史上的今天",是因为我们通过语言对时间进行表征时,利用地球公转又自转的循环往复特点和"今天"的索引词性质,采取了"年""月""日"等的组合定位的方法。这种纪时方法使得时间长河中的任一点(宏观的、微观的)都与其他的时间点存在对应关系。从语义表达上来看,整个结构式能表达特定的时间;从句法结构关系上来看,"历史上"限定"今天",符合汉语的偏正结构规则。从语用功能方面看,"历史上的今天"这个说法能强化语言表达的"现场感",这是一般的历法时间词语所无法做到的。

---

① 例(6)和例(7)来源的这两篇文章都作于1995年。

② 至于为什么"一年前的今天""六十九年前的今天"所指是封闭的,而"历史上的今天"所指是开放的,这另有原因,此处暂不讨论。

可见,"历史上的今天"这个说法从字面上看虽不合事理,似有矛盾,但是联系语言系统中的时间表达方式等综合考察,会发现它不仅是合理的,而且还是一个具有独特表达功能的、无可替代的极佳表达形式,是有语言学道理可讲的。当然,这里的"今天"并非实指"没有结束"的"今天","今天"只是一个"索引"①。

二、事理逻辑与语言逻辑

吕叔湘、朱德熙(1979)在《语法修辞讲话》的第五讲里专门列了一节内容讲"逻辑"问题。他们说:"语法不是逻辑,虽然实际上离不开逻辑。例如'学习有态度与方法之分',句子的结构是完全正确的,只是事理上讲不通,就是不合逻辑(等于说'写字有笔和纸之分')","'语法不是逻辑'的第二层意思是:有些话虽然用严格的逻辑眼光来分析有点说不过去,但是大家都这样说,都懂得它的意思,听的人和说的人中间毫无隔阂,毫无误会。站在语法的立场,就不能不承认它是正确的"。(吕叔湘、朱德熙,1979:179)

这是我们目前所见到的中国学者最早从逻辑视角看待语言问题的论述。此后,我们经常在各种场合听到(或读到)"这个句子不合逻辑""那个表达逻辑上不通"之类的说法,比如汉语语法学史上一度有人认为"养病"和"打扫卫生"这样的动宾搭配不合逻辑。理由是:"病"非人所愿,避之都唯恐不及,更不可能"养"它了(人们愿意"养鸡""养鸭"等,是因为"鸡""鸭"能予人以利);人们"打扫"的其实是"灰尘、垃圾","卫生"乃人之所欲,是舍不得打扫掉的。可是实际语言生活中,普通的语言使用者并没有因为这种所谓不合逻辑的论断而抛弃"养病"和"打扫卫生"的说法,反而"变本加厉",形成了一些更为"极端"的说法,例如:

(10)陈毅突然以责备的口吻说:"你<u>养你的病</u>嘛,来开什么会呀!"(铁竹伟《陈毅的最后一次家宴》)

(11)退休之后,他每天义务<u>打扫楼前楼后的卫生</u>。(《北京晚报》2001-08-30)

---

① 审稿专家提出:"语言中的很多表达,有常用义,也有非常用意义。比如'今天',可以是'说话时的这一天',也可以是'历史上和说话时同月同日的一天',前者是常见的,后者是不常见的,'历史上的今天'中的'今天'作为索引词,激活了其非常用意义。再比如,网络中有这样的句子:'邓伦竟然想今天认识明天结婚,当红男星爱情观就是不一样',这里的'今天'是不是有索引义呢? 和'历史上的今天'中的'今天'有什么关联呢?"我们赞同审稿专家关于语言中有些词语有常用义和非常用义之分的观点。不过,就"今天"而言,不宜说"历史上和说话时同月同日的一天"是"今天"的非常用义。"邓伦竟然想今天认识明天结婚"这个句子中的"今天"和"明天"属于对举使用,都是虚指,不是索引用法,跟"历史上的今天"这个用法不是一回事。它们跟"你不能这也不吃,那也不吃"这个句子中的"这""那"的用法属于一类。审稿专家还提到,为什么一般没有"历史上的昨天"和"历史上的明天"这样的说法? 我们认为,"历史上的昨天"和"历史上的明天"这两种表达形式在理论上都是可以成立的,只是由于其语用条件具有特殊性,所以使用概率非常小。本文开头所引帖子认为,"历史上的今天"换成"历史上的昨天"也许更好。本文的分析已证明,事实并非如此。因篇幅关系,暂不展开论述。

(12) 不能如期比赛，延期有重要原因，他说得对，先养好病再说。(《北京晚报》2001-07-28)

(13) 她低着头一声不吭地打扫完卫生，收拾好家具，直到中午才离开了家具店。(《北京晚报》2001-12-28)

要是说"养病""打扫卫生"是一个动宾完形结构，不必做内部分析，因而不涉及违背逻辑的问题，似乎可算一辩，虽然有些勉强。可是，如果带定语的"养你的病""打扫楼前楼后的卫生"与带补语的"养好病""打扫完卫生"仍然仿此来分析，那就过于牵强了。因此，这个问题必须面对，而且要做出合理的解释。

我们究竟该怎么看待这类语言现象呢？回答这个问题恐怕首先得搞清楚语言表达形式的生成涉及什么样的逻辑，所涉及的逻辑要不要区分情况。关于这一点，吕叔湘和朱德熙上面的论述给我们以启示，他们所说的"逻辑"跟一般逻辑学中论述的"逻辑"不是一回事①。

自然界和人类社会中的一些事物(包括事件等)往往都有其自身的某种特征和客观规律，相对独立于人的认识与思维，不随人的意志的转移而转移。它们起着规定事物存在、发展和变化的作用，有其内在的规定性，这样的规定性我们称之为"事理逻辑"。事理逻辑是一种客观存在，语言表达要不要遵循以及如何遵循，是一个比较复杂的问题，它关涉语言符号系统的特征以及言者的表意需要和语用目的等。总体上来说，一般的语言表达都一直是考虑和遵循事理逻辑的。像认知语言学提出的相似性原理就很契合事理逻辑。汉语的连动结构严格按照动作的先后顺序进行语言编码，就是对事理逻辑的遵循，比如"走过去开门"和"开门走过去"所表示的两个动作先后顺序不同，主次也不同，分别对应于两个不同的事件。

语言的基本功能是对人的认知思维过程及其成果以特定的形式进行表征，这个特定的形式是线性一维结构②，即只能是词语前后依序排列。人们使用语言的时候，即使遵循语言的语法规则及语义、语用原则等，也不是单纯地对客观世界做简单的摹写。外在的客观世界以什么样的面貌和特征呈现于人类的语言世界，取决于人类对客观世界的感受和认知等。语言所记录和表达的世界是人的认识和思维中的世界，它可能与客观世界一致，也可能与客观世界不一致，有时甚至会有很大的差异，比如按照哥白尼的日心说，从太阳系的角度来看，"太阳"其实是不动的，动的是我们地球。也就是说，"太阳"既不"升"，也不"落"。但是，人们却一直在说"太阳升起来了"和"太阳落下去了"。

---

① 语言作为思维的一个工具，自然跟逻辑学关系密切，但逻辑学之"逻辑"是另一个层面的问题，我们这里不予讨论。不妨说，本文所论之逻辑其实是一种广泛意义上的逻辑。

② 这里所谓"线性一维结构"是指语言结构的安排在形式上只能按前后顺序铺排。

对于这种违背客观事实的语言表达,从来没有哪一个语言使用者和语言学家质疑过。哥白尼之后的天体物理学家也从不认为这种语言表达不符合客观事实,缺乏科学性,需要纠正。这是为什么呢?因为大家都知道,语言使用者通常依托人类自己建立的时空范畴和对世界的观察、认识来进行语言表征,一般不需要再超出这个范畴、跳出这个认识来反观自己的语言表达是否完全符合事物的本来情况。

正是有鉴于此,克洛德·海然热曾这样说道:"语言不是发现真相的工具。对于个人或社会来说,语言都是表达的工具。因此,语言完全可能是骗人的。它只要求我们遵从一些结构规则,而这些规则绝无理由精确反映世界的发现过程中的每一个步骤。以此为代价,语言能建构任何语句,并非满足再现真相的欲望,而是满足特定场合下特定讲话者的表达的需要。"(克洛德·海然热,2012:144)海然热强调语言表达本身有别于"真相"的观点值得我们重视。我们的语言表达既然在一定的条件下都可以"折射"(即歪曲反映)客观事实[1],那么有时候对于某些客观事理"熟视无睹",也就不足为奇了。

语言表达如果与客观世界不一致,或不尽符合事理,我们不能简单地视它们为不规范的说法,必欲灭之而后快。它们可能仍然是有效的、可接受的。深究起来,我们会发现这些表达其实是有其内在的某种理据的,也是符合逻辑的,只不过这种逻辑不是事理逻辑。为区别起见,我们姑且称之为"语言逻辑",这种语言逻辑在事理之外起着决定某个语言形式正确性的作用。"太阳升起来了"和"太阳落下去了"之所以是可接受的语言表达形式,就是因为它们按语言本身的逻辑表达了人们对自然界的一般性观察和认识。由此我们看到,有时候,事理逻辑是服从于语言逻辑的。实际语言运用中,有的表达既符合语言逻辑,也符合事理逻辑;有的表达可能只符合语言逻辑,而不符合事理逻辑。不会有为遵守事理逻辑而违背语言逻辑的情况。

语言逻辑是语法系统规则之外关涉语言表达的一套规约机制。若论语言逻辑和事理逻辑的关系,可以说,首先,两者产生的基础不同。语言逻辑是依附于认知和社会文化等产生的,是认知和语言内在的一种机制,不同的语言,其语言逻辑不尽相同。事理逻辑则是依附于事物(或事件)产生的,与语言没有直接关系,它独立于语言符号系统之外,它不会随民族语言的不同而不同。其次,事理逻辑大多已成常识,比较容易把握。而语言逻辑通常较难捉摸,有的甚至隐藏得很深,需要动用专业知识,才可认识挖掘出来。也正因为这一点,人们很容易判别一种语言表达形式是否合乎事理逻辑,但是,很难看出某些语言表达形式内在的语言逻辑。之所以一旦某个语言形式看起来不合事理逻辑或者明显比较另类的时候,就有人得出结论,说该语言表达形式是错误的、不规范

---

[1] 物理学上有一种折射现象:一根筷子斜插在半杯水中,人们看到的不再是笔直的筷子,而是感觉筷子折了。

的,需要改正,甚至"杀无赦",原因即在于此,比如前面举的例子"打扫卫生"这个短语。按汉语句法结构关系,典型的动宾结构,其宾语为动词的受事对象,比如"袭击路人"中的"路人"是被袭击者。因而有人认为,说"打扫卫生"时,"卫生"即是动作"打扫"的对象。从事理来看,"卫生"是不应该被"打扫"的。

其实,事情却并非如此简单。汉语的动宾结构有自己的特点,它不像有些语言严格要求必须是典型的受事成分才可置于动词后面做宾语。在汉语里,宾位主要是给跟动词有语义关系的成分提供一个主位之外的直接"接触"动词的机会,而且这里所讲的语义关系不仅可亲可疏,可近可远,可直接可间接,还可以是言者临时赋予的。传统语法之所以分出受事宾语、工具宾语、方式宾语、地点宾语、目的宾语,等等①(徐枢,1985),就是因为这一特点。以论元理论来看,动宾结构中的宾语是动词联系的施事之外的另一个论元。既然这个论元可以不必是受事,那么选用什么样的论元,就取决于论元的突显程度,或者说看言者想突显什么论元。前者是客观突显,后者是主观突显。人们从事"打扫"活动时,希望看到的结果是一种"卫生状态"。因此,"卫生"在此特定语境中就是一个非常突显的论元,如需予以表征,其优选表征形式即是"打扫卫生"。这看起来不合事理逻辑②,但却合乎语言逻辑。不过,这种语言逻辑为英语所无,因为英语的动词带宾语不像汉语这么近乎无限开放。

现代汉语中还有一类表达形式,虽有悖于事理逻辑,但却从未有人置疑,最关键的原因是其中的语言逻辑已为人们所熟知和认同,比如下面的例子:

(14)昨晚是地球的节日,当2001年的钟声敲响的时候,狂欢不已的是整个人类。多少炎黄子孙,翘首企盼的地方是中华世纪坛,一个<u>古老又年轻</u>的民族,正在向匆匆走来的新世纪问安。(《北京日报》2001-01-01)

(15)说起孔雀园,可谓<u>既小又大</u>。小,是指地方小,它地处南京雨花台的江南第二泉这块弹丸之地,占地面积只有36.3亩;大,是指名气大,这是全国第一家属于私营性质的公园。园中拥有近百只蓝孔雀。(《人民日报》1995-02-11)

(16)"5.19"事件<u>既单纯又复杂</u>,<u>既复杂也单纯</u>。单纯,在于这是一种超国家、超民族、超政治、超道德的全人类共有的竞赛狂热的大发作。复杂,在于它其中又糅杂着我们中华民族特有的心理沉淀,我们近三十年来政治经济变动的心理投影,我们因"文化大革命"而造成的一代人文化教养的惊人低落,我们社会生活中所提供的情绪发泄渠道的贫乏,我们实行开放政策所诱发出的个性解放的热浪,等等。

---

① 吕叔湘(1979)在谈到动词后成分时说"品种相当多,活动能力相当强"。
② 不合逻辑论者是从传统的动宾范畴观出发,将"打扫卫生"看作典型的动宾受事关系。如果不做这种观照,那么也就不会认为它不合逻辑。

(刘心武《5.19 长镜头》)

上面例子中的画线部分涉及两个连词(关联词)"又""既……又……"。一般情况下,它们连接的两个并列成分是同一语义域里"表义方向趋同"的词语①,比如"(既)年轻又漂亮""(既)干净又整洁""(既)坚强又勇敢""(既)愚蠢又懦弱""(既)贪财又好色"等。但是,上文举的三个例子中,"又""既……又……"连接的两个成分却是一对反义词,就字面而言,明显不合事理逻辑。因为"古老"和"年轻"、"大"和"小"、"单纯"和"复杂"是不相容的:要么"古老"要么"年轻",要么"大"要么"小",要么"单纯"要么"复杂",两者如鱼与熊掌,不可兼得。

实际上,像上面之类的说法在日常的语言交际中颇为常见,而且大家不以为非,反而觉得它言简意丰,韵味无穷。这是为什么呢?

语言是记录和表征人类观察和认识自然、社会等的一种符号工具。这种观察和认识可以是单角度的,也可以是多角度的;可以是着眼于平面的,也可以是着眼于立体的;可以是此时的,也可以是彼时的;可以是外在的,也可以是内在的;可以超然物外,不带感情,也可以融入其中,满怀深情,等等。因此,对于同一事物(包括人、事件等)观察和认识的成果就会多种多样——正所谓"横看成岭侧成峰"。这些不同的观察与认知成果从语义域方面来看,可能在大的方向上是一致的,也可能不一致,甚至是相反的。单纯从认知和思维的角度来看,如果我们对某一事物的观察和认识相当精细,那么最后形成的认知结果,其语义结构可能就是一个三维立体。但是,由于语言表达形式具有线性特点,属于一维结构,或大或小的语言单位都必须依序前后排列,这样就需要对原先具有三维结构特点的认知成果进行"扁平化"处理。扁平化处理的结果让人感觉呈现出来的语义结构"变形"了。乍一看,让人有一种不可思议的感觉。比如上面例(14)、例(15)和例(16)中的"古老又年轻""既小又大"和"既单纯又复杂"这种说法,孤立地看,是矛盾的,不合事理。但是,只要联系语境,着眼于表达的初衷,就会发现,对立语义概念所表达的认识其实是从不同角度得来的。这一点,例(15)和例(16)表达得再清楚不过。两例都在后续文字中对两个对立语义概念所表达的认识做了进一步阐释。看完这样的阐释之后,不仅不再认为前面的说法是矛盾的,而且觉得这种看似矛盾、不合事理的表达却真实地、立体地再现了言者对事物的认识和感受。

每一种语言都有自己的习语(idioms),历史越悠久,习语就越丰富,用法也就越复杂。有的如果着眼于事理逻辑来看,简直不可思议。比如法语中的 va voir à côté si j'y suis 和日语中的 ototoi koi(おとと来い) 这两个习语,就字面来看,前者直译是"去一旁

---

① 所谓表义方向趋同,是指或同为褒义词,或同为贬义词等。

看看我在不在吧",后者直译是"那你就前天来吧"①。

先看法语的例子,"我"明明就在听话人的眼前,结果却叫对方去旁边看看"我在不在",这是何道理?日语的例子也是个祈使句。祈使句所涉建议和命令通常都是未来时间范畴的事,可是这里竟然说"前天来吧"。很显然,从事理逻辑来看,这两个习语都荒诞不经,区别只在法语例子制造的是空间上的荒谬,日语例子制造的是时间上的荒谬。语言的表达有一个基本原则:非常之表达必有非常之含义。因此,这两个习语旨在通过一种不合事理的建议、命令来打发人走开,不让他(她)在身边纠缠烦扰自己。这类表达明显比直接说"到一边去""滚开"等要委婉、客气一些。应该说每种语言都有这一类像克洛德·海然热所说的"表述者必须死记"的"一些没什么理据可讲的现成形式","表述者既不可改动形式,也不能改变它们造成的意象"。(克洛德·海然热,2012:257)它们虽不合事理逻辑,但却有自己的语言逻辑。

人类语言中最为典型的不合事理逻辑而符合语言逻辑的现象,就是有些语言中的名词、形容词区分不同的性范畴(gender category)这种语法操作。如果一种语言中有关人或动物的名词通过某种形式区分雄性和雌性,那自然在情理之中,因为人和动物都有自然性别的差异。这种区分符合事理逻辑。可是如果将语言中的其他表示非人、非动物的名词也区分阴性、阳性甚至中性,并且附加不同的形态以标识,那么这无疑是不合事理逻辑的,因为自然界和人类社会中大量的非人、非动物的事物其自身是没有性别特征的,无法进行性别分类的。但是,现实中对一般非生命名词进行阴性、阳性和中性的分别并且予以形式标识的语言却不在少数。多数印欧语都有这样的分别。比如俄语的名词三分为阴性、阳性和中性,法语的名词二分为阴性和阳性,德语的名词也三分为阴性、阳性和中性。更为有趣的是,同一个事物在不同的语言里,其归属的性范畴可能是不同的。比如"牙"在法语里是阴性(dent),而在葡萄牙语里却是阳性(dente);"桥"在法语里是阳性(pont),到了葡萄牙语里,它却是阴性(ponte)。(吴桐,2009)这种情况要是单以事理逻辑论,无疑会让人觉得莫名其妙。然而,从语言内部的系统性来看,这种性范畴的区分和标识不是不可理喻的,而且它对语言表达功不可没,有其语言逻辑的合理性。

形容词跟名词有天然的联系,因此,名词区分阴性、阳性的语言,其形容词也常常区分阴性和阳性。限于篇幅,这方面的例子就不列举了。

---

① 笔者在同事王伟博士建立的一个微信群里求教这两个习语产生的缘由等问题时,得到了项名健(南京中医药大学)、饶敏(重庆工商大学)和骆牛牛(山东师范大学)等先生的指教。谨此一并致谢。

三、余论

本文通过对汉语中一些比较特殊的语言现象的考察,提出了事理逻辑与语言逻辑区分的构想。这并非硬做分别,也不是主观臆断,更不是孤论。早在此之前,克洛德·海然热(2012)就有过类似的论述①。比如他说:"一方面,语言是想象世界的栖身之所,而且不大理睬至少是古典逻辑学的苛求,它们构建的对立体并非总是泾渭分明;……另一方面,语言逻辑肯定是存在的,虽然跟传统逻辑学绝不可能是一回事。"(克洛德·海然热,2012:152)海然热这里所讲的"古典逻辑学"应该是关涉客观事理的,特别是他关于"语言逻辑肯定存在"并且不同于传统逻辑学的判断,说明他是看到了语言表达的特殊性。比如在逻辑学看来,"孩子就是孩子"这样的判断命题没有任何意义,是同言重复(tautology),可是对于语言学家来说,这种同言重复言简意赅,有独特的表达效用。这里就体现了两种不同的逻辑观。

我们相信,有了事理逻辑和语言逻辑的区分,大家再考察和分析语言事实和现象的时候,就可以看得更理性一些、更精细一些、更深入一些。一般来说,大多数语言表达在事理逻辑和语言逻辑上是相谐的。有些看似违背事理逻辑的表达其实是有自己特定的语言逻辑的,并非不可接受而需要剔除或加以规范。此外,有的所谓违背事理逻辑,其实是一种表象。"语言逻辑"概念的提出,也有助于我们对传统修辞研究在理论上做进一步的提升。这方面更为深入的工作有赖于学界同人的共同努力。

参考文献

克洛德·海然热(2012)《语言人:论语言学对人文科学的贡献》,张祖建译,北京大学出版社。
吕叔湘(1979)《汉语语法分析问题》,商务印书馆。
吕叔湘、朱德熙(1979)《语法修辞讲话》(第2版),中国青年出版社。
王灿龙(2016)"前、后"的时间指向问题新探,《当代语言学》第2期。
吴　桐(2009)论法语名词词性的非理据性及其在教学中的意义,《法国研究》第3期。
徐　枢(1985)《宾语和补语》,黑龙江人民出版社。
中国社会科学院语言研究所词典编辑室(2016)《现代汉语词典》(第7版),商务印书馆。

(100732　北京,中国社会科学院语言研究所/中国社会科学院大学人文学院)

---

① 本文初稿写至大半时,读到克洛德·海然热的这本著作,发现书中有关于逻辑问题的论述,从而坚定了继续写下去的决心。

"程度副词+有+N"和"程度副词+没(有)+N"的对称和不对称
——基于语料库的考察

杨德峰　杨鸿禄

摘　要：通过统计分析，本文发现"程度副词+有+N"和"程度副词+没(有)+N"既对称，又不对称。《汉语水平词汇与汉字等级大纲》的28个程度副词中，能修饰"有+N"或"没(有)+N"的有22个，其中有20个程度副词能修饰某些名词构成的这两种结构，这是对称的情况；这20个程度副词有时只能修饰有些名词组成的"有+N"，即对称中有不对称，是相对不对称的情况。22个程度副词中，有2个只能修饰某些名词组成的"没(有)+N"，是绝对不对称。出现在这两种结构中的副词和名词都存在着范畴化现象，文章对影响对称和不对称的因素进行了分析。

关键词：程度副词+有+N；程度副词+没(有)+N；对称；不对称；语料库

〇、引言

关于"程度副词+有+N"和"程度副词+没(有)+N"(为行文方便，以下分别简称"F+有+N""F+没(有)+N")，学界已有不少探索，这些研究主要集中在N的特点、对"F+有+N"的F、"F+有+N"中的"有+N"的解释，以及"F+没(有)+N"的F的范围上。

关于N的特点，学界看法不一。贺阳(1994)指出，N一般是抽象名词，并考察了N的各种具体形式。李宇明(1995)认为"很有N"主要有三种格式："很+有+几+量词+W""很+有+(一)+量词+W"和"很+有+W"，第一种的名词大多数是具体的，第三种的绝大多数是抽象的，第二种的既可以是具体的也可以是抽象的。彭利贞(1995)也认为N有三类："很有NP₁"，NP₁是表示抽象事物的名词；"很有NP₂"，NP₂是名词性偏正短语，中心语是具体名词；"很有NP₃"，兼有NP₁和NP₂中心语的特点。唐善生(2000)认为能进入"程度副词+有+N"中的抽象名词大多具有心理感受的语义特征。石毓智(2004)指出"有+N"短语程度义的产生必须满足：N所代表的属性为社会绝大多数成员所共有,该属性具有一般的程度量,从社会平均值开始计量,而且有关属性的程度高于一般的程度。杨玉玲(2007)也持这种观点。温锁林(2010)指出"程度副词+有+N"中的名词是强性状义名词。荣晶、丁崇明(2014)认为能够构成"程度副词+有+N属性+程度"的名词有"才、识、能"、内在精神特性、人或物某方面特点、效用价值好处、道德良心、心理感受等13类,并讨论了N对修饰语的选择。李静波(2014)通过对语料库的统计,发现能进入"很有N"的N是具有"感、力、性、心"等词素的名词和表示"想法、品行、才学"等概念的名词,且它们一般只能受"大类、高(深)类、强类、好类、多类"形容词修饰。

修饰"有+N"的程度副词,探讨的很少。唐善生(2005a)指出不是所有的程度副词都能修饰"有+N",并重点考察了"颇、大、太、还₁、更、比较、稍微、多少"修饰"有+N"的情况。唐善生(2005b)认为,"有+N"的褒贬性、肯定与否定、量度词语的隐现、比较项的省略、"有"与体态助词的组合、"有+N"所处的句法位置等影响程度副词的选择。

姚占龙(2004)、李先银(2012)对"F+有+N"中的"有+N"做了解释。姚文认为,"有+名"表示程度深,是由构成成分、使用的数量短语和整个结构的性质决定的。李文指出,抽象名词分主生和寄生的,前者不能进入"有+抽象名词",后者可以。寄生抽象名词与其寄生的主体形成隐喻容器关系,使得"有+抽象名词"获得隐喻容器关系默认的"大量义",这种"大量义"是隐性的,没有量性标记。

已有研究对"F+没(有)+N"的关注比较少。李宇明(1995)、彭利贞(1995)指出"很+有+N"的否定是"很+没(有)+N",但仅限于举例说明。唐善生(2005a)认为表程度深的副词,除"大、颇、非常、十分"等少数副词外,一般都有对应的否定式,但没有做详细的考察和分析。可见,学界对"F+有+N"中N的特点研究比较多,也比较深入,但对哪些程度副词能够修饰"有+N"以及"有+N"的否定形式等研究得很不够,多流于泛泛而谈。鉴于此,本文将以《汉语水平词汇与汉字等级大纲》(为行文方便,以下简称《大纲》)[①]中的3 863个名词和《大纲》中的"略微、稍、稍微、挺、好、很、太、怪、愈、颇、顶、非常、十分、特别、更、更加、比较、较、过、过于、格外、分外、万分、尤其、极其、最、极、极度"等28个[②]程度副词为对象,通过对北京语言大学BCC汉语语料库[③]中的语料进

---

① 本文选择《大纲》中的程度副词和名词作为考察的对象,主要是为了体现选取程度副词的范围和名词的合理性,同时也希望我们的研究有助于对外汉语教学。
② 《大纲》中有31个程度副词,除了"有(一)点儿""有(一)些"和"不大"不能修饰"有+N"和"没(有)+N"外,其他的都可以,因此考察的是28个程度副词。
③ 北京语言大学BCC汉语语料库,包括报刊(20亿)、文学(30亿)、微博(30亿)、科技(30亿)、综合(10亿)和古汉语(20亿)等多领域语料,是可以全面反映当今社会语言生活的大规模语料库。本文所考察的语料类别包括报刊、文学、科技、综合四类,共90亿字。

行检索,考察"F+有+N"和"F+没(有)+N"①的对称和不对称情况,并对影响对称和不对称的因素等做一些探讨。

一、"F+有+N""F+没(有)+N"的相对不对称和绝对不对称

1.1 相对不对称

统计发现,《大纲》的28个程度副词中,能够修饰"有+N"或"没(有)+N"的有"很、更、最、非常、好、挺、比较、太、十分、特别、怪、更加、颇、极、较、稍微、稍、愈、极其、格外、顶、尤其"等22个,约占78.6%,这些程度副词可以进一步分为相对不对称程度副词(记作A)和绝对不对称程度副词(记作B)两类。

A类程度副词既可以修饰一些名词构成的"有+N",也能修饰这些名词构成的"没(有)+N",即形成的结构是对称的,这些程度副词有"很、更、最、非常、好、挺、比较、太、十分、特别、怪、更加、颇、极、较、愈、极其、格外、顶、尤其"等20个,约占90.9%,例如:

(1)a.他们过去在汤原见过一面,李大波见他比上次瘦多了,虽然脸上浮着明显的疲劳,但两只深陷的大眼,衬托着两个高颧骨,显得很有精神。(柳溪《战争启示录》)

　　b.雪儿坐在床上,看上去很没精神,但是,她的美丽,……江莹莹屏住气息,那么醒目,那么动人,那么神似。(宋思樵《守住永远》)

(2)a.那时我想:用注音符号识字,不但我自己一天能学几百字,战士一天也可以学几十个字,这使我对做文教工作——教战士识字,更有信心。(祁建华《我怎样创造和实验"速成识字法"的》)

　　b.姚总笑着点点头:"郑老师,我肯定比你当年更没信心。"(刘慈欣《超新星纪元》)

(3)a.小三、小四、小五就一排站着,非常有礼貌地对云飞和阿超一鞠躬。(琼瑶《苍天有泪》)

　　b."喂,当着人家的面用她听不懂的语言交谈是非常没有礼貌的,你们知不

---

① 本文考察的是"程度副词+有+N"和"程度副词+(没)有+N",不包括"程度副词+有+(一)些/点儿+N"和"程度副词+(没)有+(一)些/点儿+N"。

知道?"(凌淑芬《俏皮小妞》)

例(1)"很"既能修饰"有精神",又能修饰"没精神",是对称的;例(2)"很"既能修饰"有信心",又能修饰"没信心",也是对称的;例(3)情况类似。

但 A 类程度副词有时只能修饰某些名词构成的"有＋N",而不能修饰这些名词构成的"没(有)＋N",即形成的结构又是不对称的。例如:

(4)延安时期,他就当了"模范区长",那时才十八岁,筹粮征兵搞得很有成绩。(刘震云《官人》)

(5)谭意哥笑笑道:"别傻了,我的头发本来就长,剪短一点没关系,三五个月又长出来了,可是对你却非常有关系,你张玉朗的身份不能叫人认出来呀。"(司马紫烟《潇湘月》)

(6)她并没有说实话,但隐瞒得十分有技巧。(亦舒《红尘》)

例(4)"很"只能修饰"有成绩",不能修饰"没成绩";例(5)"非常"只能修饰"有关系",不能修饰"没关系";例(6)情况类似。

A 类程度副词与名词的共现情况如表1:

表1　A 类程度副词与名词的共现情况

程度副词	肯否对称名词数(个)	只用于肯定的名词数(个)
很	114	183
最	109	122
太	101	73
更	97	118
好	65	118
特别	61	66
更加	47	34
非常	32	138
挺	32	100
比较	27	110
极	20	122
极其	20	11
十分	18	79
尤其	5	16
较	4	61
颇	4	160
顶	3	25
愈	3	25
格外	1	22
怪	1	10

由此可见,程度副词在肯否对称中与名词的共现差异很大。在肯定式和否定式中,与"很、最、太、更"共现的名词最多,能与"好、特别、更加、非常、挺、比较、极、极其、十分"共现的名词很少,能与"尤其、较、颇、顶、愈、格外、怪"共现的极少。只用于肯定式中的,与"很、最、更、好、非常、挺、比较、极、颇"共现的名词非常多,与"太、特别、更加、极其"等共现的都较少或非常少。认知语言学认为,语言客体范畴,从语音层面的音位、音素、音节等,到形态学层面的词、词缀、附着词、词法范畴等,再到句法层面的词类、短语结构、句子以及功能、句法语义范畴如主语、施事、主题等,都体现出不同程度的原型效应,这些范畴往往边界不清,有中心的原型成员和边缘成员的分别。(张敏,1998)用于肯定、否定两种结构中和只用于包含某些名词的肯定结构中的程度副词都存在着范畴化现象,前者中"很、最、太、更"是典型成员,"好、特别、更加、非常、挺、比较、极、极其"等是边缘成员;后者中"很、最、更、非常、挺、比较、极、颇"等是典型成员,"太、特别、更加、极其"等是边缘成员。

唐善生(2005a)指出,所有表示程度深①的副词,除了"大、颇、非常、十分"等少数外,修饰的"有+N"一般都有对应的否定式。实际情况并非完全如此,"很、最、太、更、好、特别、更加、非常、挺、极、极其、十分、尤其、颇、顶、愈、格外、怪"等 18 个表示程度深的副词修饰的某些名词构成的"有+N",并没有对应的否定形式。

1.2 绝对不对称

唐善生(2005a)指出,只能用于肯定式中的程度副词有"大、颇、非常、十分、比较、稍稍、稍微、还$_2$"等 8 个。统计发现,只能用于肯定式"F+有+N"中的程度副词,即 B 类程度副词,有"稍微、稍"2 个,约占 9.1%,它们通常只能修饰有些名词构成的"有+N",而不能修饰这些名词构成的"没(有)+N",即绝对不对称的情况。例如:

(7)连灌了两大杯开水,她才<u>稍微有力气</u>开口。(董妮《爱情慢半拍》)

(8)人们!你怎么能因为贫穷,就以物遮目,而变得如此愚蠢呢?但对<u>稍有头脑</u>的人来说,有一点至今还是个谜:金俊文的小子大字不识几个,又一直是个"溜光棰",怎么半年之中就变成了一个神通广大的人物呢?(路遥《平凡的世界》)

例(7)的"稍微"只能修饰肯定形式"有力气",例(8)的"稍"只能修饰肯定形式"有头脑"。

B 类程度副词与名词的共现情况如表 2:

---

① 唐善生(2005a)所指的程度深的副词包括"很、十分、非常、怪、忒、蛮、颇、挺、特、特别、格外、相当、尤其、分外、异常、够、极、极其、极为、大、太、多、多么、好、更、更为、更加、还$_1$、最、最为、顶"等。

表 2　B 类程度副词与名词的共现情况

副词	只用于肯定中的名词数(个)	只用于否定中的名词数(个)
稍	66	0
稍微	5	0

与"稍微、稍"共现的名词数量较少,分别占名词总数(297 个)的 22.2% 和 1.7%。

二、影响"F+有+N""F+没(有)+N"对称与否的因素

影响"F+有+N"和"F+没(有)+N"对称与否的因素主要有以下三个:

一是与 F 有关。前文显示,《大纲》的 28 个程度副词中能同时修饰"有+N"和"没(有)+N"的有"很、更、最、非常、好、挺、比较、太、十分、特别、怪、更加、颇、极、较、愈、极其、格外、顶、尤其"等 20 个(即 A 类),这些副词修饰一些名词构成的"有+N"和"没(有)+N"是对称的。这 20 个程度副词中有 18 个(很、更、最、非常、好、挺、太、十分、特别、怪、更加、颇、极、愈、极其、格外、顶、尤其)是表示程度深的程度副词[①],占程度副词总数的 90%;只有 2 个(比较、较)是表示程度浅的程度副词,占程度副词总数的 10%。可见,表示程度深的程度副词通常能同时修饰"有+N"和"没(有)+N",是该范畴中的典型成员,而表示程度浅的程度副词是边缘成员。

《大纲》中的"稍微、稍"2 个程度副词(即 B 类),只能修饰"有+N",不能修饰"没(有)+N",它们都是表示程度浅的程度副词。

二是与 N 有关。《大纲》中可以同时进入"F+有+N"和"F+没(有)+N"的名词有"意思、教养、耐心、兴趣、面子、素质、意义、前途、劲、效率、信心"等 135 个(见表 3),占能进入"F+有+N"或"F+没(有)+N"名词总数(297 个)的 45.5%。但不同的名词构成的"有+N"和"没(有)+N"能够接受修饰的副词的多寡有很大的不同,135 个名词与 20 个相对不对称程度副词(A 类)的共现情况如下:

[①] 马真(1988)根据意义把程度副词分为两大类:一类表示程度深,如"很、挺、十分、万分、非常、异常、太、极端、最、最为、顶、更、更加、更为、越发、越加、愈加、还₁"。该类又细分为三小类:1."很"类:很、挺、十分、万分、非常、异常、太、极端;2."最"类:最、最为、顶;3."更"类:更、更加、更为、越发、越加、愈加、还₁。一类表示程度浅(或说程度轻微),如"有点儿、有些、比较、较、较为、还₂、稍微、稍、稍稍、多少、略微、略略"。该类又细分为三小类:1."有点儿"类:有点儿、有些;2."比较"类:比较、较、较为、还₂;3."稍微"类:稍微、稍、稍稍、多少、略微、略略。

表3 135个名词与 A 类程度副词的共现情况①

名词	A 类程度副词	
	数量(个)	占比(%)
意思、教养	16	80
礼貌、出息	14	70
耐心、兴趣、面子、素质	13	65
意义、前途、劲、效率、信心	12	60
文化、把握、诚意、好感、修养	10	50
道理、精神、希望、感觉、力气、营养、原则、风度	9	45
经验、水平、本事、道德、规律、脑子、个性、头脑、人性	8	40
活力、激情、食欲、尊严	7	35
钱、理由、立场、动力、逻辑、信用、志气	6	30
保证、问题、地位、用处、状态、力量、保障、档次、乐趣、光彩	5	25
办法、概念、感情、根据、空、脾气、想法、质量、常识、胆、趣味、胆量、斗志、分寸、记性、气势、条理、指望、气魄、学问、分量	4	20
脸、知识、市场、味道、心情、形象、重点、气氛、深度、心思、压力、见识、滋味、理、智慧、觉悟、法子、资格、胆子、实力、规矩、福气、特色	3	15
内容、纪律、目的、技巧、优势、眼力、计划、前景、潜力、机会、意见、决心、系统、戏、负担、权力、记性、气概、权利	2	10
态度、情感、顺序、条件、工夫、印象、突破、资本、劲头、成果、动机、规则、心事、风趣、潜力、情节	1	5

可以看出,135个名词构成的"有+N"和"没(有)+N"能够接受程度副词修饰的数量呈现出递减情况,"意思、教养"最多,有16个副词,"礼貌、出息"有14个副词,"耐心、兴趣、面子、素质"有13个,"意义、前途、劲、效率、信心"有12个,"文化、把握、诚意、好感、修养"有10个,修饰这些名词组成的"有+N"和"没(有)+N"的副词数量约占20个副词的50%以上,其他的名词组成的"有+N"和"没(有)+N"能够接受程度副词的数量都在9个以下,特别是"态度、情感、顺序"等,只有1个程度副词能够修饰它们组成的"有+N"和"没(有)+N"。这表明,能出现在对称结构中的名词也存在着范畴化现象,"意思、教养、礼貌、出息、耐心、兴趣、面子、素质、意义、前途、劲、效率、信心、文化、把握、诚意、好感、修养"等18个是典型成员,"道理、精神、希望、感觉"等117个是边缘成员。

这些名词除去"气氛、营养、保证、保障、市场、前景、顺序"这7个词,其他的128个都明显具有[+与人有关]的语义特征,即与"人"有直接关系,有的表示人的身份、地位,有的表示人的修养、能力,有的表示人的前途、胆识等,约占这类名词总数(135个)的94.8%。

统计发现,A 类程度副词能修饰257个名词构成的"有+N"结构,不能修饰这些名

---

① 这里的"共现"指的是某些或某个名词可以与20个程度副词中的某些副词或某个副词共现,表4、表5的情况类似。

词构成的"没(有)+N"结构,这 257 个名词占名词总数(297 个)的 86.5%。这些名词与 A 类程度副词的共现情况如表 4：

表 4 257 个名词与 A 类程度副词的共现情况

名词	A 类程度副词	
	数量(个)	占比(%)
利①	18	90
学问	17	85
才能	15	75
病、智慧、难度、味道、理	13	65
好处、启发、收获、性格、力量、心得	12	60
关系、成就、体会、权威、生命力、风格、理想、影响、特点、价值	11	55
害、决心、手段、共鸣、效果、风趣、特色、感情、用处	10	50
成绩、计划、本领、贡献、速度、印象、能量、势力、意识、层次、风味、威力、威望、节奏、实力、办法、野心	9	45
高度、规模、重量、感受、成效、风险、一手、耐力、分寸、活力、乐趣、条理、感觉、潜力、钱、兴趣、深度、头脑	8	40
方法、机会、态度、意见、戏、创新、规划、见解、策略、功效、疗效、效益、想法、优势、档次、思想、希望、气氛、经验、问题	7	35
基础、技术、条件、准备、艺术、感想、精力、毛病、主张、品质、色彩、身份、共性、销路、压力、滋味、干劲、个性、胆量、见识、能力、精神、把握、气势、前景	6	30
传统、反应、空间、区别、作用、背景、才能、利润、才智、差距、境界、偏见、气力、声势、收益、威信、效力、积极性、知识、情绪、情感、光彩、眼力、根据、保证	5	25
距离、利益、危害、疑问、负担、体力、体面、心意、资格、生机、威风、需求、欲望、纪律、质量、保障、斗志、风度、激情、力气、意思、信心、气魄、福气	4	20
困难、联系、工夫、功夫、害处、看法、财富、差别、规则、肌肉、梦想、神气、突破、义务、资本、出入、次序、党性、分歧、含义、涵义、话题、劲头、局限、人格、特权、特性、嫌疑、胸怀、营养、动力、毅力、食欲、尊严、目的、权力、原则、效率、诚意	3	15
打算、觉悟、限制、重点、资源、法子、功劳、级别、水分、依据、用途、抱负、才干、等级、顾虑、来历、名誉、名声、品行、情节、声誉、限度、悬念、意图、意向、用意、远景、造型、正气、信念、记性、信用、力量、逻辑、良心、面子、出息、教养	2	10
东西、企图、代价、动机、架子、来往、歉意、说法、特征、心事、障碍、差异、福利、两手、缺陷、旋律、专长、立场	1	5

---

① 名词"利"对应的肯定形式是"有利",否定形式是"不利",而非"没利",因此只存在"F+有+利",不存在"F+没(有)+利"。

可见,与 A 类程度副词共现的名词同样存在着范畴化现象,"利、学问、才能、病、智慧、难度、味道、理"等 33 个是典型成员,它们能够与 A 类 50% 以上的副词共现;"成绩、计划、本领、贡献、速度"等 224 个是边缘成员,它们能够与 A 类 45% 以下的副词共现,最少的只能与 1 个副词共现。

这些名词除了"难度、深度、节奏、系统、层次、内容、规则、气氛、风味、功效、生机、收益、效益、销路、悬念、艺术、利润、次序、含义、涵义、情节、说法、出入、空间、局限、远景、旋律、障碍、限制、造型、质量、规模、作用"等 33 个外,其他 224 个也都明显具有[+与人有关]的语义特征,约占 87.2%。

绝对不对称程度副词(即 B 类)只能修饰"有+N",其中的 N 有 67 个,占总名词总数(297 个)的 22.6%。67 个名词和 B 类程度副词的共现情况如表 5:

表 5　67 个名词与 B 类程度副词的共现情况

名词	副词	
	数量(个)	占比(%)
脑子、思想、力气、头脑	2	100
办法、成绩、打算、道理、关系、好处、基础、计划、机会、技术、精神、经验、困难、条件、文化、问题、希望、意见、意思、意义、影响、知识、准备、本事、成就、地位、感觉、功夫、贡献、规模、价值、觉悟、礼貌、力量、耐心、能力、区别、收获、体会、效果、心得、心情、信心、兴趣、学问、疑问、印象、把握、常识、权力、压力、眼光、智慧、诚意、良心、疗效、难度、人性、食欲、特色、嫌疑、修养、钱	1	50

与 B 类副词共现的 67 个名词,除"难度、规模"2 个外,其他 65 个都具有[+与人有关]语义特征,约占 97%,即绝大多数。

关于 N 的特点,贺阳(1994)、李宇明(1995)、彭利贞(1995)等认为"F+有+N"中的 N 一般是抽象名词,唐善生(2000)认为 N 大多具有心理感受的语义特征,李先银(2012)指出寄生类抽象名词可以进入"F+有+N",主生的不行。我们发现,能够进入"F+有+N"或"F+没(有)+N"中的名词绝大多数都具有[+与人有关]的语义特征,既能进入"F+有+N"又能进入"F+没(有)+N"的名词中 94.8% 具有[+与人有关]的语义特征,与 A 类(同有些名词共现时只能修饰"有+N")和 B 类程度副词共现的名词中分别有 87.2% 和 97% 具有[+与人有关]的语义特征,占绝大多数。由此可以推测,程度副词修饰的"有+N"或"没(有)+N"中的名词首先是与人有关的抽象名词,然后才逐渐扩展到其他抽象名词。从比例上来看,其他名词用的还很少,说明扩展的速度比较慢。

另外,N 的感情色彩对"F+没(有)+N"有些影响,能进入该结构中的名词通常是中性词(如"经验、感觉、力量、办法、心情"等)和褒义词(如"礼貌、风度、优势、成就、好感"等),而不能是贬义词(如"意见、困难、病、害、野心、毛病、偏见、情绪、危害、局限、嫌疑、歉意、缺陷、代价"等)。

三是与"有+N"和"没(有)+N"结构有关。考察发现,有的同一个名词构成的"有+N"和"没(有)+N"可以接受程度副词的修饰,例如:

(9)小董张着口傻愣愣地听杜平讲着,他虽弄不清楚杜平说的那些名词,但他觉得他说的很有道理,因为他看到杜平虽然浑身疾病,可是他比那些健康的人还要坚强啊!(李晓明《平原枪声》)

(10)唐先生细心地听着,脸上的笑纹越来越增多,可是自己也晓得笑得很没道理。(老舍《文博士》)

例(9)、例(10)中的"有道理"和"没道理"都可以受程度副词"很"修饰,是对称的。

但有些名词①组成的"有+N"可以受程度副词修饰,"没(有)+N"却不行,例如:

(11)延安时期,他就当了"模范区长",那时才十八岁,筹粮征兵搞得很有成绩。(刘震云《官人》)

例(11)中的"有成绩"可以受程度副词"很"的修饰,而"没(有)成绩"却不能受"很"的修饰。

一般情况下,名词进入"有+N"和"没(有)+N"后组成的结构含有程度义,能够接受程度副词的修饰。像"道理",组成的"有道理"和"没(有)道理"都包含了程度义,因此都可以受程度副词的修饰。再如"成绩",组成的"有成绩",存在成绩大小的问题,即有程度上的差别,因而也可以受程度副词的修饰;但"没(有)成绩",是指成绩是零,也就是说不存在程度上的差异,所以不能受程度副词的修饰。

三、结语

综观前文可以看出,副词修饰"有+N"和"没(有)+N"非常复杂,它们修饰这两种结构组成的"F+有+N"和"F+没(有)+N"既存在着对称情况,也存在着不对称情况。《大纲》的28个程度副词中,"很、更、最、非常、好、挺、比较、太、十分、特别、怪、更加、颇、极、较、稍微、稍、愈、极其、格外、顶、尤其"等22个可以出现在"F+有+N"或"F+没(有)+N"中,其中"很、更、最、非常、好、挺、比较、太、十分、特别、怪、更加、颇、极、较、

---

① 例如"成绩、限制、水分、特权、资源、分歧、含义、涵义、东西、差别、收益、销路、差距、速度、需求、福利、差异、共性、空间、区别"等。

愈、极其、格外、顶、尤其"20个能同时出现在一些名词构成的"F＋有＋N"和"F＋没（有）＋N"中，但这20个程度副词有时只能修饰某些名词构成的"有＋N"，即这些副词构成的"F＋有＋N"和"F＋没（有）＋N"有时是对称的，有时是不对称的，它们是相对不对称程度副词。"稍微、稍"2个只能出现在"F＋没（有）＋N"中，是绝对不对称程度副词。

与此类似，"有＋N"和"没（有）＋N"中的名词对程度副词也有选择性，135个名词构成的"有＋N"和"没（有）＋N"可以与"很、更、最、非常、好、挺、比较、太、十分、特别、怪、更加、颇、极、较、愈、极其、格外、顶、尤其"等共现，257个名词构成的"有＋N"只能与"很、更、最、非常、好、挺、比较、太、十分、特别、怪、更加、颇、极、较、愈、极其、格外、顶、尤其"等共现，67个名词构成的"有＋N"只能与"稍微、稍"等共现。

出现在"F＋有＋N"和"F＋没（有）＋N"中的程度副词存在着范畴化现象。既能修饰"有＋N"，又能修饰"没（有）＋N"的"很、最、太、更"是典型成员，"好、特别、更加、非常、挺、比较"等是边缘成员；只能修饰有些名词组成的"有＋N"的"很、最、更、非常、挺、比较、极、颇"是典型成员，"太、特别、更加、极其"等是边缘成员。

不仅如此，出现在"F＋有＋N"和"F＋没（有）＋N"中的名词同样存在着范畴化现象。既能出现在"F＋有＋N"，又能出现在"F＋没（有）＋N"的"意思、教养、礼貌、出息、耐心、兴趣、面子、素质、意义"等是18个典型成员，"道理、精神、希望、感觉"等117个是边缘成员；只能进入A类副词构成的"F＋有＋N"中的"利、学问、才能、病"等33个是典型成员，"成绩、计划、本领、贡献、速度"等224个是边缘成员。

副词、名词和"有＋N"和"没（有）＋N"都对"F＋有＋N"和"F＋没（有）＋N"对称和不对称有一定的影响。表示程度高的程度副词通常能同时修饰"有＋N"和"没（有）＋N"，是该范畴中的典型成员，而表示程度浅的程度副词是边缘成员。名词的语义特征对能否进入"F＋有＋N"和"F＋没（有）＋N"有着非常大的影响，与A类和B类程度副词共现的名词87％以上都具有[＋与人有关]语义特征。由此可以推测，"F＋有＋N"或"F＋没（有）＋N"这些用法应该是从与人有关的名词开始的，之后才扩展到其他名词。这种情况的出现有着认知的原因，因为人们认知的时候首先是由认识自己开始，然后才"推己及物"的。名词的感情色彩对"F＋没（有）＋N"有影响，能进入该结构中的名词通常是中性和褒义的。"有＋N"和"没（有）＋N"具有程度义，才能被程度副词修饰，不包含程度义的，不能受程度副词的修饰。

参考文献

国家汉语水平考试委员会办公室考试中心(2001)《汉语水平词汇与汉字等级大纲》，经济科学出版社。
贺　阳(1994)"程度副词＋有＋名",《汉语学习》第2期。
李静波(2014)"很有N"短语中N的特征考察,《淮北师范大学学报》(哲学社会科学版)第4期。
李先银(2012)容器隐喻与"有＋抽象名词"的量性特征——兼论"有＋抽象名词"的属性化,《语言教学与研》第5期。
李宇明(1995)能受"很"修饰的"有＋X"结构,《云梦学刊》第1期。
马　真(1988)程度副词在表示程度比较的句式中的分布情况考察,《世界汉语教学》第2期。
彭利贞(1995)说"很有NP",《语文研究》第2期。
荣　晶、丁崇明(2014)两种不同性质的"有＋N"结构,《中国语言学报》第16辑。
石毓智(2004)论社会平均值对语法的影响——汉语"有"的程度表达式产生的原因,《语言科学》第6期。
唐善生(2000)"程度副词＋名"与"程度副词＋有＋名"结构,《华中师范大学学报》(人文社会科学版)第5期。
唐善生(2005a)修饰"有＋NP"结构的程度副词,《信阳师范学院学报》(哲学社会科学版)第1期。
唐善生(2005b)"有＋NP"的结构语义特征与程度副词选择,《绥化学院学报》第1期。
温锁林(2010)汉语的性状义名词及相关问题,《语言教学与研究》第1期。
杨玉玲(2007)认知凸显性和带"有"的相关格式,《修辞学习》第5期。
姚占龙(2004)也谈能受程度副词修饰的"有＋名"结构,《汉语学习》第4期。
张　敏(1998)《认知语言学与汉语名词短语》,中国社会科学出版社。

(100871　北京,北京大学对外汉语教育学院)

再论"了₃"的句法语义功能*

王 晨

摘　要：汉语中词尾"了"一般被认为是表达完成体的标记，而不表达完成体的"了"在前人研究中是一个表结果的补语，记作"了₃"。本文对不表达完成体的"了₃"做了进一步研究。借助外框架理论，本文提出将"了"的完成体标记功能分离的设想。在这一分析下，"了"的本质是标记内时体终结性的体标记，通过一致性关系为外时体下的空项赋值，产生完成体解读。当结构中不存在外时体短语时，"了"的完成体标记功能便不会被触发，从而出现非完成体的"了"。道义情态、祈使句、非限定小句中出现的"了"均属此情况。因此本文认为，补语性的"了₃"作为一个独立类别的"了"，存在的必要性有待商榷，句法功能不应该跟词汇绑定，而是由结构本身决定。

关键词：了；时体；终结性；外框架理论

〇、引言

"了"在现代汉语中是一种常见的体标记（aspect marker）。根据其在句中的位置，可以分成两类：词尾"了"和句尾"了"。词尾"了"紧跟动词，出现在动词和宾语之间，如例(1)。句尾"了"则出现在宾语之后，一般位于句子末尾，如例(2)。

　　(1)张三吃了一个苹果。　　　　(2)张三吃苹果了。

过去的研究一般认为，词尾"了"是一种完成体标记（perfective marker），强调事件在某个时间参照点前已经完成。① 这种观点见于 Smith(1997)、Huang et al.(2009)、李梅、赵卫东(2008)、王晨、刘伟(2014)等文献中。句尾"了"则被认为跟语篇功能相关，如 Li & Thompson(1981)称句尾"了"表达现时相关性，而 Soh & Gao(2006)、Soh

---

* 本文在修改过程中得到《对外汉语研究》匿名审稿专家的意见支持，在此致谢。
① 与当下一些文献的"完整体"不同，本文将 perfective 称作"完成体"，因为这一术语原本仅指事件"停止"，是否发展到结束点不明；将表达事件有界性（具有语义上的天然结束点）的 telicity 译作"终结性"。

(2009)、Erlewine(2017)等文认为句尾"了"会触发预设情景(presupposition situation)跟现实情景的对比。很多时候,词尾"了"被记作"了$_1$",而句尾"了"被记作"了$_2$"。

然而,还有一种情况:"了"出现在"了$_1$"的位置,但并不表达"了$_1$"的相关功能,如例(3)a和例(3)b所示。

(3)a.我要杀了那个人。　　b.张三必须吃了那个苹果。

例(3)a和例(3)b两个句子中,"了"都出现在动词之后、宾语之前,跟词尾"了"的位置相同。但在两句话表达的情景中,"那个人"尚未被"我"杀死,"那个苹果"也还没有被"张三"吃掉,因此都不做完成体解读。这与"了$_1$"的功能相悖。因此,这里的"了"被认为是一种不同于"了$_1$"和"了$_2$"的独立标记,一般记作"了$_3$"。

本文认为,汉语中并不存在一个独立的"了$_3$",出现在类似例(3)a和例(3)b句子中的"了"实际仍是"了$_1$",即词尾"了"。这些句子之所以没有表达完成体含义,是因为词尾"了"本质上并非完成体标记,而是终结性标记(telic marker)。完成体标记功能仅仅是词尾"了"的第二功能,根据语境和结构的不同,这一功能可以不出现。这一观点将在下文中进行详细论述。

一、关于"了$_3$"的研究综述

为了佐证"了$_3$"不作为独立标记存在这一观点,本节首先回顾了前人研究中对"了$_3$"的论述,并分析其论据的合理性。

陈刚(1957)和马希文(1983)很早就提出汉语中存在一个具有补语性质的"了"。他们认为,在句子中使用这种"了"并不表示事件已经结束,而是表达动作的结果状态。如例(4)中,"死"是"杀"这个动作的结果状态,"完"是"写"的结果状态。同理,"修"的结果是"好","吃"的结果是"光"。而"了"跟"死、完、好、光"属于同一类型的词,表达一种"结束"的抽象含义。而且汉语中补语一般紧跟动词,处于宾语之前。例如:

(4)杀死李四　写完作业　修好汽车　吃光大米

这种"了"如果也是补语的一种,正好可以解释其跟词尾"了"相同的位置。不过,这种"了"的使用还受到另外的限制。例如,"了$_3$"虽然可以出现在例(3)a和例(3)b这样的句子中,但如果没有特殊语境支持,例(5)a和例(5)b所示的情景就很难接受:

(5)a.? 我要画了那幅画。　　b.? 张三必须写了那封信。

邵敬敏(1988)也观察到了这个现象,并总结出一条规律:出现在"了$_3$"前的动词都有一个共同的语义成分[+消除]。这类词包括"卖、寄、关、删、撤、倒、烧、换、租、借、挖、丢、关、喝、吃、咽、吞、泼、洒、扔、放、碰、摔、磕、撞、踩、伤、杀、宰、切、冲、毁"等。例(5)a

和例(5)b 中的动词"画"和"写"并不具有"消除"的含义,因此后面不能跟"了$_3$"。

然而,这种把"了$_3$"分析成补语性质的做法面临一定的问题。首先,关于"了$_3$"前的动词语义上必须包含[＋消除]这一要素的观点可以找出不少反例。例如：

(6)a.你必须给我修了这辆车。　　　　b.张三应该娶了那位姑娘。

例(6)a 和例(6)b 中,动词"修"和"娶"在语义上与"消除"没有直接联系,但两个句子都可以接受,可见并不是只有与"消除"有关的动词后才能跟非完成性的"了"。需要注意的是,例(6)b 中的"应该"实际上具有"认识情态词(epistemic modal)"和"道义情态词(deontic modal)"两种解读。如果"应该"作为认识情态词解读,那么例(6)b 表达的意思是张三娶了某人,那个人有可能是那位姑娘。如果作为道义情态词解读,那么例(6)b 的意思是那位姑娘张三有义务娶。换句话说,前者表示对一个已经发生的事件做出的推测,而后者表达的是尚未发生的事。彭利贞(2007)以及刘翼斌、彭利贞(2010)都认为,"应该"作为认识情态词时,"了"可以看作是"了$_1$";"应该"作为道义情态词时,"了"就是纯粹的"了$_3$",仍与"了$_3$"前动词必须包含消除义这一观点相悖。①

Sybesma(1999)也有类似的观点。他认为汉语中存在两种词尾"了":实现义的"了"(记作"了$_{[R]}$")和结束义的"了"(记作"了$_{[E]}$")。前者大致等同于"了$_1$",后者等同于"了$_3$"——结束义的"了"表示事件既有的结束点,而实现义的"了"表示事件已经发展到了结束点。如例(7)a 和例(7)b 所示,"了$_{[R]}$"和"了$_{[E]}$"分别是小句短语 XP、YP 的中心语。区别在于"了$_{[E]}$"合并的是名词成分 DP,而与"了$_{[R]}$"合并的是小句成分 YP。

(7)a.　　　　　　　　　　b.

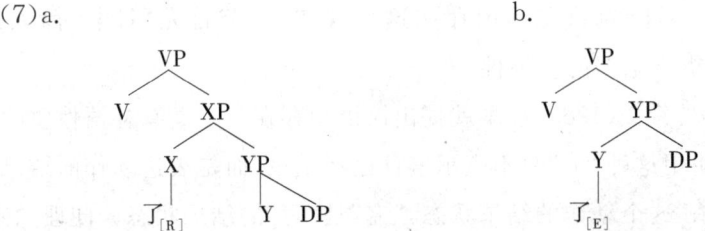

"了$_{[E]}$"与结果补语相同,都占据 YP 中心语位置。所以当句子中本身有一个不同于"了$_{[E]}$"的结果补语时,出现的"了"就只能是"了$_{[R]}$",如例(8)a 和例(8)b 所示。

(8)a.张三擦干了玻璃。　　b.

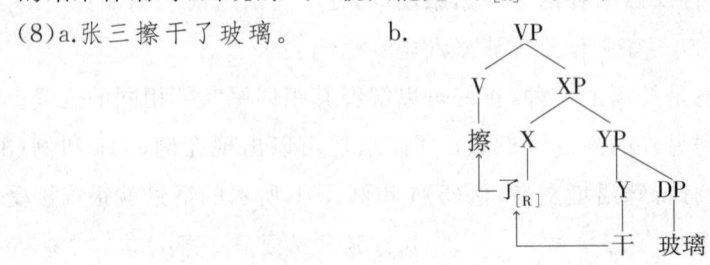

---

① 根据叶向阳(2004),"了$_3$"前的动词也可以不带[＋消除]语义,此时"了$_3$"虚指"了结"某事。如此一来,例(6)a 和例(6)b 确实不再构成"了$_3$"存在的反例。但是此时"了$_3$"的作用跟"了$_1$"过于相近,几乎相同,那"了$_3$"本身有没有必要独立存在就存疑了。感谢匿名审稿专家指出此点。

在类似例(3)a 和例(3)b 的情景中,事件尚未发展到结束点,因此只有"了$_{[E]}$"出现。如例(9)a 和例(9)b 所示。

(9)a.我要杀了李四。　　　b.

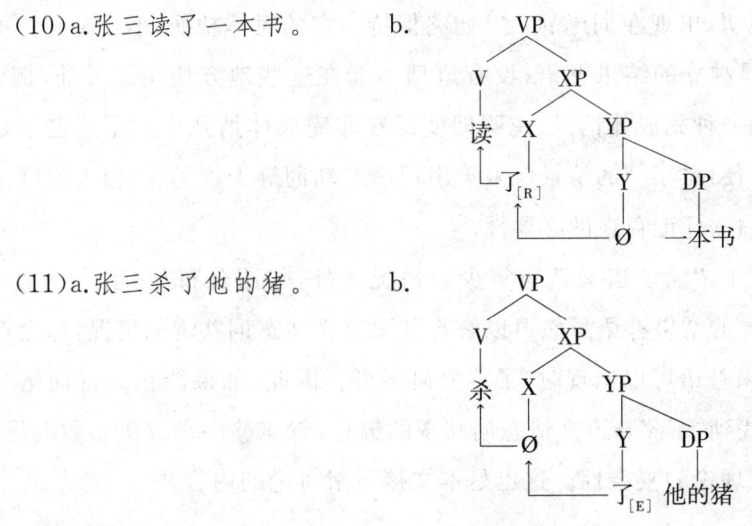

在 Sybesma(1999)的体系中,原则上"了$_{[E]}$"和"了$_{[R]}$"是可以同时出现的。不过按照 Chao(1968)的说法,汉语中不允许清音音节的连用,因此必须在语音层面上删去一个"了"。Sybesma(1999)由此提出,在动词语义和"了$_{[E]}$"不兼容的情况下(即上文中提到的不含"消除"义的动词),"了$_{[E]}$"会在语音层面被删除,如例(10)a 和例(10)b 所示。而如果动词语义含有"[+消除]",可以和"了$_{[E]}$"兼容,那么"了$_{[R]}$"就会被删除,仅保留"了$_{[E]}$",如例(11)a 和例(11)b 所示。

(10)a.张三读了一本书。　　　b.

(11)a.张三杀了他的猪。　　　b.

然而,这样的处理方式忽视了一个事实,即汉语中结果补语和"了$_3$"在分布上存在差异。

(12)a.＊张三杀死李四。　　　b.＊李四写完作业。

(13)a.张三杀了李四。　　　b.李四写了作业。

例(12)a 和例(12)b 在单独使用时都是不合法的句子,这说明"死、完"一类的结果补语无法直接使句子成立,必须要有一个类似"了"的体标记才行。这一问题在 Wu(2005),Tsai(2008)等文献中均有讨论。然而,例(13)a 和例(13)b 却是合法的,说明这里的"了"不是结果补语,只能是体标记。所以,例(11)b 中的分析实际不存在。例(12)和例(13)并没有直接证明"了$_3$"不存在,而是对 Sybesma(1999)中模型的合理性质疑。也就是说,如果按照例(11)b 中的模型,应该是等同于"了$_1$"的"了$_{[R]}$"被删除,而"了$_3$"

的"了$_{[E]}$"被保留。而且,在包括 Sybesma(1999)在内所有关于"了$_3$"的假设中,"了$_3$"本质就是结果补语。但例(12)证明结果补语不能直接使句子成立,仍需要体标记。所以在例(13)成立的前提下,这类句子中被删除的就不可能是"了$_{[R]}$"。结论就是 Sybesma(1999)并没有提供更多"了$_3$"单独使用的情况。但如果普通含"了"的句子中"了$_1$"都必须出现,"了$_3$"只是选择性出现,而且是否出现在句法语义上都没有可见的影响,况且即使出现也会被同音删略,那么"了$_3$"的存在很大程度上就变成了赘余。

证明"了$_3$"不是结果补语最为关键的证据,就是两者在句法分布上存在很大不同:真正的结果补语不受外时体完成性的制约,可以用于完成体之外的时体,跟其他非完成性体标记共现。但"了$_3$"却不可以,如例(14)a 至 c 所示。

(14) a. 美国正在卖(掉/＊了)黄金。
　　 b. 张三没有吃(完/＊了)那些苹果。
　　 c. 张三曾经烧(光/＊了)过这里的野草。

上述例子说明,出现在词尾的"了"始终保持一定的时体功能,不会是纯粹的结果补语。如果"了$_3$"是独立的结果补语,没有道理不能在这些地方使用。另外,例(14)a 中的进行体也不是一种完成体情景,说明即使是在非完成体情景中,"了$_3$"也不是一定能够使用。这使得使用"了$_3$"的情景仅限于出现情态动词等少数场合,很大程度上降低了"了$_3$"作为一个独立标记存在的必要性。

目前来看,"了$_3$"除了道义情态等少数情况之外,句法分布与"了$_1$"完全相同。将"了$_3$"分析成独立的结果补语虽然可以解释其跟道义情态词共现的情况,却会产生新的问题,即其他结果补语可以出现时"了$_3$"为何不可。因此,如果能在维持词尾"了"皆是"了$_1$"的假设下找到"了$_1$"与道义情态词共现的解释,就能够一举解决多数问题,同时大大简化"了"相关理论的复杂性。这也是本文接下来讨论的内容。①

二、外框架理论下的解释

本节的分析将根据 Borer(2005)构建的外框架(exo-skeletal)理论,针对词尾"了"提出一种不同的句法结构。在这种结构中,对完成体进行标记仅仅是"了$_1$"的一种次要

---

① 陈刚(1957)曾论述北京话里 lou 和 le 的区别,并认为分别对应普通话里的"了$_1$"和"了$_3$"。这的确是"了$_3$"独立存在的间接证据。只是,北京话语素和普通话语素的对应关系无法直接证明。而且,即使普通话的"了"真的是从北京话演化而来,也存在两种可能:1.两种语素依旧保持原先独立的句法特性,只是由于发音相同在相邻的情况下会发生删略;2.两种语素由于发音相同已经融合为一种,其句法特性也随之融合,可以用同一套句法系统实现原先两者的功能。本文提出的分析算是对第二种可能性的探讨。

功能,在特定的情况下可以不出现,由此可以解释非完成体句子中的词尾"了"的问题,并不需要将非完成体的"了"与一般意义上的词尾"了"(即"了$_1$")区分开。

外框架理论的核心观点是:词汇只是句法结构上的点缀,结构本身可以决定(功能性)含义。这一理论利用空项赋值(range assignment)进行演算,而非传统的特征核查。具体来说,一个功能性结构具有两个成对出现的中心语,其中一个是空项(open value),只能决定结构的语类特征(categorial feature),另一个则是它的赋值项。当结构中每个空项都得到合理的赋值时,就可以得到合法语句。如在例(15)所示的结构中,⟨e⟩$_F$就是空项,而 R(F)则是其赋值项,两者均为 FP 短语的中心语。在 R(F)为空时,处于标示词位置的 XP 也可以通过标示词—中心语一致性关系为⟨e⟩$_F$赋值。

(15)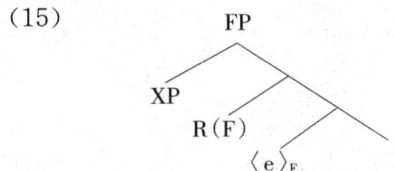

另外,Borer(2005)认为,时体分内时体和外时体,即 Smith(1997)提到的视点体(viewpoint aspect)和情状体(situation aspect)。外时体关注完成性,即事件在参照点前是否完成,而内时体关注终结性(telicity),即事件本身语义上是否具有结束点,与实际是否完成无关。内时体和外时体一样,句法上具有与其对应的功能结构,记作 Asp$_Q$P,其中心语空项记作⟨e⟩$_Q$。但 Asp$_Q$P 只在终结性事件结构中出现。也就是说,终结性事件是句法结构中具有 Asp$_Q$P 的事件,非终结性事件是不具有这一投射的事件。

英语中没有独立的终结性标记,不会有语素出现在例(15)中 R(F)的位置上,因此需要量化名词短语出现在例(15)中 XP 的位置上,然后通过一致性关系进行空项赋值。

汉语的情况与英语不同,本文认为词尾"了"就是占据 R(F)位置的赋值项,可以为⟨e⟩$_Q$直接赋值,因此有"了"出现的句子描述的都是终结性事件,如例(16)a 至 c 所示。

(16) a. *张三弹了钢琴。

b. 张三吃了苹果。

c. 张三正在吃苹果。

Wu(2005)观察到,汉语中如例(16)a 一类的句子并不符合语法,至少听起来是不完整的。如果让例(16)a 成立,必须是在一些特殊语境中,如"张三每天弹两个小时的钢琴,昨晚也弹了"。本文认为,这是由于"弹钢琴"本身是没有固定终点的非终结性事件,而"了"作为终结性标记无法用于此处。例(16)b 基本合法,但语义解读上也受到了一些限制。例(16)b 中宾语"苹果"只能表达限定性含义,即"张三吃了某个/些苹果"。然而,原则上汉语中光杆名词的解读不会带有限定性取向。如例(16)c 所示,在进行时体中,"苹果"具有限定性和非限定性两种解读,既可以特指,也可以泛指。这说明是

"了"的出现使例(16)b 的解读受到了限制,因为泛指是不定量的,只有当光杆名词"苹果"作限定性解读时,宾语才是定量名词,事件才具有确定的界限。①

句法结构上,本文认为"了"是 Asp_QP 的中心语,可以为掌管事件量化与终结性的空项$\langle e \rangle_Q$直接赋值。同时,内时体决定事件结构,因此参照 Tsai(2008)、Travis(2010)、王晨(2018)等,Asp_QP 在句法结构上置于实义动词投射 VP 和轻动词投射 VP 之间。同时,"了"还可以通过一致性关系(agree)为外时体短语 OAspP 下掌管完成性的空项$\langle e \rangle_O$ 赋值,以此实现"了"的完成体标记功能。"了"在为$\langle e \rangle_Q$赋值之后,动词进行[V-v]提升,在经过 Asp_Q 位置时与"了"合并,并将其作为一个后缀带着一起提升至轻动词位置,得到[动词—了—宾语]的最终语序。如例(17)a 和例(17)b 所示。

(17) a. 张三吃了一个苹果。 b.

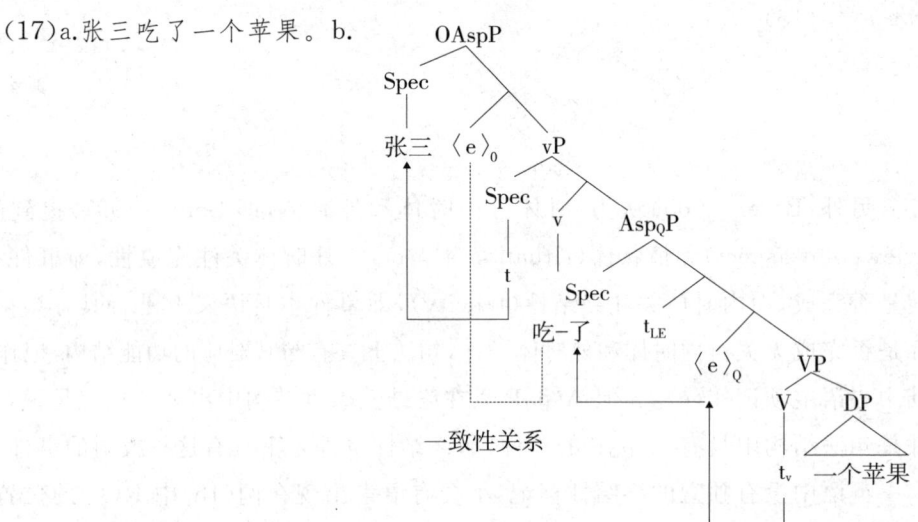

一致性关系

例(17)中对于词尾"了"的分析有助于解释词尾"了"与道义情态动词共现的问题。这里提到句子之所以有完成体解读,是因为"了"通过一致性关系为 OAspP 下的空项$\langle e \rangle_O$ 赋予了完成体的值域。所以当结构中代表外时体的 OAspP 不出现时,即便出现词尾"了"句子也不会有完成体的解读。本文认为,道义情态词的出现可以替代外时体短语的作用,因此在类似例(18)a 的句子结构中实际是没有 OAspP 出现的,取而代之的是代表情态动词短语的 MP,如例(18)b 所示。

---

① Tai(1984)等学者反对词尾"了"作为有界性或终结性标记的分析,因为有一些短语在与词尾"了"连用时可以得到事件未完结的解读,如"张三写了一封信,可是没写完"。但事实上这样的句子并不是所有人都认可。如Sybesma(1999)、杨稼辉(2015)、王晨(2018)等都提到这在语法上不可接受,只是比较容易理解。另外,这一现象仅会发生在部分动词搭配中,还有很多动词短语产生的有界性解读不可取消,如例(i)a 和例(i)b 所示。本文认为 Tai(1984)提到的句子之所以会产生,原因更多在于认知方面而非句法方面,所以在此不深入讨论。

(i) a. *张三杀了一个人,可是那个人没死。
 b. *张三修了一辆车,可是还没修好。

(18) a. 张三必须吃了那个苹果。
    b.

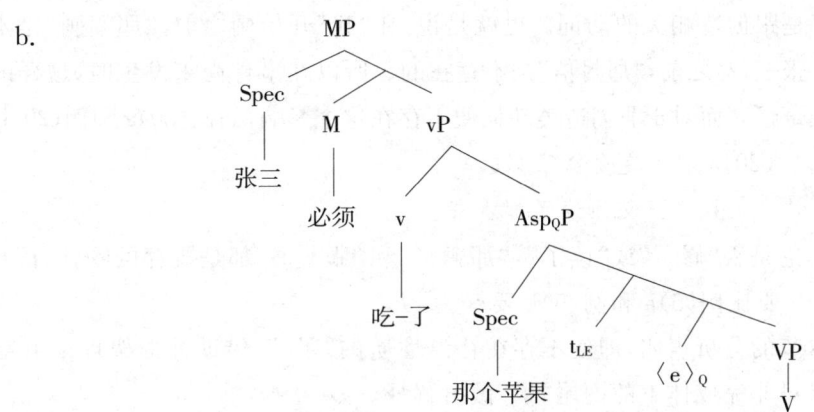

由于结构中不存在⟨e⟩₀,词尾"了"的完成体标记功能便不会被激发,仅表现出终结性标记的功能,不会与道义情态表达的事件尚未发生的含义冲突。而在认识情态中,情态动词短语 MP 和外时体短语 OAspP 是共存的,因此表达的都是对完成体事件的推断,如例(19)a 和例(19)b。

(19) a. 张三可能吃了那个苹果。
    b.

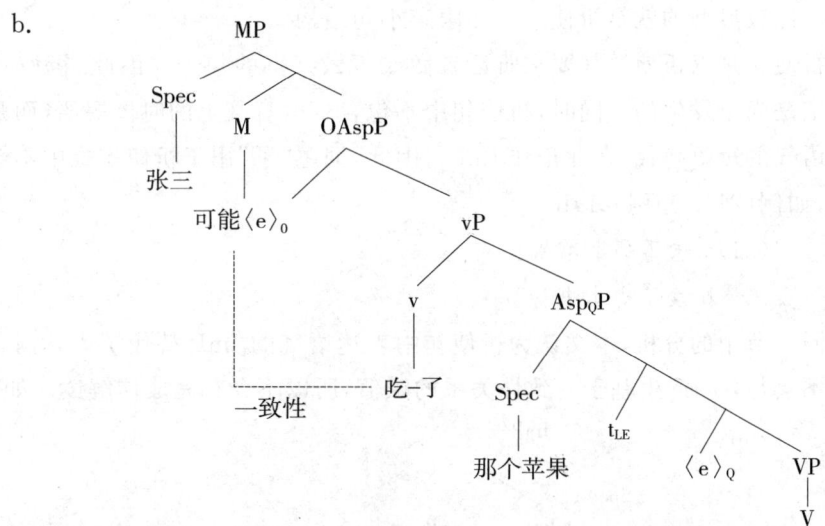

这也可以解释"了"无法与其他体标记共现的问题。因为出现"了"之外的体标记说明结构中有代表外时体的 OAspP,也就是说"了"对⟨e⟩₀的赋值一定会发生。而空项⟨e⟩₀只能接受一个体标记的赋值,否则就会有冲突,因此例(14)a 至 c 的句子中出现"了"就都不合法。也就是说,道义情态动词和词尾"了"共现时,句子表达的时体既非"完成体"也非"持续体"(imperfective),仅仅是不借助时体短语、语义上表达事件尚未结束的"非完成体"(nonperfective)。

至于"了₃"对于动词的选择性,即动词必须带有[＋消除]的含义,本文认为是常识性观念对于特殊语境影响的结果。例(5)a 和例(5)b 之所以语感上不自然,是因为"画"和"写"都是跟创造相关的动词。也就是说,在"我"开始画之前,"那幅画"是不存在的。同样,在"张三"写之前,"那封信"是不存在的。所以在事件尚未发生时,这样的句子听起来就比较奇怪。而对于非创造类动词便不存在这个影响,如例(20)a 和例(20)b 所示:

(20)a.我一定要修了那辆车。

b.张三必须读了那本书。

无论是否"修了"或"读了","那辆车"和"那本书"都是既存的物体,因此例(20)a 和例(20)b 要比例(5)a 和例(5)b 要好。

本节的分析表明,即使不存在补语性质的"了$_3$",借助外框架理论下空项赋值手段仍可以对非完成体下的词尾"了"做出解释。

三、祈使句和非限定小句中的"了"

外框架理论下的分析表明,只要结构中没有外时体短语出现,那么一个含"了"的句子就可以表达完成体之外的语义。这一预测可以在其他不含道义情态词的结构中得到证实。比较典型的就是祈使句和非限定小句结构。

祈使句是以祈使语气要求听话者做或不做某事的句子。因此,祈使句中表达的事件必定是尚未发生的。同时,祈使句中不包含一般意义上的时体短语,而是由一个表达祈使语气的短语替代,在此记作 ImP。因此,词尾"了"用于祈使句式中不会引发完成体解读,如例(21)a 和例(21)b。

(21)a.吃了那个苹果!

b.读了那本书!

同上节中的分析,本文认为祈使句中表达语气的 ImP 替代了表达时体的 OAspP,"了"不会与$\langle e \rangle_0$产生基于一致性关系的赋值,所以不会有完成体解读。如例(22)所示。

(22)

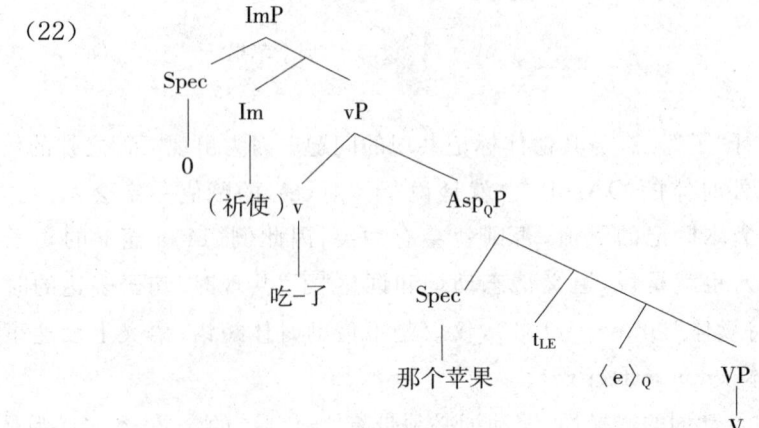

另一个允许非完成体"了"出现的结构是非限定(non-finite)小句。Huang(1982)、Li(1990)、李京廉、刘娟(2005)、李京廉(2009)等都认为,汉语同英语一样,存在限定性和非限定性小句的区别。他们提出,类似"准备""劝"等控制类动词(control verb)之后需要接非限定小句,而其他动词后接限定小句。其区别就在于非限定小句不允许出现情态词或体标记,如例(23)a和例(23)b所示;而限定小句无此限制,如例(24)a和例(24)b。

(23) a. 我准备明天(*会)来。
b. 我劝张三(不/*没有)买这本书。
(24) a. 我相信他明天会来。
b. 我相信张三没有买这本书。

然而,控制类动词后的小句允许词尾"了"出现,如例(25)。这也是徐烈炯(1999)等反对汉语中存在非限定小句的主要论据之一。

(25) 张三准备吃了那个苹果。

本文支持汉语存在非限定小句的说法。例(25)正是非限定小句不含时体短语OAspP的证据。"了"虽为体标记,但在此并未发挥标记完成体的功能,仅是终结性标记。而终结性作为内时体特征,在非限定小句中也可以出现。例(25)的句法结构应为例(26)所示。

(26)

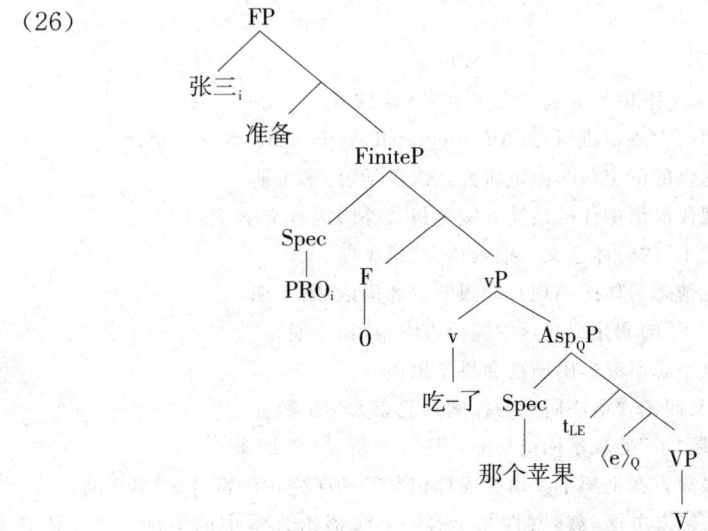

四、遗留问题

本文的外框架分析虽然可以解释存在非完成体"了"的问题,但也有一些相关问题未能解决。例如,出现非完成体"了"时,句子宾语必须是限定性名词。这一限制在祈使句和非限定小句中同样存在。如例(27)a至c所示。

(27)a.我要杀了(那个/＊一个)人。
b.吃了(那个/＊一个)苹果。
c.我准备吃了(那个/＊一个)苹果。

传统的补语性"了₃"假说和本文的外框架分析均无法对此现象做出合理的解释,可见类似句式尚有其他限制。本文将此问题留待之后研究。

五、结语

本文对汉语中不表达完成体的词尾"了"做了进一步研究。借助外框架理论,本文提出将"了"的完成体标记功能分离的设想。在这一分析下,"了"的本质是标记内时体终结性的体标记,通过一致性关系为外时体下的空项赋值,产生完成体解读。当外时体短语不存在于结构中时,"了"的完成体标记功能便不会被触发,从而出现非完成体的"了"。道义情态、祈使句、非限定小句中出现的"了"均属此情况。因此,本文认为,补语性的"了₃"作为一个独立类别存在的必要性有待商榷,句法功能不应该跟词汇本身绑定,而是由结构本身决定。

参考文献

陈　刚(1957)北京话里 lou 和 le 的区别,《中国语文》第12期。
李京廉(2009)《汉语控制的生成语法研究:An Integrated Approach》,科学出版社。
李京廉、刘　娟(2005)汉语的限定与非限定研究,《汉语学习》第1期。
李　梅、赵卫东(2008)现代汉语中体的最简方案分析,《外国语言文学》第1期。
林若望(2017)再论词尾"了"的时体意义,《中国语文》第1期。
刘翼斌、彭利贞(2010)论情态与体的同现互动限制,《外国语》第5期。
马希文(1983)关于动词"了"的弱化形式,《中国语言学报》第1期。
彭利贞(2007)《现代汉语情态研究》,中国社会科学出版社。
邵敬敏(1988)形式与意义四论,《语法研究与探索》,北京大学出版社。
王　晨(2018)论汉语词尾"了"的双重标记功能,《语言学研究》第25辑。
王　晨、刘　伟(2014)最简方案框架下汉语完成标记"了"的研究,《语言科学》第4期。
徐烈炯(1999)从句中的空位主语,载《共性与个性——汉语语言学中的争议》,北京语言文化大学出版社。
杨稼辉、伍雅清(2015)再论汉语是否存在完成动词,《现代外语》第6期。
叶向阳(2004)"把"字句的致使性解释,《世界汉语教学》第2期。
Borer,Hagit(2005)*Structuring Sense Volume Ⅱ:The Normal Course of Events*.Oxford:Oxford University Press.

Chao, Yuan-ren (1968) *A Grammar of Spoken Chinese*. Berkeley: University of California Press.

Erlewine, Michael (2017) Low Sentence-Final Particles in Mandarin Chinese and the Final-over-Final Constraint. *Journal of East Asian Linguistics*, 1:37—75.

Huang, C.-T. James (1982) *Logical Relations in Chinese and The Theory of Grammar*. Ph.D Dissertation, MIT.

Huang, C.-T. James, Y.-H. Audrey Li & Ya-fei Li. (2009) *The Syntax of Chinese*. Cambridge: Cambridge University Press.

Krifka, Manfred (1992) Thematic Relations as Links between Nominal Reference and Temporal Constitution. In I. A. Sag & A. Szabolsci (eds). *Lexical Matters*. Stanford: Center for the Study of Language and Information, pp.29—53.

Li, Audrey (1990) *Order and Constituency in Mandarin Chinese*. Dordrecht: Kluwer Academic Publishers.

Li, Charles & Sandra Thompson (1981) *Mandarin Chinese: A Functional Reference Grammar*. Berkeley: University of California Press.

Smith, Carlota (1997) *The Parameter of Aspect* (2nd Edition). Dordrecht: Kluwer.

Soh, Hooi-ling (2009) Speaker Presupposition and Mandarin Chinese Sentence-Final-*Le*: A Unified Analysis of the "Change of State" and the "Contrary To Expectation" Reading. *Natural Language & Linguistic Theory*, 3:623—657.

Soh, Hooi-ling & Mei-jia Gao (2006) Perfective Aspect and Transition in Mandarin Chinese: An Analysis of Double-*Le* Sentences. *Proceedings of 2004 Texas Linguistics Society Conference*: 107—122.

Sybesma, Rint (1999) *The Mandarin VP*. Dordrecht: Kluwer Academic Publishers.

Tai, H.-Y. James (1984) Verbs and Times in Chinese. In D. Testen, V. Mishra & J. Drogo (eds). *Papers from the Parasessionon Lexical Semantics*. Chicago, Illinois: Chicago Linguistic Society, pp.289—296.

Travis, Lisa (2010) *Inner Aspect: The Articulation of VP*. Dordrecht: Springer.

Tsai, Wei-tien (2008) Tense Anchoring in Chinese. *Lingua*, 118:675—686.

Wu, Jiun-shiung (2005) The Semantics of Perfective *Le* and Its Context-Dependency: An SDRT Approach. *Journal of East Asian Linguistics*, 14:299—336.

Yang, Su-ying (2011) The Parameter of Temporal Endpoint and the Basic Function of *Le*. *Journal of East Asian Linguistics*, 4:383—415.

(210023　江苏南京,南京大学文学院)

"处所宾语"中的受事宾语*

单宝顺

摘　要:"处所"可以有两种理解,一种是词语自身的语义属性,一种是在句中和其他成分(主要是谓语动词)的语义关系,而后者才是判断"处所宾语"的语义标准,泛泛地把"处所宾语"界定为"由处所成分充任的宾语"是不可取的。因此,在学界广义的"处所宾语"中,实际上存在着一些"受事宾语","空间类宾语""机构宾语""容器宾语""部分宾语"与"和'处所'重合的对象宾语"在语义上都是较为典型的"受事宾语",应该予以区分,以免造成"处所宾语"研究对象的混乱。

关键词:受事;处所;宾语

〇、引言

朱德熙(1982)在谈到处所宾语的界定时,认为只要由处所词语充任的宾语都可以称为广义的处所宾语,如"喜欢北京""惦记家里"等结构的宾语。由处所成分充任的宾语实际上有多种类别,而学界的观点并不统一,如有人认为"喜欢北京"等属于受事宾语,"打扫房间"等则属于处所宾语。此外还有如"端上边""看北边""留神身后""包扎脚背"等结构,这些结构中的宾语成分的属性,都存在不同程度上的争议。即使是同一位学者,也可能出现前后不一致的观点。如《汉语动词用法词典》中,将"扫地"归入处所宾语,而将"擦地"归为受事宾语。①

也有学者认为不存在纯粹的处所宾语,动词后的处所成分,有些应看作宾语,有些则可处理为补语。

我们认为,造成这一现象的原因主要在于对"处所"这一语义概念的理解差异,"处所"处于不同的关系中所表现出来的意义是不同的,由此所带来的性质判定自然也存在

---

* 本研究受杭州师范大学科研基金项目资助,《对外汉语研究》匿名评审专家对本文提出了中肯而宝贵的意见,在此一并表示诚挚的谢意。文中谬误由笔者自行负责。

① 该词典中并没有"擦地"的用例,但有"擦乒乓球台"作为受事宾语用例,由此推论"擦地"亦然。

差异。本文将就在宾语位置上不表示处所意义或者处所关系的处所词进行讨论,认为应该将这些宾语从处所宾语中排除出去,否则将会导致处所宾语研究的混乱。

一、"处所"的多重意义及判定

1.1 处所的多重意义

我们说"处所"具有多重意义,主要指"处所"既可以表现为词语自身的语义性质,也可以表现为与谓语动词的语义关系。

前者是由词语自身的语义属性决定的。单宝顺(2011)认为词语的处所性可以分为三个层级:处于底层的是普通名词,必须经过处所化,即后附方位词之后才能做处所成分;处于高层的是绝对处所词,其具有最高的处所性,一般不再后附任何方位词;处于中间层的是一般处所词,其实际上是普通名词和处所词的兼类。三个层级的词语都具有不同程度的处所性,那么它们,尤其是绝对处所词,是否总是甚至只能突显"处所"意义呢?我们认为答案是否定的。

后者则涉及"处所"成分和谓语动词之间的语义关系。我们一般将宾语分成施事宾语、受事宾语、工具宾语、方式宾语、材料宾语等类型,实际上依据的就是宾语和谓语动词之间的语义关系,那么"处所宾语"也不应例外。

"处所"的这两层含义并不总是一致的,一个"处所"性质的词语也可能和谓语动词发生诸如"施受"等语义关系,而不总是"动作—处所"的语义关系。

将上述两点综合来看,问题其实就是"处所词"在句子中围绕核心动词是否可以不突显处所意义或者不表示处所关系。我们认为,答案是肯定的。也就是说,从现有广义的"处所宾语"的界定来看,其中有很大一部分"处所宾语"并非是真正的"处所宾语"。

1.2 处所的判定

储泽祥(2004)提出了判断处所宾语的双层标准。第一层标准是能用"V 哪儿/哪里/什么地方/什么部位/什么位置/何处/何地"等疑问形式来提问。第二层标准是能够变换成下列格式中的一种或者几种,且变换前后的意思必须基本相同:

格式一:V·到/在+N　　　　格式四:从+N·上/里+V

格式二:从+N+V　　　　　 格式五:在/到+N+V

格式三:V·在/到+N·上/里　 格式六:在+N·上/里+V

储文的双层标准大致上和本文"处所"的双重意义相对应,其第一层标准主要用来判断宾语是否具有处所意义。但第一层标准的问题在于,能够用"V哪儿"等提问的宾语,未必具有处所意义,因为事物性宾语同样可以用"哪儿"提问,如"看我""瞧黑板""瞄靶子""吃鱼头"等;而典型的处所性宾语不能用"什么"来提问,如"放床上""停车库"等。① 因此,我们将储泽祥的第一层标准增加一条限制,即不能用"V什么""V谁"等疑问形式来提问,否则则说明其突显的是事物意义而非处所意义。②

储文的第二层标准主要用来判断宾语是否和谓语动词之间存在"动作—处所"关系,其问题主要出在如何判定"意思基本相同"上。我们认为,"意思基本相同"应该从严看待,即变换前后两个句子的深层结构是一致的,其差别仅在于话题性等语用上的差异。

1.3 关于受事宾语

由于本文主要关注宾语的"处所性",因此对受事宾语采取较为宽泛的界定标准。在语义上,我们采用原型理论的判断方式,即原型受事(proto-patient)的特征主要包括:变化性(change of state)、渐成性(incremental theme)、受动性(causally affceted)、静态性(stationary)、附庸性(existence not independent of event)。(参见 Dowty,1991;陈平,1994)而按照张云秋(2004)的观点,变化性和受动性是最重要的两条受事特征。在形式上,受事宾语句可以方便地变换为话题句、分裂句、被字句、把字句等句式。

二、处所和事物的辩证统一关系

以往的研究中,"处所"和"事物"往往被看成对立的一组概念,尤其是绝对处所词,人们多认为其只能表示处所性概念,而不能表示事物。如和"桌子"相比,"桌子上"具有绝对的处所意义。但反过来,"事物"却被认为是空间中的事物,因此具有一定处所性,这也是"擦桌子"的"桌子"被认为是处所宾语的原因。我们认为,"处所"和"事物"并不是对立的,而是辩证统一的关系,处所本身也可以看作是一个事物,而事物也同样具有空间属性,关键是一个名词性成分在入句之后,突显的是处所性意义还是事物性意义,

---

① 有人认为这类结构是省略了介词的处所补语结构,但无论是宾语还是补语,它们都是典型的"处所",表现出了双重的处所意义。本文重在讨论"处所",而对于是否属于"宾语"则从宽看待。

② 储泽祥(2010)也注意到了这一问题,他认为可以通过第二层标准来限制,而能通过第二层标准的,即使可以用"什么"等来提问,也属于处所角色,如"打脸"的"脸"可以通过双层标准的检验,"打哪儿""打在脸上",因此储泽祥认为"脸"应该属于处所宾语。本文并不这样认为,因此增加不能用"什么"等提问的限制。

表达的是处所关系还是其他关系。比如一个处所天然就是空间,一个机构天然就是处所。

2.1 空间类宾语

某些动词在意义上可以将某一空间作为自己的受事,此时,尽管该动词宾语位置上的名词处所性较强,但意义上却是该动词的受事,这一类宾语,我们称之为空间类宾语。

齐沪扬(1998)认为,空间包括方向、形状、位置。也就是说,"处所"是"空间"的下位概念。所谓的"空间"实际上和"参照"有关,"处所"是处于参照体系中的"空间",而失去了参照的"处所"就成为具有事物意义的单纯"空间"。从参照体系上看,"处所"表示的是"起点""终点""途点""原点"四种含义,相对于参照物的不同的位移状态决定了不同的处所含义。但在这之外的,则是不表示"处所"意义的"空间"。

也就是说,没有参照的"空间"不能表达以上四种意义,自然也不突显"处所"意义,不应被看作处所宾语,如"看前头""留意身后""留心院子里""镇守大沽口""眼望家乡""张望北京""充满会场"等。

这类结构都不能通过储泽祥提出的第二层标准的检验,否则在意义上会发生变化。如:

(1)a.过马路要先看左边,再看右边。
　　b.*过马路要先在/从左边看,再在/从右边看。

例(1)中,实际上是把"左边""右边"这种空间作为一个事物来看待的,在语义上和一个典型的受事如"看车""看花"等并没有差别。其中的宾语都可以用"什么"提问,也可以用"哪儿"提问。如:

(2)看什么——看哪儿——看左边——看我

能够用"什么"来提问,说明它已经不具有处所意义了,而能够用"哪儿"来提问,并不能证明它一定有处所意义,而只能证明它具有空间意义。

这类结构有些在变换上似乎可以具有处所状语形式,如"参观颐和园""游览长城""欣赏故宫"可以变换为"在颐和园参观""在长城游览""在故宫欣赏"。但实际上,这样的变换没有遵守意义一致的原则,变换前后的结构具有不同的意义。

处所状语在语义上强调的是动作主体所存在的处所,不强调动作关涉的对象,如"在颐和园参观"的意思是"参观"的主体——人存在于"颐和园"这个处所,而"参观"的对象则未必是颐和园,可以另外出现,如"我们在颐和园参观了现代服饰展"。

而"参观颐和园"强调的是动作关涉的对象,因此,在句子表层可以出现其他处所,但不能出现其他对象。如可以说"我们在车上参观了颐和园,没有细细地品味",但不能说"现代服饰展我们参观了颐和园"。

"空间类宾语"是直接将空间作为支配的对象,因此具有一定的受事性,但由于对空间的支配力不如对事物的支配力强,因此这类结构一般不能变换为把字句。但实际上,只要在语义上提升其支配力,是可以变为把字句的,如"把颐和园参观了个遍"。

因此,这类结构中的宾语并不突显处所意义,也不处于处所关系中,应该看作受事宾语结构。

2.2 机构类宾语

机构义名词性成分具有双重意义,一方面,机构天然就是处所,具有处所意义;另一方面,作为机构名称本身则体现出事物性。机构义名词性成分突显事物性还是突显处所性,语义上是较容易分辨的。但需要注意的是,单宝顺(2006)认为,某些方位词也具有机构意义,如"上"和"里",它们在和表示机构意义的名词搭配后,仍然可以表示机构而非处所意义。如"县里的干部""市上的领导"中的"县里""市上"都不表示具体的空间处所,而是表示"县级政府部门""市级政府部门"这样的含义,其突显的是事物性而非处所性。这类名词性成分,极易和处所宾语混淆。

这样的结构如"担心家里""赔偿厂里""告市里""问县里(几个问题)"等。这类结构也不能够通过双层标准的测试,不能变换,也很难用"哪儿"来提问。即使勉强能够用"哪儿"来提问,也远不如用"什么""谁"等提问更通顺。如:

(3)＊你担心哪儿?——你担心什么?——你担心谁?——我担心家里。

(4)＊在/从家里担心。

和空间类宾语类似,机构也不是典型的事物,因此受到的支配力较弱,一般不能变为把字句。但总的来看,机构类宾语既具有事物性,又具有一定程度的受事性,没有突显处所意义和处所关系,不能归入处所宾语范畴。

三、通过转喻形成事物性宾语

转喻是人类重要的认知方式之一,也是语义构建的重要方式之一。当句子中的某一词语发生了转喻,在语义上,我们是将其作为转喻后的对象来看待的。那么,在语法上,也应该同样如此,因为这一词语会和转喻后的对象具有大致相同的变换方式。也就是说,当一个处所性名词转喻某一事物时,它就不再突显处所性,而是具有了事物性。

3.1 容器类宾语

"容器—内容物"是一类常见的认知框架,由于"容器"是外在的,在认知上的显著度要高于内在的"内容物",因此在认知上,"容器"常常可以转喻"内容物"。而由于这种转喻的普遍性,人们往往视之为理所当然,忽略转喻的存在。事实上,由于"容器"和"内容物"联系比较密切,即使客观上是"内容物"的变化,但在"容器"上也会有所反映。如我们常常以"壶开了"来代替"水开了",这里是用容器"壶"来转喻内容物"水"。"壶"客观上是不会开的,但"水"开了的特征在"壶"上也有所表现,如发出响声、冒出蒸汽等(这些现象虽然是"水"发出的,但是从外面看,则好像是"壶"发出的)。而从"容器"上看不出"内容物"的变化,则很难以"容器"来代替"内容物"。如在"壶"里沏一壶茶,我们只能说"茶好了",而不能说"壶好了",因为"茶"好没好只能打开"壶"往里看,而不能从"壶"上直接看出,所以"壶"此时不能代替"茶"。

这样来看,"容器"转喻"内容物"并不是无条件的,这一条件就是"容器"要具有"内容物"的某些特征,并保持和句子中其他语义成分关系的一致性。如"水开了"在语义上很容易分析成"系事+动词",那么"壶开了"如何去分析呢?显然也应该分析成"系事+动词",这首先是因为既然"壶"转喻"水",那么也可以说"壶"在句中的实际指称是"水";其次,如前所述,"水开了"的某些特征要能够通过"壶"表现出来,否则不能发生转喻,这也说明在认知上,人们可以认为"开"的不是"水",而是"壶"。

容器可以是一种事物,也可以是一个处所,但无论是事物还是处所,其实际承担的语义都和其通过转喻而指代的内容物相一致。而内容物一般是某一事物。换句话说,这种"转喻内容物"的"容器",即使在形式上是处所词语,在语义上也不突显处所性,而是突显事物性。同样,当这种成分做宾语,即"容器类宾语"时,也不应是"处所宾语"。

"容器类宾语"都是表示容器的名词性成分,但不同的容器所表现出的空间性也不相同。事物是空间中的事物,具有空间性。黄健秦(2013)认为,"事物"和"空间"的关系类似于"套娃",上一级的事物可以作为下一级事物的空间。也就是说,事物和空间在某种意义上是一体的。从认知上讲,越是能够容纳人、供人活动的事物,越倾向于空间性的理解。如"教室"比"桌子"更突显空间性,"市区"比"教室"更突显空间性。

事物性越强的名词性成分出现在宾语位置上,其受事性就越强,"容器—内容物"转喻就越隐晦,反之亦然。如"擦桌子",我们很难说清"擦"的是"桌子"还是"桌子上的灰",也就是说,由于事物性较强,"容器"本身在很大程度上就是动词的受事对象,因此在大多数人的认知中,转喻与否是没有实际分别的,"容器"本身就完全能够充任宾语,满足动词对受事性成分的要求,而不必要通过转喻来实现。甚至如果在句中出现了默认的转喻对象,句子的可接受性反而会降低,给人重复累赘的感觉。

(5)? 妈妈在擦桌子上的灰。/? 妈妈在擦桌子上的污渍。

这类结构如"翻箱子""拖地板""整理书包""查字典"等。

如果宾语的空间性提升,事物性减弱,则转喻的"内容物"逐渐得以突显,如"整理房间""搜查厨房""收拾卧室""清理后院""淘厕所""抢银行"等。句中出现默认的转喻对象,句子仍然是可接受的。

(6)妈妈在收拾卧室里的东西。/有人在抢银行里的钱。

如果宾语的空间性继续提升,则转喻的"内容物"更为清晰明确。如"种南坡""锄北坡""盯前场""耕东边""耪地头""我找村东头,你找村西头""我铺左边,你铺右边"等。由于这类宾语的空间性较强,和"空间类宾语"比较相似,差别就在于是否存在转喻,因此对"内容物"的突显要求较高。

(7)a.眼望东方,有流星划过。

b.你和黄姑娘搜东边,我搜西边。

例(7)a 为"空间类宾语"结构,"东方"直接作为"望"的受事空间,不存在其他受事;而例(7)b 为"容器类宾语"结构,尽管句子表层没有出现,但在语义中,"搜"的受事"某人"是非常明确的。

"容器类宾语"通过转喻机制指代受事性事物,因此具有受事性。按照原型理论的受事性语义特征来看,显然"擦桌子"的受事性最强,而"搜东边"的受事性最弱。

我们用双层标准来检验这类结构。

(8)擦哪儿?——擦什么?——擦桌子。——? 在桌子上擦灰。

(9)收拾哪儿?——收拾什么?——收拾卧室。——在卧室里收拾东西。

(10)搜哪儿?——? 搜什么?——搜东边。——在东边搜人。

从例子中,我们可以看出三组结构的差异。受事性较强的"擦桌子"结构,在处所状语的变换上可接受性较低;受事性较弱的"搜东边"结构,在用"什么"提问时可接受性较低;而"收拾卧室"则在两边都表现出了适应性。

"擦桌子"在处所状语的变换上可接受性低,而"收拾卧室"在处所状语的变换上也有问题。"在卧室收拾东西"和"收拾卧室"在语义上有一定差异,即"在卧室收拾东西"不一定收拾卧室的东西,对卧室不一定产生影响;而"收拾卧室"一定是收拾卧室的东西,结果是让卧室更整洁。因此,这两类结构中的宾语都有较强的受事性,不表达处所意义和处所关系,不应看作处所宾语。

"搜东边"虽然能通过双层标准的测试,但其受事性也很明显,如:

(11)我搜的是东边。——东边我搜了。——我东边搜了,西边还没搜。——

我把东边搜遍了。——东边被我搜遍了。

显然,"东边"可以进入分裂句、话题句、次话题句、把字句、被字句等特殊句式,说明其具有受事性。

"东边"是绝对处所词,其后不能再接方位成分,一般认为表示绝对的处所意义。但首先,在"搜东边"这类结构中,"东边"表示的是隐喻的意义,即隐喻"内容物",而不是单纯的处所;其次,"东边"和谓语动词的关系是"施事—受事"关系,而不是"动作—处所"关系。也就是说,"我搜东边"和"我在东边搜"是存在语义差异的。"搜东边"强调"搜"对"东边"的支配意义,带有"整个东边"由我负责处置的含义;而"在东边搜"只表示"搜"的方位是"东边",并没有支配"整个东边"的含义。可见,这里的"东边"并不表示处所关系。

如果宾语位置是相对处所词,那么两者的差异更为明显,如"锄北坡"。作为表示施受关系的结构,宾语"北坡"不能和方位成分组合构成绝对处所成分,而在表示"动作—处所"关系时,则可以和方位成分组合。

(12) a. 今天我先锄北坡(*上)。
     b. 今天我先在北坡(上)锄草。

3.2 部分类宾语

"部分类宾语"指的是动词所表示的动作并不是施加到作为受事的事物整体上,而只是施加到受事的某一部分上。如"吃鱼头""拆桌子腿"等结构中,"鱼头""桌子腿"是受事"鱼""桌子"的一部分。

在客观事件中,一个动作并不施加于整个受事客体,而是只施加在客体的某一部分之上,如果这一部分有相应的名词来指称,那么该名词就可以取代整体名称成为受事,如以上所举的"鱼头""桌子腿"等。但如果没有一个相应的名词来指称该事物,则往往采用处所词语来表达。因为作为受事的事物,往往不是抽象的,而是具有具体的空间形态,当事物的某一部分没有固定的词语去指称时,可以依照该事物的空间形态来指称。如:

(13) 拎中间儿,这样比端两边省劲儿。

(14) 帮我抓抓后背,抓左边。

即使是受事的某部分存在相应的指称名词,也可以用空间方位指称该部分。如"盘子"的下部可以用"盘子底儿"来指称,但也可以用"盘子下边"来指称,两者表意上差别不大。如:

(15) 别托盘子底儿/盘子下边,烫手。

根据储泽祥(2003)的界定,以空间方位形态来表示整体的某一部分的词语都属于带"方位标"的结构,而有相应的名词来指称该部分的,这些名词也大多属于带"准方位标"的结构,两类结构都具有不同程度的处所性。但实际上,本节所提及的这两类结构,都突显了受事性而不突显处所性。"先吃上边""先吃鱼头""先吃鱼"的宾语性质实际上是完全相同的。

既然表示的是一个整体事物的某一部分,那么在任何结构中,这类成分都应该和该整体的事物具有相同的性质和语法地位,不能因为形式上的差别,而认定"吃鱼(头)"是受事宾语结构,而"吃上边"是处所宾语结构,这是毫无道理的。

根据转喻的原则,整体转喻部分,部分转喻整体,都是常见的转喻方式。仍然以"吃鱼"为例,尽管"吃鱼"是最常规的表达方式,但常规的事件却是"鱼要一口一口地吃",当主人招呼"吃鱼吃鱼"的时候,并没有要求客人"吃一条鱼",而只是"吃一口鱼"。因此,无论采用整体的表达方式还是部分的表达方式,其所表达的是同一个事件,使用的是同一种语法,只是转喻形式的差异而已,不应该影响到语法结构和语法性质。

从变换的角度出发,会发现两个结构实际上完全相同。如:

(16)我吃鱼——我吃的是鱼——我把鱼吃了——鱼被我吃了——鱼我吃了——我,鱼不吃,虾吃。

(17)我吃上边——我吃的是上边——我把上边吃了——上边被我吃了——上边我吃了——我,上边不吃,下边吃。

这类结构似乎可以通过双层标准测试,如:

(18)a.先吃哪儿?——先吃上边。/拎哪儿?——拎中间。

　　b.先从上边吃。/在中间拎。

而且,这类宾语用"什么"等进行提问时可接受度不高,如:

(19)? 先吃什么?——先吃上边。/? 拎什么?——拎中间。

能用"哪儿"提问而不能用"什么"提问,这说明这类名词性成分在语义上的确表示处所意义;而"先吃上边"和"先从上边吃"中的"上边"都表示"吃"的起点,似乎也说明"上边"表示处所关系。但实际上,两者是不同的。"先从上边吃"中的起点意义是介词"从"带来的,"上边"表现出了起点处所关系;但是"先吃上边"中的起点意义则是副词"先"带来的,"上边"实际上并不表示动作的起点处所,而只是时间的先后,是时间上的起点。因此,两者是不同的。"先从上边吃"有以"上边"作为起点,自上而下位移的意思,通常理解为"吃的顺序是上——中——下";而"先吃上边"只是表示时间上"吃上边"在前,而不具有位移的意义,只强调"上"在先,也可以是"上——下——中"的顺序。如果将"先"去掉,则两句的差别更为明显,"吃上边"失去了起点意义,而"从上边吃"则仍然保留了起点和位移的意义。

可见,尽管"部分类宾语"结构似乎可以通过双重标准的测试,但实际上意义是有变化的,其具有处所意义,但在句中并不表示处所关系,而是以处所意义来表示某整体事物的一部分,是一种转喻方式。因此,这类成分应属于受事宾语。

四、和"处所"重合的对象宾语

对于某些具有位移意义或致使位移意义的动词来说,其关涉的对象和位移的终点往往在语义上具有一致性。如"砍石头"和"砍石头上","刷墙"和"刷墙上"。这样的动词主要有"致使工具位移动词"和"材料装饰类动词"。

"致使工具位移动词"在语义上的一个特点就是"对象"和"处所"具有客观上的一致性。如"拍后背"这一动作在客观上也可以看作"拍"的工具"手"位移到终点处所"后背"上,这样则形成了处所补语结构"拍在后背上"或者处所宾语结构"拍后背上"。

显然,"拍后背"和"拍在后背上"是两类不同的结构,"拍后背上"实际上是"拍在后背上"在口语中脱落了介词而形成的结构,因此"拍后背上"和"拍在后背上"更为接近,关系更为密切,而和"拍后背"则关系较远,不应看作同类结构。

"材料装饰类动词"所关涉的"对象"成分和"处所"成分也是如此。如"刷墙"实际上就是致使材料成分(油漆、白灰等)位移并附着到墙上,因此在突显位移意义之后可以构成"刷到墙上"这样的处所补语结构,而该类结构在口语中可以脱落介词,形成"刷墙上"这类处所宾语结构。

按照双层标准,这样的结构中的宾语可能通过两层核查,而被认为是处所角色宾语。[1]

(20) a. 拍哪儿?——拍后背。

b. 刷哪儿?——刷墙。

(21) a. 在后背上拍一下。

b. 在墙上刷几下。

但本文认为,这类宾语成分不具有"处所"性,这首先是因为它能用"什么"等来提问,具有事物性,而典型的处所词语则不行。

(22) a. 拍什么?——拍后背。——*拍后背上。

b. 刷什么?——刷墙。——*刷墙上。

---

[1] 储文将这一类结构看作处所宾语结构。

事物性的宾语和处所性的宾语也形成变换上的对立。

(23)a.把后背拍一下。/拍的是后背。

b.把墙刷一下。/刷的是墙。

(24)a.＊把后背上拍一下。/＊拍的是后背上。

b.＊把墙上刷一下。/＊刷的是墙上。

其次,如前所述,"处所"是动作位移的终点,而"事物"则是动作关涉的对象,只是两者恰好在客观上重叠了。但"处所"是有参照的,如果强调动态的位移,"处所"可以继续充当宾语,而"事物"则不行。反之,"事物"是受动作支配的,"处所"则不行。如:

(25)a.他的手向上一滑,直接拍后背上了。

b.＊他的手向上一滑,直接拍后背了。

(26)a.对不起,我不小心刷墙上了。

b.＊对不起,我不小心刷墙了。

在例(25)中,刻意强调了位移"向上一滑",而例(26)则是刻意弱化动作的支配性,强调"不小心",因此表示处所的"后背上""墙上"更容易被接受,而"后背""墙"的可接受程度很低。

反之亦然。如:

(27)别拍这儿,拍后背(＊上)。

(28)这桶涂料要用来刷墙(＊上)。

在强调施受关系、支配意义的句子中,宾语只能由事物充任,可见两者并不一致。

五、结语

"处所"可以有两种理解:一种是词语自身的语义属性,一种是在句中和其他成分(主要是谓语动词)的语义关系。我们认为,在使用"处所宾语"这一概念时,应该和"受事宾语""施事宾语""当事宾语"等保持一致,即以是否突显处所意义、是否处于处所性语义关系中作为判断标准。"处所"和"事物"是一组概念,那为何只有"处所宾语"而没有"事物宾语"的概念?因为"事物"进入句子中可以表现为施事、受事等不同的语义关系,"处所"其实也是一样。一个具有"处所"语义属性的词语进入句中,其表现的语义关系并非只能是"处所"。本文所讨论的就是不构成处所关系,而是构成受事关系的几类所谓"处所宾语"。

事实上,除了受事宾语以外,"处所"语义成分还可以表现为其他语义关系,如"吃食堂"一般认为是方式宾语。

综上所述,泛泛地把所处宾语界定为"由处所成分充任的宾语"是不足取的,这样界定的"处所宾语"和"受事宾语"显然并非平行的类别,我们应该根据宾语成分在句中表现出来的实际语义关系来确定宾语的类别,否则,将导致处所宾语范围的扩大,而和受事成分相互纠结,难以区分。

参考文献

陈　平(1994)试论汉语中三种句子成分与语义成分的配位原则,《中国语文》第3期。
储泽祥(2003)《现代汉语方所系统研究》,华中师范大学出版社。
储泽祥(2004)处所角色的判定极其典型性问题,《语言教学与研究》第6期。
储泽祥(2010)《汉语空间短语研究》,北京大学出版社。
黄健秦(2013)《汉语空间量表达研究》,上海师范大学博士学位论文。
齐沪扬(1998)《现代汉语空间问题研究》,学林出版社。
单宝顺(2006)《论现代汉语空间方位概念的表达与单纯方位词》,首都师范大学硕士学位论文。
单宝顺(2011)《现代汉语处所宾语研究》,中国社会科学出版社。
张云秋(2004)《现代汉语受事宾语句研究》,学林出版社。
朱德熙(1982)《语法讲义》,商务印书馆。
Dowty,David (1991)Thematic Proto-Roles and Argument Selection.*Language*,67(3):547—619.

(311121　浙江杭州,杭州师范大学国际教育学院)

"应该 VP"的结构关系研究
——兼谈"应该"的核心语义*

王伟民

摘 要:"应该"可以表示道义情态和认识情态,在表达不同情态时,它的核心语义有差异。相应核心语义在情态化和语用推理的作用下,可以产生临时的语用义。情态对"应该 VP"的结构关系有直接影响,不同情态下的"应该"对 VP 的关涉性有差别,这种差别导致了结构关系的变化,句法语义上的诸多表现都能够证明这种变化。某些 VP 的特殊性质也会影响"应该 + VP"的结构关系,其中判断动词"是"与道义情态"应该"的结构关系就比较特殊,在句法语义上都表现出不同的特点。

关键词:应该;VP;情态;语义;结构

〇、引言

情态动词与 VP 之间的结构关系历来存在争议,它们之间是"述宾",还是"状中",目前还没有形成定论。[①] 张谊生、杜可风(2017)认为,情态动词的情态特征与句法功能关系密切,指出"行为人在表达各种不同情态时,其行为的能动性、使动性,对相关对象的支配性、影响性存在着一定的差异,所以,'助动词 + 动词'的句法功能也会有所不同"。这个观点为我们研究情态动词的句法功能提供了新的方向。以这个观点为指引,本文选择典型的情态动词"应该",讨论不同情态下的"应该"与 VP 的结构关系。

关于"应该"的研究成果比较多,但结合情态讨论"应该"与 VP 结构关系的成果比较少。陈嘉嘉(2006)在讨论"应该"的词性问题时,谈到了不同情态"应该"与 VP 的关系。她认为表示认识情态的"应该"为副词,表示道义情态的"应该"为助动词。陈嘉嘉(2006)虽然提出了相对正确的观点,但她并没有就这一问题进行更为深入的讨论。除

---

* 本文得到了张谊生教授的悉心指导,在此表示诚挚感谢。《对外汉语研究》匿名审稿专家提出了宝贵的修改意见,受益匪浅,一并致以衷心感谢。文中谬误,概由本人负责。

① 关于情态动词名称,各家说法不一,有助动词、能愿动词、情态助动词等说法,本文统称为"情态动词"。

此篇文献,目前还暂未发现其他成果。此外,关于"应该"的核心语义,各家的观点也不尽相同,须要进一步讨论。综合以上因素,我们有必要对"应该"与 VP 的结构关系,以及"应该"的核心语义问题进行全面、深入的讨论。本文除引言和结论外,分为四部分:第一部分讨论"应该"的核心语义,第二部分讨论道义情态"应该"与 VP 的结构关系,第三部分讨论认识情态"应该"与 VP 的关系,第四部分讨论道义情态"应该"与判断动词"是"之间的结构关系。

本文语料来源为 CCL 语料库、BCC 语料库、人民网,个别语料来源于百度搜索,皆统一标注出处。

一、性质与类别

《现代汉语八百词》(1980)将"应该"分为两个义项:一为"情理上必须如此",另一个为"估计情况如此"。例如:

(1) 杨老疙疸是庄稼底子,觉悟不高,应该教育,大伙选了他当分地委员,现在又要随便撤消他,怕不太好,你们多跟他谈谈,往后再说。(周立波《暴风骤雨》)

(2) 杨三在热臭的拘留所里发愁,想着主人应该得到他出事的消息了,怎么还没有设法来保他出去。(林徽因《九十九度中》)

例(1)中的"应该"与情理或事理相关,一般认为,表示道义情态。例(2)中的"应该"表达对某种情况的估计或推测,一般认为,表示认知情态。"应该"分为两个义项,分别表达道义情态和认识情态,这种观点目前在学界意见基本一致。虽然如此,在对"应该"语义内涵的理解上,各家还是存在差异的,须要进一步讨论。为论述方便,我们暂时称表达道义情态的"应该"为"应该$_1$",表达认识情态的"应该"为"应该$_2$"。

1.1 判断与指令

各家对"应该$_1$"语义的分析比较接近,一般都认为与"情理"相关,见表1:

表 1 "应该$_1$"的释义对比

研究出处	基本语义	语用义
《现代汉语八百词》(1980)	情理上必须如此。	
朱德熙(1982)	情理上或事实上的需要。	
《实用现代汉语语法》(1983)	事实上或情理上的需要,已然未然情况都可以。	判断
鲁晓琨(2004)	情理评价,对某种情况是否合理进行评价。	评价
彭利贞(2007)	道义情态"义务"。	指令
《现代汉语词典》(第 7 版)(2016)	理所当然。	

《实用现代汉语语法》(1983)与朱德熙(1982)的观点一致,基本核心为"情理(事实)上的需要"。《现代汉语八百词》(1980)与《现代汉语词典》(第 7 版)(2016)虽在表述上与《实用现代汉语语法》(1983)和朱德熙(1982)不同,但其核心仍然是"情理(事实)上的需要"。"情理上必须如此"的实质为某事件是"情理(事实)上的需要","理所当然"意思为"从道理上说应当这样",两种说法没有本质的区别。彭利贞(2007)基本认可《现代汉语八百词》(1980)的观点,只是在道义强度上进行了调整,他认为"'应该'与'必须'之间存在着道义强度上的差别,即'应该'的道义强度低于'必须'"。① 虽然彭利贞(2007)结合情态理论,将"应该"的意义概括为"义务",实际上与诸家的观点是"名异而实同",其实质还是"情理(事实)上的需要"。鲁晓琨(2004)的释义,我们认为他将临时性的语用义包含到了语义当中,后面将详细讨论。综合以上分析,我们看到,各家释义基本上都是围绕"情理(事实)上的需要"展开的,虽然在表述上存在一些差异,但实质上,都有意或无意地认可了"应该"的意义为"情理(事实)上的需要"。

我们认为,将"应该₁"的核心语义理解为"情理(事实)上的需要",基本没有问题,但需要简单调整,将其概括为"情理(事实)上需要或要求",更为合理一些。例如:

(3)必要的手续是完全<u>应该</u>的,这是银行防范金融风险的<u>需要</u>。(《人民日报》1998 年)

(4)任何人的生命都是宝贵的,全人类都<u>应该</u>和睦相处,任何国家和民族都不<u>需要</u>战争!(《新华社新闻报道》2003 年 5 月)

例(3)中"必要的手续是完全应该的"可大致理解为"必要的手续完全是情理(事实)上需要的",后面"这是银行防范金融风险的需要"可以从侧面证明,前面的"应该"包含"需要"的意思。例(4)中"应该"与"需要"对举,也可证明它们的意义比较接近。

下面我们来谈一下鲁晓琨(2004)的观点,她所说的"情理评价",我们认为只是语用义,为了说清这一问题,我们首先讨论两个概念:"判断"和"评价"。判断一般理解为"根据问题情境所具备的条件,加以分析研判从而获得结论的心理历程"。② 判断可以分为两类:一类是评价性判断,一类是非评价性判断。③ 评价性判断包含情感性或态度性因素,一般认为,评价性判断也就是我们经常说的"评价",而非评价性判断不包含情感性或态度性因素,表现为理性的判定,我们可以将其理解为狭义的"判断"。例如:

(5)他是东北人。

(6)他是东北好人。

---

① 参见彭利贞(2007:145)。
② 参见张春兴(2009:244)。
③ 参见 Stephen L. Crites & John T. Cacioppo(1996)。

"他是东北人"只是就"他"是哪里人做了理性判断,并没有态度性或情感性成分在里面。而"他是东北好人"则包含着一定程度的认可、赞誉等态度情感因素。当然这里要强调一点,评价性判断仍要以非评价性判断为基础。如例(6)这一评价至少由两部分组成"他是东北人+他是好人"。可以说,离开"非评价性判断"的评价性判断是不存在的。分清这两个概念后,我们再看鲁晓琨(2004)的观点。例如:

(7)我们坐下吃简单的热饭时,杜梅抱歉地说:"按说<u>应该</u>大吃一顿才对,来不及准备。"(王朔《过把瘾就死》)

(8)早知道这样,就<u>应该</u>预备"炒菜面"! 三个海碗的席吃着,就出一毛钱的人情。(老舍《骆驼祥子》)

这两个例句都是鲁晓琨(2004)原文中引用的例句,我们看到语句中确实有"情理评价"的意思,除了在语义上"大吃一顿"是"情理上的需要","应该预备'炒菜面'"为情理上需要之外,还包含了发话人认可的态度。即"情理上需要大吃一顿""情理上需要预备'炒菜面'"为理性判定,发话人对这一判定认可支持。但我们认为这里所谓的"评价"是语用义,这些情感或态度成分,在某些语境下可以消除。例如:

(9)过了二十天,到了<u>应该</u>在报纸上看见出版广告的日子,一翻报纸,却遍寻不见我们渴盼着的广告。(施蛰存《绕室旅行记》)

(10)只是今天没来由惹梅丽生气,算来竟没有一个人<u>应该</u>负这责任。(茅盾《蚀》)

例(9)中"应该在报纸上看见出版广告"为"情理(事实)需要在报纸上看见出版广告"之义,基本上看不到情感和态度成分。例(10)"负这责任"的主体没有确定,相应的情感或态度也没有了关注对象。

因为这种评价义在某些情况下可以取消,所以我们认为鲁晓琨(2004)所言的"情理评价"义,具有一定的临时性,还没稳定为语义。即使是语用义,用评价也不够全面,"应该"最基本的语用义应为"情理判断",评价用法是在"情理判断"的基础上,结合情感和态度产生的,它们的关系可以表述为:情理判断 $\xrightarrow{\text{情感、态度}}$ 情理评价。

在"应该$_1$"的语用义上,彭利贞(2007)认为是"指令","指说话人对听话人发出义务,要求听话人使句子表达的事件成为事实"[①],这一说法有一定道理。例如:

(11)你<u>应该</u>去!

(12)即便是这样,你也不<u>应该</u>去迎合她们。(张欣《岁月无敌》)

(13)这种人<u>应该</u>先枪毙后审问。(同上)

(14)我知道<u>应该</u>怎样去做。(张欣《梧桐梧桐》)

---

① 参见彭利贞(2007:144、160)。

这是彭利贞(2007)列举的例子,他认为这些句子表达的是"说话人要求或禁止主语去实现句子表达的事件"。按此理解,例(11)是说话人对"你"发出指令,要求"去";例(12)同样是说话人对"你"发出指令,禁止实现"迎合她们",其"指令"义都很明显。但例(13)、例(14)是否表达指令却很难说。例(13)如果是指未然事件的话,则可以按"指令"理解,说话人"建议"对"这种人"的处理为"先枪毙后审问"①;但如果是已然事件,却不能按"指令"理解,如果"这种人"已经被"先枪毙后审问","应该"的语用义理解为"情理评价"比较合理。例(14)也很难按"指令"理解。即使是例(12),如果"迎合她们"是已经发生的事件,那么"应该"也应理解为"情理评价"。

"应该₁"确实可以产生"指令"这一语用义,但这种语用义需要在一定的条件下产生。前面讲过,"应该"最基本的语用义为"情理判断",在大部分语境中这一判断带有情感或态度,表现为"评价"义,"指令"就是在"评价"的基础上,通过语用推理得出来的。

"应该₁"的基本语义为"情理(事实)上需要或要求",即情理(事实)需要或要求受话人施行某些行为,当发话人表达认可赞同的态度时,发话人与情理(事实)站在了同一立场,"应该"的意义也临时变为:"'情理(事实)+发话人'需要或要求"。受话人在接收信息时能够感受发话人的态度,进而从中推导出发话人立场的变化。在交际过程中,一般情况下,某些事理或事实处在隐含状态,得不到突显,比较而言,发话人则处在交际现场,得以突显。所以受话人最后推导出的信息为:发话人需要或要求(受话人)施行某些行为,"指令"义也就相应产生了。简单表示为:

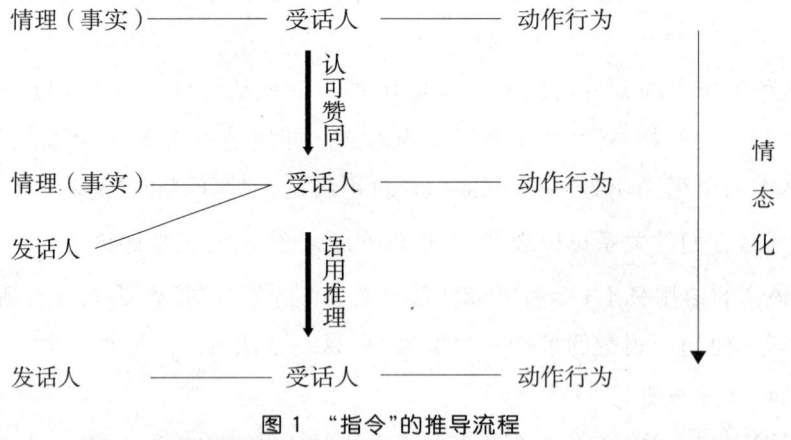

图1 "指令"的推导流程

就"你应该去"来说,基础信息为:"某些事理或(事实)向你施加'去'的义务,要求你'去'",因为发话人的认可、赞同的态度,受话人推知,"发话人"的立场与"某些事理或规

---

① "建议"也是一种广义的"指令"。

则"一致,这时所接收的完整信息为"某些事理或规则和发话人向'你'施加'去'的义务,要求'你''去'"。事理规则在交际场景中得不到突显,发话人处在现场得以突显,因此最后得出的信息为"发话人向'你'施加'去'的义务,要求'你''去'"。

综合前面的讨论,我们认为,"应该₁"在语用上的基础用法为情理判断,即判断相关"动作行为或性质状态"在情理(事实)上需要不需要,在多数语境中,这一判断带有情感或态度,从而形成了情理评价,即评价"某些动作行为或性质状态的实现与完成"是否合理。在未然事件中,"应该₁"表现为"指令",即发话人要求或禁止受话人去实现句子表达的事件。"应该₁"的语用义可以形成这样的序列:

$$判断 \xrightarrow[一般语境]{情感态度} 评价 \xrightarrow[特殊语境]{语用推理} 指令$$

图 2 "应该₁"的语用序列

1.2 估测与推理

对于"应该₂",各家观点也较一致,都认为其核心用法为"推测或估计",见表 2:

表 2 "应该₂"的释义对比

研究代表	主要观点
《现代汉语八百词》(1980)	估计情况必然如此。
朱德熙(1982)	未提及。
《实用现代汉语语法》(1983)	推测或估计,也是建立在第 1 项用法的基础上。
鲁晓琨(2004)	根据情理推测某种情况出现或存在。
彭利贞(2007)	认识情态"盖然",说话人从主观上推断事件有较大的可能性。
《现代汉语词典》(第 7 版)(2016)	估计情况必然如此。

《现代汉语词典》(第 7 版)(2016)和《现代汉语八百词》(1980)认为"推测或估计"的结果为"必然如此",而彭利贞(2007)认为,"应该"的确信程度低于"必然",高于"可能",应为"盖然"。《实用现代汉语语法》(1983)的"建立在第 1 项用法的基础上"和鲁晓琨(2004)的"表示根据情理推测",则强调了这种用法与第一种用法的联系。

我们认为,"应该₂"的核心语义是在"应该₁"的基础上发展而来的,是"情理(事实)上需要或要求"在"知域"的应用与发展。例如:

(15) 30 岁了,小李<u>应该</u>结婚了,再不结婚就找不到媳妇了。(道义情态)

(16) 30 岁了,小李<u>应该</u>结婚了,而且我似乎听人说过,他确实结婚了。(认知情态)

"应该₁"一般会激活一个情理域,例(15)激活的是关于"结婚"问题的情理域。在这个情理域中,30 岁与"结婚"建立联系,即 30 岁的人一般是结婚的。小李的情况为现实域中的情况,现实域中小李已经 30 岁,但没有结婚,这与情理域形成了矛盾,情理要求小

李"结婚",以切合情理,如图3所示:

情理域:普通人(30岁——结婚)
现实域:小 李(30岁——○)   情理 ⟶ 小 李(30岁 ⟶ 结婚)

图3 情理作用例释

我们依然用上面的例子讨论"应该₂"。和道义情态不同的是,现实域中已知因素为小李30岁了,但是否"结婚"情况不清楚,如图4所示:

情理域:普通人 (30岁——结婚)
现实域:小 李 (30岁——?)

图4 推理预备例释

在认识小李是否结婚这一问题上,存在一个演绎推理,如图5所示:

大前提:30岁的人一般都结婚了。
小前提:小李30岁了。
结 论:小李结婚了。

图5 演绎推理例释

情理域中"30岁的人一般都结婚了"是一个大前提,小前提是"小李30岁了",按正常逻辑推理,结论理应为"小李结婚了"。这里的"应该₂"已不再是表示情理域中的"情理需要",而是表示"逻辑推理"的需要或要求。也就是说,在已知大小前提的情况下,逻辑推理要求得出"小李已经结婚了"这一结论,或者从另一个角度讲"结婚了"符合一般的逻辑推理。这种情况下,"应该₂"的核心语义可以简略地概括为"逻辑推理要求如此"。在认识领域,判断某一命题真假或某一事件是否发生时,人们会按照相应条件进行推测,这时逻辑推理,或者更准确地说,逻辑推理规律就会发生作用。某些条件将得出什么样的结论,是由逻辑推理决定的,相应结论的出现是逻辑推理的要求。换一个角度来看就是,从已知条件推出该结论符合逻辑推理规律,"应该₂"表达的就是类似这样的意义。

我们还要谈一下"盖然"问题,认识情态所表达的确信程度为"盖然",低于"必然",高于"可能",按可能世界的理论,"必然"为在所有可能世界都为真,"可能"为在有的可能世界为真,那么"盖然"应理解为在多数可能世界为真。这种盖然性从何而来?我们结合前面的例子来谈。例(16)的情理域为"30岁的人一般都结婚了",这一前提不具有必然性,因为有一部分人30岁不一定结婚,他所说的只是一般情况。这种前提的非必然性导致了结论的非必然性,"应该$_2$"所在的逻辑推论可能性非常高,接近必然,但就是因为有特殊情况的存在,所以达不到必然。如"30岁了,小李应该结婚了",在大部分可能世界中都为真,但也存在个别可能世界,即小李没有结婚。

二、关涉对象与述语功能

"应该$_1$"的核心语义为"情理(事实)上需要或要求",既然是需要或要求,它必然涉及具体内容或对象。具体表达中,所谓的内容或对象就是后面的 VP,它们之间是关涉与被关涉关系,这种语义关系在句法上表现为述宾关系。我们可从以下几方面加以证明。

2.1 正反提问与语法特点

"应该$_1$"可以进入"X 不 X"提问格式。例如:

(17)讲话指出了在军队建设中被"四人帮"搞颠倒了的十个大是大非问题,要予以澄清和纠正,即:<u>应该不应该</u>坚持党对军队的绝对领导?<u>应该不应该</u>……(《人民日报》1996 年)

(18)任先生这番话是耐人寻味的,因为现在这个讨论实质上是中国哲学史研究<u>应该不应该</u>跳出西方的模式。(《读书》)

张谊生、杜可风(2017)提出,可以用"X 不 X"提问格式来鉴定"助动词+动词"的结构关系,助动词能够进入该格式的,"助动词+动词"之间一般为述宾关系,反之一般为状中关系。但张谊生、杜可风(2017)同时也指出"正反提问格式的鉴定功用,也只能相对有效"。邢福义(1982)也讨论过与"X 不 X"提问格式相关的问题,认为"'能不能去,能去不能',这样的变换尽管不能证明'能不能去'中的'去'是宾语,却能证明能愿式的前项具有状语所不具备的语法特点"。[①] 我们认为,这一格式虽不能完全证明结构的性质,但可以将其确定为重要证据。能够进入该格式,说明倾向为述宾,反之亦然。

2.2 回答方式与表义中心

"应该$_1$"可以不带 VP,单独回答问题。例如:

(19)"诸位看:是不是<u>应该</u>请菊霞小姐表演?"徐总经理说:"<u>应该</u>、<u>应该</u>。"(周而复《上海的早晨》)

(20)"我认为全世界男孩子,哥哥最英俊了。你别看秀城,秀城也同意的。妈,美女是不是<u>应该</u>配俊男呢?"

---

① 参见邢福义(1982:92—100)。

"应该,但不知道他们……"(岑凯伦《淘气红娘》)

(21)"秘书先生,您认为我不应该跟我的合作者谈一下吗?"

"哦! 完全应该,鲍埃枚先生。""完全应该,"唐·玛诺埃尔已经听到了鲍埃枚的话,用葡萄牙话回答说,"可是对我来说,迅速解决也是同样需要的。"(大仲马《王后的项链》)

(22)他顿了一下,又道:"东西呢?"

……

"谁? 我应该杀他吗?"

"绝对应该,因为他太贪了。"(秋梦痕《七雄劫》)

一般认为,述宾结构中,述语是表义的核心,因此以述宾结构为疑问点的问句,可以用充当述语的成分回答问题。如"吃饭吗?吃。""知道他要走吗?知道啊!"例(22)中"我应该杀他吗?"的主要疑问点为"应该杀他",答句为"绝对应该",没有带"杀他",这种情况与典型的述宾结构相似,说明"应该杀他"中"应该"带有某种述语性质。其他三例的情况也类似此例。

2.3 变换分布与句法同构

"应该$_1$+VP"结构中的VP,在一定条件下可以分布在"应该"前面,这种分布的VP具有一定话题性质。例如:

(23)教授满面笑容地说:"你是病人不方便,我是医生,为你脱鞋完全应该。"(《人民日报》1995年)

——完全应该为你脱鞋。

(24)如此发"路财",实在不应该。(《人民日报》1996年)

——实在不应该如此发"路财"。

(25)他看着丁钩儿问,"我革命几十年,拳大的疤落了七八个,搞这点特殊化应该不应该?"(莫言《酒国》)

——应该不应该搞这点特殊化?

(26)等她八年,我应不应该? 为了一个女孩,我选择了等她八年……(《等她八年,我应不应该?》,百度知道,2007-03-07)

——我应不应该等她八年?

例(23)"为你脱鞋完全应该"可以变换为"完全应该为你脱鞋",句义基本不变,"为你脱鞋"在"应该"前出现时,有一定话题性质。例(24)与例(23)相似。例(25)是正反问句,"搞这点特殊化"位于"应该"之前,具有话题性质。"搞这点特殊化"也可位于"应该"之后,句义基本不变。例(26)"等她八年"位于句首充当话题,它也可位于"应该"之后,句义基本不变,但语用效果有别。

"应该$_1$+VP"这种表现与较为典型的述宾结构相似。"把动词的宾语挪到句首来改变句式,这是汉语的一个特点。"① 也就是说充当宾语的成分可以在动词后出现,也可在动词前出现,以此形成不同结构。例如:

(27) 我吃苹果　　　　　　—— 苹果我吃
　　 实在讨厌"为你穿鞋"　—— "为你穿鞋"实在讨厌
　　 实在讨厌"如此发'路财'" ——"如此发'路财'"实在讨厌
　　 让不让"搞这点特殊化"　——"搞这点特殊化"让不让
　　 你让不让"等她八年"　　——"等她八年"你让不让

例(27)中横线左侧的都为述宾结构,述宾结构中充当宾语的成分可以移到述语前,形成右侧的结构。"苹果""为你穿鞋"等成分在右侧结构中位于句首,有一定话题性质。在上述变换方面"应该$_1$+VP"与述宾结构基本相同,虽然如此,我们也不能就直接认定二者为同一结构,但至少可以说明,"应该$_1$+VP"具有某些述宾结构的性质。

三、说明阐释与状中关系

"应该$_2$"的核心语义为"逻辑推理要求如此",它表示的是"逻辑推理要求得出VP已经实现或即将实现的结论"。换个角度讲,就是VP的实现或发生符合逻辑推理规律,它关注的是VP实现或发生的可能性问题,是从有无发生理据的角度说明与阐释VP发生或实现的可能性。"应该$_2$"与VP之间已不是关涉与被关涉的关系,而是说明与被说明的关系,在句法上表现为状中关系。我们通过以下几方面证明它们为状中关系。

3.1 提问格式与鉴定标准

"应该$_2$"一般不能进入"X不X"提问格式。例如:

(28) 他明知现在已有张小姐和刘小姐在那里慰劝,太太<u>应该</u>早已收泪,然而一只耳朵的嗡嗡然如故。(茅盾《蚀》)
　　 ——? 太太<u>应该不应该</u>早已收泪?

(29) 这么说来,居民<u>应该</u>高枕无忧了。可是事实上并不如此。(靳以《六城颂》)
　　 ——居民<u>应该不应该</u>高枕无忧?

(30) 然而人的安排终于被"偶然"毁坏了。这<u>应该</u>是一个"意外"。(巴金《爱尔

---

① 参见文炼(1982)。

克的灯光》）

——这应该不应该是一个"意外"？

(31)我觉得这山顶的几簇白房屋就仿佛是中古时代的堡垒；那里面的主人应该是全身裹着铁片的骑士和轻盈婀娜的美人。（茅盾《虹》）

——那里面的主人应该不应该是全身裹着铁片的骑士和轻盈婀娜的美人？

例(28)变为疑问句后，接受度很低，一般不说。例(29)中"应该"虽然可以进入"X不X"提问格式，但进入后倾向解读为道义情态而不是认识情态。"居民应该高枕无忧了"表达的是主观估计居民高枕无忧发生的可能性很大。"居民应该不应该高枕无忧"关注的是"居民高枕无忧"符不符合事理或情理。例(30)"这应该是一个'意外'"是表达某事件为意外的可能性。而"这应该不应该是一个'意外'？"是说将"某件事"确定为"意外"合不合理。它的回答大概为，"这是个意外，因为没有发现人为的痕迹"或"这不是个意外，因为发现很多破坏的痕迹"。例(31)与例(30)情况相同。

3.2 近义替换与副词性质

"应该$_2$"在一定条件下，可以与意义相近的副词互相替换，句义基本不变。例如：

(32)可是，这条枪八成（≈应该）不是你曾祖父自己从高知带回来的。倒应该（≈八成）是暴动之前从高知潜入山脚的人提供的武器吧。（大江健三郎《万延元年的足球队》）

(33)你应该（≈八成）是受骗了！加盟是要开网店的吗？加盟费是不是转账的呢，还能联系到负责人吗？如果联系不到人的话，你八成（≈应该）是上当啦！（百度知道，2016-04-24）

(34)"当然。任何人都可能在任何地方……"他说着，手指停在了伊娃·凯恩正在傻笑的漂亮的脸上，"她现在应该（≈大概）相当老了——大概（≈应该）和厄普沃德太太年纪不相上下吧。"（翻译作品《清洁女工之死》）

(35)其实，我不大清楚她的具体年龄，只是约莫知道，她大概（≈应该）35岁，儿子今年10岁，应该（≈大概）和这里好多阿姨都差不多大吧。（昆山论坛网，2015-04-03）

上述例句中的"八成""大概"都表示对情况的估计，与认识情态用法的"应该"相近。其中，将"应该"与"八成"互换，"应该"与"大概"调换，调整后句义基本不变。它们与后面VP的关系同样没有变化，"大概"与"和厄普沃德太太年纪不相上下"的关系为状中，"应该"与"和厄普沃德太太年纪不相上下"的关系也应为状中。其他的例句也应这样分析。

3.3 组合回答与意义重点

"应该$_2$"一般不能单独回答问题,必须与后面的 VP 结合起来才能回答问题。例如:

(36) a. 甲:你明年都三十岁了,<u>应该</u>结婚了吧?(道义情态)

乙:<u>应该</u>,明天我就结,行了吧?

b. 甲:他明年都三十岁了,<u>应该</u>结婚了吧?(认识情态)

乙:<u>应该</u>结了,像他这岁数,别人孩子都有了。(?应该,像他这岁数,别人孩子都有了。)

(37) a. 甲:都练三个小时了,锻炼<u>应该</u>结束了吧?(道义情态)

乙:嗯,应该,结束吧。(道义情态)

b. 甲:都过去三个小时了,锻炼<u>应该</u>结束了吧?(认识情态)

乙:<u>应该</u>结束了,我去看看去。(?应该,我去看看去。)

例(36)a、例(37)a 中,"应该"都表示道义情态,问句中"应该结婚"和"应该结束"都是述宾结构,回答时可以省略 VP,"应该"单独回答问题。例(36)b、例(37)b 中,"应该"都表示认识情态,"应该结婚"和"应该结束"都为状中关系。状中结构中"中心语"是表义的核心,一般情况下不能省略,因此,在回答问题时,"应该$_2$"一般与后面 VP 一起出现,较少看见认识情态"应该"单独回答问题的情况。

四、判断性质与功能争议

"应该"与判断动词"是"组合,一般情况下应解读为认识情态,在某些特殊情况下,也可解读为道义情态,如上文的例(30)、例(31)。我们再举两例:

(38) 他知道他比马大哥长得漂亮,比马大哥会说话。成家立业<u>应该</u>是他的事,不是马大哥的。(老舍《也是三角》)

(39) 究竟谁说的正确呢?常有理说得太排场了一点,满喜说得太挖苦了一点,正确的说法<u>应该</u>是"每个人两个黄蒸、一碗汤面、面汤管饱"……(赵树理《三里湾》)

例中"应该"都不是表示对某些情况的推测或估计,而是说在道义上或情理上对某些情况的判定或评价。

前面我们讨论过,"应该$_1$ + VP"的关系为述宾关系,但"应该$_1$ + 是"似乎有所不同,从单纯的语感上讲,"是"更像是谓语核心,"应该$_1$ + 是"的表义重点似乎也在"是"上,其实际的句法语义表现也有一些接近状中。本来"应该 + VP"的结构关系就较难辨别,"是"的这种性质无疑又增加了难度。那么"应该$_1$ + 是"到底是述宾还是状中呢?下面我们从正反两个方面加以分析。

4.1 表义重点与状语功能

综合考察"应该$_1$+是"的句法语义表现,主要有以下两个方面的表现支持"应该$_1$+是"为状中结构的观点。

第一,在与判断动词"是"组合后,"应该$_1$"可以与某些副词对举使用。例如:

(40)基于这种考虑,企业管理就<u>必然</u>是也<u>应该</u>是人本管理以及对人本管理的演绎和具体化。(《人本管理理论》,百度文库,2018-07-01)

(41)首先<u>当然</u>是一些表格和数字,再就<u>应该</u>是,也只能是,审计师所做的工作。(《审计一家言》,MBA智库,2010-09-01)

例(40)中"必然"与"应该"对举使用,例(41)"当然"与"应该"对举,"必然"和"当然"是典型的副词,它们与"是(VP)"的关系为状中,"应该"与它们对举使用,说明"应该"跟"是(VP)"的结构关系,与它们相近。

第二,"应该$_1$"与"是"的组合中,语义重点落在"是"上。例如:

(42)因此,创国产优质名牌产品,不仅仅<u>是</u>生产厂家的事,也不仅仅<u>是</u>政府的事,<u>应该是</u>人民的事,<u>是</u>消费者的事。(《人民日报》1996年)

(43)为了维护美国在台的利益,台湾当局对美国<u>应该是</u>友好的,<u>至少是</u>中立的。(《晚年蒋经国》)

例(42)四个"是"依次出现,强调"创国产优质名牌产品"是多方共同的事,语义重点应为"是"。例(43)中"应该是"与"至少是"对举使用,"至少是"的语义重点在"是"上,那么"应该是"的语义重点也应该在"是"上。

以上两点虽然不能直接证明"应该$_1$+是"为状中结构,但也在一定程度上证明它们有某种相似之处。

4.2 提问方式与主要证据

前面证明为述宾的证据,除变换分布受"是"的特殊语义限制较少出现外,其他两条基本适用"应该$_1$+是"。

首先,"应该$_1$+是"在一定条件下,依然可以进入"X不X"提问格式。例如:

(44)比如学校党委的领导同志,<u>应不应该</u>是个专业人员呢?应该是。(《邓小平文选》(二))

(45)2012年2月,清华大学陈吉宁接任顾秉林担任校长,将大学校长到底<u>应不应该</u>是"学术权威"的讨论推向高潮。(《人民日报》2012年上例中的"应该"都为道义情态,它们形成的"X不X"提问格式接受度都比较高。

其次,"应该₁＋是"中的"应该₁"也可以单独回答问题。例如：

(46) 小张应不应该是第一？应该。/不应该。

体育课应该不应该是选修课？应该。/不应该。

"应该₁＋VP"形成的问句,一般都可以用"应该"或"不应该"直接回答。例(46)的"应该₁"都可以单独回答问题,其接受度也相对较高。在这方面,"应该₁＋是"中的"应该₁"与一般情况下的"应该₁＋VP"中的"应该₁",没有明显差异,表现基本相同。

综合比较正反两方面表现,我们认为,将"应该₁＋VP"看作状中结构,证据不足。就与副词对举而言,我们目前还没有发现"应该₁"与副词严格意义上的对举,已发现的一些对举,虽然结构中各个成分彼此对应,但还不是标准的对举。即使是严格意义上的对举,也不能完全证明对举的两个结构内部关系一致,只能证明它们近似或有一致的可能。① 就语义重点来说,很多情况下它与句法中心是一致的,即某个成分既是句法中心又是语义重点,但二者毕竟分属不同范畴,它们之间不是一一对应关系,某些情况下二者是不同的。② 所以某个成分为语义重点,也不能直接证明它就一定是句法中心,仅能证明有这个倾向或可能。综合来看,证明"状中"的证据,仅能证明"应该₁＋VP"可能为状中结构,且这种"可能"并不高。

相对于"副词对举"和"表义重点","X不X"提问格式有更为广泛的适用性,述宾结构中述语一般都能进入这一格式,只有少量例外,状中结构中的状语一般不能进入这一格式,只有极少量例外,所以"应该₁＋是"能够进入这一格式,是我们无法忽视的句法证据。"应该₁＋是"中的"应该₁"可以单独回答问题,也与一般述宾结构中的述语表现一致。综上,我们认为,虽存在一定争议,但将"应该₁＋是"看作述宾结构,理由更为充分。

五、结论与余论

"应该"可以表达道义情态和认识情态,不同的情态影响了"应该"的句法功能,进而形成了不同的结构。现将本文的结论简列如下：

---

① 感谢匿名审稿专家指出本文中的"对举"所存在的问题。张国宪(1993)"把对举格式规定为两个字数相等或相近、结构相同、语义相反相成的语句"。例如：

a.有说有笑。

b.小王写钢笔;小赵写毛笔。(张国宪,1993)

本文中的对举与之相比,缺乏一定的严谨性。

② 感谢匿名审稿专家明确指出这一点。

第一，道义情态的"应该₁"的核心语义为"情理（事实）上需要或要求"，其基本语用义为情理判断，评价义和指令义都在此基础上产生。认识情态的"应该₂"的核心意义为"逻辑推理要求如此"，是"情理（事实）上需要或要求"这一意义在知域中的运用和发展。

第二，"应该₁"在语义上关涉VP，这一语义直接影响了它的句法功能，"应该₁"以述语身份出现在句法层面，"应该₁"与VP之间的结构关系为述宾。提问格式、变换分布、回答方式、表义重点等方面的表现，可以证明它们之间为述宾关系。

第三，"应该₂"失去了对VP的关涉，转向了对VP发生的根据和可能性的说明与阐释，这一语义关系影响了结构关系，"应该₂"与VP之间不能分析为述宾，而是状中。"应该₂"不能进入"X不X"提问格式，不能单独回答问题，可以被某些副词替换，这些表现都证明了"应该₂+VP"是状中结构。

第四，"应该₁+是"的结构关系存在一定争议。比较两方面证据，相对于副词对举和语义重点，"X不X"提问格式更为重要，该组合中的"应该₁"能够进入"X不X"提问格式，依据此点，将"应该₁+是"处理为述宾结构为宜。虽然如此，我们觉得它们之间的关系还有再讨论的必要，但本文限于篇幅仅讨论到此。

除以上结论，在问题的研究中，我们还发现谓语类型和时间上的已然和未然似乎对"应该"与VP的关系也有影响，这些都需要进一步地深入研究与讨论。

参考文献

陈嘉嘉(2006)《"应该"的多视角研究》，湖南师范大学硕士学位论文。
刘月华、潘文娱、故韡(1983)《实用现代汉语语法》，外语教学与研究出版社。
鲁晓琨(2004)《现代汉语基本助动词语义研究》，中国社会科学出版社。
吕叔湘主编(1980)《现代汉语八百词》，商务印书馆。
彭利贞(2007)《现代汉语情态研究》，中国社会科学出版社。
文　炼(1982)"会"的兼类问题，《汉语学习》第6期。
邢福义(1982)句子成分辨察，载张志公主编《语文论坛》，知识出版社。
张春兴(2009)《现代心理学》(第3版)，上海人民出版社。
张国宪(1993)论对举格式的句法、语义和语用功能，《淮北煤师院学报》(社会科学版)第1期。
张谊生、杜可风(2017)述宾还是状中？——试论情态特征与句法功能之关系，第九届汉语语法化问题国际学术讨论会论文。
朱德熙(1982)《语法讲义》，商务印书馆。
中国社会科学院语言研究所词典编辑室(2016)《现代汉语词典》(第7版)，商务印书馆。
Crites, Stephen L. & John T. Cacioppo(1996) Electrocortical Differentiation of Evaluative and None-valuative Categorizations, *Psychological Science*, 7(5):318—321.

(200234　上海，上海师范大学语言研究所)

"X系"的性质转化与演化机制*

代宗艳　宗守云

摘　要:根据分布与用频,"X系"的功用可分为名词、形容词两类。典型或兼类的名词均保留着名词的功能及语义特点,可以充当指称性或修饰性成分,具有类属意义。随着词义演变与功能扩展,兼具名词与形容词功能的"X系"语义重心逐步转向"隐喻义",具有幽默与调侃色彩。其中,"X"主要由名词性成分充当;"系"由其内涵意义"系列"节略替代逐步典型化,正在向后附缀转化,由突显"相关性"转向突显"相似性";"X系"的形成与演化主要受到隐喻、类推、概念整合等机制的驱动。

关键词:X系;功能;转化;机制

〇、引言

近年来,随着社会生活的飞速发展与网络运用的大众化、普及化,汉语的各个层面都已经发生了深刻的变化,大量网络用语进入现代汉语,导致相当一部分词语的意义与功能发生了或隐或现的改变,经过时间的积累,这种细微的变化就会由量变转向质变。新时期以来,"X系"的功用与性质已经发生了全面深刻的变化:主要句法功能开始向形容词扩展与转化,表达功用也已从指称转向修饰与陈述。在现代汉语中,"X系"由指称性成分"X"与表"系列、系统"义的"系"共同构成,随着使用范围的扩展与搭配的泛化,"系"的词义与性质发生了巨大转变。"X系"表达方式逐渐定型,绝大部分的"X系"已经固化为强调"X"隐喻义的类推格式,从逻辑上看,"系"的理性义不断弱化,内涵义得到引申和扩展,在句法环境中表现出强烈的依赖性,其类附缀性质与构词能力得到强化,甚至已经达到不可替换的程度。

＊ 本文得到了上海市哲学社会科学规划课题"基于社会固有模式的汉语语法构式研究"(项目编号:2018BYY016)与上海师范大学一流研究生人才培养项目"基于动态视角的当代汉语语法新扩展研究"(项目编号:209-AC9103-19-368005101)的资助。《对外汉语研究》编辑部匿名审稿专家提出了宝贵的修改意见,谨致谢意!

"X系"类词语,古已有之,如"世系、语系、汉系、藏系、水系、山系"等,现代又有"色系""汉藏语系"等;近几年来,伴随着网络出现与运用的普及化,已经涌现出一大批新兴的"X系"附缀式单词,如"日系、韩系、佛系、道系、儒系、猫系、犬系、盐系、治愈系"等,这些新兴"X系"附缀式单词在各大网络平台的浏览量高达数百万,并呈现不断上升的趋势。至此,"X系"已经呈现出明显的词汇化发展趋势,最近这两三年来,"X系"的使用范围还在进一步扩大。目前,只有代宗艳(2018)对"佛系"进行了较为系统的研究,并明确指出"佛系"中的"系"表示"相似"义,"佛系"的形成是隐喻机制的驱动。而对"X系"词族尚缺乏深入研究。

本文结合"X系"的使用现状,着重关注其性质特征与演化机制,主要从"X系"的结构特征与句法功能、词义演变与性质转化、形成动因与演化机制等方面来进行探究。

一、"X系"的结构特征与句法功能

本节首先从三个方面考察与描写"X系"所附对象"X"的音节、词性和用法,进而从分布与搭配两个方面考察"X系"的句法功能。

1.1 "X系"的结构特征

首先,从"X"的音节看,常见的"X"都是单音节或双音节语素或词。当"X"由双音节语素或词充当时,附加后缀"系"后,就构成了"2+1"式音步的三音节附缀式词。例如:

(1)Louie 现在在韩国为做模特,偶尔拍一些杂志照。森林系的装扮真的非常适合她。(时尚COSMO,2017-09-01)

(2)另外,我们可以看到,大甜甜整个妆容都是比较干净的(眼妆是无过多色彩的大地系)。(太平洋时尚网,2018-02-22)

当"X"由单音节语素或词充当时,就构成了"1+1"式音步的双音节附缀式词。基于汉语双音化的强烈优势,由"X系"构成的双音节词表现出较强的能产性。例如:

(3)青春古风甜爽剧《芸汐传》正在热播,除却"小花生"们的虐恋日常,胡兵在剧中饰演的"猫系帝王"更是强势吸睛。(环球网,2018-08-02)

(4)偶遇邓伦,他戴渔夫帽穿搭很韩系,不过驼背的样子着实不太好看。(百度网,2019-03-05)

其次,据考察,绝大多数"X"都是名词或形容词性的,极少数是动词性的。这很可能是因为几乎所有的"X"都是用来直接或间接指称事物的,而动词大多表示事物发展状态。只要是具有表示某类范畴义的名词大都可以直接充当"X"。例如:

(5)拜金豹系女林菲菲,和冷漠猫系男甯非,因摔碗结缘,目前来看,还是"相看两相厌",见面都得拌几句嘴的欢喜冤家。(环球网,2018-12-10)

当"X"由动词或动宾式短语充当时,此时的"X"在功能上倾向于指称化了。例如:

(6)近日,黄鹤立发布一组IT时尚写真,一改观众印象中"码农"的形象,展现"禁欲系"男神风采。(北青网,2018-07-02)

最后,随着"X系"词义的引申与功能的扩展,表示隐喻义的"X系"作为一种形成中的临时的词法单位,如"猫系、犬系、佛系、道系"等,一开始,这类"X系"都须带上引号才能使用,随着高频使用,这些具有高度能产性的新兴用语正在不断泛化。例如:

(7)原来,虽然胡先生一直倾向于倍投、复式的投注方式,但是对投注号码的选择则显得十分"佛系"。(中国体彩网,2018-10-26)

(8)剧中,云烨(王天辰饰)和李安澜(张佳宁饰)组成的"夜里CP"频频发糖,完美诠释了犬系男友和猫系女友的恋爱日常。(环球网,2018-11-12)

1.2 "X系"的句法功能

根据分布及其用频,"X系"的基本语法功能是做名词使用,在句中主要充当主语、宾语以及定语。随着"X系"使用范围的扩展与语义内涵的引申,大多数"X系"已经由名词向形容词扩展与转化,其扩展用法主要是充当谓语、补语。例如:

(9)"今天你佛系吗?"这到底是什么梗啊?(百度网,2018-03-15)

(10)对方是个网红,而且是自己一个人来的,穿得很韩系,长靴配毛领外套。(完本小说网,2015-03-14)

在充当谓语表陈述的过程中,"X系"可以前加不同类别的程度副词,表现出不同程度的陈述功能,根据其词义演变后的评注性与表义性特征,绝大多数形容词化的"X系"充当谓语时基本都会带有一定的程度性特征。例如:

(11)陈乔恩整个人气色不错,只是画面风格太日系了。(新华网,2015-06-17)

为了获得更加直观的数据,我们做了抽样调查。表1是近年来八个高频"X系"在人民网中的分布与用频。

表1的统计数据表明:这些年来,"X系"在句法结构中表修饰的频次最高,其次是表陈述,最后是表指称。由此可见,表修饰已经成为"X系"的主要句法功能。随着其词义引申与功能扩展,很多"X系"都已成为较为成熟的性质形容词了。

表 1 八例高频"X 系"在人民网中的分布与用频①

X 系	统计数据			X 系	统计数据		
	表指称	表修饰	表陈述		表指称	表修饰	表陈述
佛系	131	346	171	日系	1191	7963	3476
森系	61	167	89	猫系	19	97	43
道系	7	17	11	犬系	17	113	23
盐系	3	33	7	治愈系	469	2769	1377

从"X 系"的构成和搭配可以看出,作为名词的"X 系"与汉语其他后缀式单词"X 性、X 式、X 型、X 率"等,在构成方式和句法功能上基本一致,都是体词性的;而经过词义演变与功能扩展,作为兼具名词与形容词句法功能的兼类词,目前已可以充当各种主要句法成分,包括修饰性、指称性、陈述性等成分,这既是"X 系"的新兴用法,一定程度上也代表着其发展趋势。

二、"X 系"的词义演变与性质转化

本节结合"X 系"的分布特点及语义特征,从构造特征、类推格式、附加功能三个方面揭示"X 系"性质特征的改变。

2.1 "X 系"的词义演变

2.1.1 由客观到主观

体词性的"系"在《现代汉语词典》(第7版)中的释义有:系统、高等学校中按学科分的教学单位、联结等。这个原本带有[+客观]、[+相关]、[+类属关系]语义特征的语素,近来被赋予新的主观色彩并大量使用。

沈家煊(2001)指出:"主观性"是指语言的这样一种特性,说话人在说出一段话的同时表明自己对这段话的立场、态度和感情,"主观化"是指语言为表现这种主观性而采用相应的结构形式或经历相应的演变过程。"主观性"和"主观化"主要表现在三个方面:说话人的视角、说话人的情感和说话人的认识。近年来,表兼类的"X 系"逐渐被赋予[+主观]、[+调侃]的感情色彩,以幽默诙谐的方式来表达说话人的观点、态度与情感,从而达到生动形象的表达功用。例如:

---

① 需要说明的是,表格中的数据只是一个大概的参考数目。因为:一方面,同一个用例有时会在不同的传播媒体上重复多次,造成人民网中会有一些重复的用例出现,数据统计中没有删重;另一方面,在人民网中,不同时间查阅、统计时显示数量也有不同。尽管数据不够精确,但这种误差不会影响到对"X 系"词族句法分布情况的基本判断。

(12) 连 90 后都开始佛系养生,你还不重视保养吗?!(时尚芭莎网,2018-01-26)

(13) 如果说林静文是"犬系小仙女",那么首期节目中与观众见面的另一位女嘉宾郭扬则可以说是"猫系冰美人"了。(光明网,2018-07-17)

例(12)中的"佛系"用来表达"无强烈目的、无强烈欲望"之意,客观上传达说话人无所谓的处事态度,主观上是消极的、有意的,透露出对客观现实的失望与无奈;例(13)中的"犬系、猫系"则具有可爱、调侃的感情色彩。从功能上看,这些"X 系"已经属于典型的性质形容词了,语义具有相对性(无法量化),表达的是说话人对某事物的主观评判。

当"X 系"前加程度副词"太""很"等修饰时,表达的主观性更为强烈。例如:

(14) 陶渊明岂止是二流诗人,简直差点连诗人都算不上了。因为他实在是太佛系了。(光明网,2017-12-18)

(15) 歌曲风格很韩系,后期效果太重,也不知道修音情况,唱功给 70 分应该是保险的。(环球网,2015-12-11)

其实,客观的功用与主观的作用是同一个表达的两个方面,是相互依存、密切相关的。从进化的角度看,"X 系"表义效果的总体发展趋势可以归纳为:从表字面上的词汇意义逐渐转向表语境中的语用义。其主观表达作用主要有两个方面:一是表达说话人的主观情感和态度,包括调侃、感慨等;二是体现说话人的身份与习惯,包括年纪、口头禅等。

2.1.2 由单一化到多样化

色彩意义是在词汇意义产生、演变过程中不断出现的。语言的色彩系统是一个动态的系统,原本只具有相关、类属义的"X 系"在使用过程中被赋予了新的色彩和新的风格,其表达方式由单一化走向多样化。其具体表现为:

第一,感情色彩——褒贬同存。在当代汉语中,形容词化的"X 系"具有强烈的感情色彩,在不同的语境中表现出或褒或贬的语用功能。据考察,新兴附缀式单词"X 系"中的"系"主要引申出三种含义①:其一,表示一种生活方式,譬如"佛系、道系"等,多形容当下年轻人无欲无求等个性化的生活方式,常常具有消极情感色彩;其二,表示一种风格,譬如"韩系、日系"等,表达上常常具有褒扬、喜爱等感情色彩;其三,表示一种性格特征,譬如"猫系、犬系"等,多用来形容具有或内敛或外向性格特征的一类人群,具有强烈

---

① 以下三种"X 系"的扩展用法属于其分化出的同形形容词用法,而"系列"义是"X 系"词族原本具有的基本表达功能,因此,部分新兴"X 系"还保留了"系列"义的名词用法。如"韩系"指车的品牌时主要突显"系列"义。

的主观评价色彩。就"X系"的使用情况与表现形式看,"X系"已经不再是寻常意义上的中性词,它在一定的语境下展现或褒或贬的情感倾向。

第二,语体色彩——幽默风格。"佛系、日系、猫系"等新兴"X系"的出现被人们频繁地挂在嘴边,更多地体现了网络时代的娱乐精神,成为人们一种调侃、娱乐的工具。在微博等各大网络社交平台中,"X系"已成为人们表情达意的常用工具,并且出现了大量"X系 NP/VP"流行格式,如"佛系追星、猫系男、韩系服装"等。此外,网络上发起的微博话题如"猫系钢琴王子、佛系青年的日常"等,就是人们借简洁俏皮、幽默诙谐的词语,表现出一种对当下社会多元文化显示出来的一系列现实问题的思考。

第三,时代色彩——网络新词。"佛系、猫系、犬系"等热词的出现与当前网络虚拟语言生活环境下用词的经济原则有关,网民们为了获取最大效率的交流,汉语中相当一部分词汇与组合形式被赋予了新的用法和意义。这些新兴"X系"的流行可以窥见时代生活的镜像,同时也表明了新时代主流媒体话语的开放化与民主化。

2.2 "X系"的性质转化

2.2.1 词性的转类功能

"X系"的转类功能主要体现在其由名词到名形兼类词伴随着名词形容词化的发展过程,其通过类推形成了修饰功能,即使典型名词后面如果附加了"系",该名词就会在语义上走向虚化,语用上转向泛化。例如:

(16)没想到,费尽心机夺石的过程却成了一次改邪归正的经历,"古惑仔"变成了"佛系青年"。(《北京日报》2018-08-15)

(17)据悉,"猫系女孩"马泽涵饰演的病娇萌妹明月,与赵我还的感情戏异常虐心,预计开播后,导演和编剧会收到大批网友寄来的刀片。(环球网,2018-11-01)

例(16)中的"佛系青年"表示那些在快节奏的都市生活中,追求平和、淡然的生活方式的青年人。例(17)中的"猫系女孩"则表示难以捉摸、热爱自由、讨厌被束缚的一类女生,往往带有可爱、调皮的感情色彩。显然,"佛、猫"等词都是典型的名词,专指具体的某类事物,但由于"系"的促发,语义已经虚化,这种用法随着高频类推走向成熟,名词附上"系"就转向了形容词。

2.2.2 附缀的强调功能

刘丹青(2012)指出:由语法化程度高或功能强大的手段表达的范畴,会在该语言中得到突显。张谊生(2015)认为汉语的词义演变必然导致功能的扩展,这是汉语从语用到语法的基本规律。随着"X系"形容词化程度的提高,"X"与"系"的内部分界逐渐消失,"X系"的词汇化程度得到提升,很显然,当前绝大多数"X系"都已是定型的单词了,类附缀"系"的功能由突显"X"的相关性转向强调"X"的相似性。例如:

(18)之前在《长安十二时辰》里温润的道系少年,在节目《幻乐之城》里是中二叛逆对未来充满向往的少年。(中央广电总台国际在线,2018-07-24)

(19)精美的日系画质,豪华的声优阵容,爽快的操作手感以及SE旗下IP多元化联动,多维度的丰富内容将带给玩家最为新鲜畅快的游戏体验。(环球网,2018-10-26)

例(18)中的"道系"与"道教"并无本质联系,而是指一种执着于自我追求、简朴逍遥的生活态度;例(19)中的"日系"则是指一种清新、唯美的风格。很显然,这些"X系"中的"系"除保留了其类属性质外,其表达功用已转向相似性,强调了"X"所蕴涵的隐喻性质。

2.2.3 类推的构式倾向

Goldberg(2006)认为:任何语言结构,只要在形式或功能的某个方面不能从其组成部分或其他已知构式中严格预测出来,就可视为构式。即使是能够被完全预测出来的语言结构,只要有足够的出现频率,也可被视为构式。当前,"系"已经演变为一个用于强调与"X"的相似性的后附缀,就整个"X系"来看,由于强调隐喻性质的一再类推与修饰功能的高频搭配,已经出现了一系列"X系 NP/VP"流行结构,譬如"佛系X、猫系X、犬系X、日系X、治愈系X、暖系X"等,随着高频类推,这些流行结构已经趋向构式化了。例如:

(20)当"尖椒少女"唐楠楠,遭遇"傲娇猫系男"朱侯和"暖心犬系男"萧见君的猛烈追求攻势,究竟谁才能最终赢得这场爱情争夺战?(环球网,2017-03-29)

(21)私下佛系养生、呆萌内敛的阮泽轶,在台上却一直镇定不乱,无论遇上什么样的强劲对手,他总能从容应对。(环球网,2018-11-21)

由此可见,发展到21世纪的今天,由于网络用语的开放与使用频率的提高,"X系"的表达方式,既呈现出多样性与复杂性,又具有习用性与类推性。至此,由表相关性发展为强调"X"相似性的"系"演化成为表强调隐喻的后附缀,而"X系 NP/VP"构式化也渐趋定型。

三、"X系"的形成动因与演化机制

本节结合"X系"的句法表现与词义特征,解释与说明"X系"的形成动因与演化机制。

3.1 "X 系"的形成动因

3.1.1 创新性与经济性的语用需求

创新与经济是新词语得以流行的重要条件,语言的创新用法相较于普通形式,其超常表达形式更容易引起听者/读者的注意。"X 系"的高度词汇化以及获得较广的类推形式,最深层的原因是语言经济性与求新求异交际原则的驱动。例如:

(22)做人,千万不能太佛系。(百度网,2018-01-09)

(23)并不是每一个道系人都是心肠歹毒的人,但是道系人的眼睛是跟生性凶狠之人的眼睛很相似的。(百度网,2018-04-28)

本来要用"不努力、不作为、无所追求"来表达的意思,现在只需要用"佛系"一词来表达就可以了;而本来要用"不必强求、不须奢望,拥有责任、敢于担当"等词来表达意思,仅"道系"一词即可诠释,既简洁又新颖。

总之,语用表达追求创新与简洁的基本要求,以及汉语词类没有形态变化,词类词义引申与功能扩展的现象相当普遍,这也是当前"X 系"演化的基本动因。

3.1.2 高端效应的推动作用

除了词语本身,负载这个词语的一系列高端效应则是更为有力的推手。这种高端效应指的是从经济、文化、社会地位等因素的高端向低端辐射的影响力。奢侈品的流行、明星广告代言、办公室的英文名等,都可以看作如风向般的高端效应,自古犹然。如今随着经济水平的提升与网络社交平台的开放化与民主化,网络亚文化的传播等对一系列"X 系"的流行起到了推波助澜的作用。目前,网络亚文化已经成为一种重要的社会文化现象。作为一种新型文化形态,其流行与传播对人们的价值观及思想行为方式产生了重大影响。网络流行语则是网络亚文化的一种重要表现形式,一些具有[+放松]、[+调侃]、[+幽默]色彩的新词语正在由网络走进我们的语言生活,在一定程度上为人们表达思想、宣泄情绪找到了一个出口,出现了如"佛系、道系、儒系、法系"等语言的新用法。同时,社会的快速发展促进了外来文化的传播,语言接触加速了词汇创新,推动了"韩系、日系"等词语的流行。

3.1.3 网络媒介的传播功能

随着互联网联结的手机终端普及,微博、微信等社交平台的迅速崛起,词语传播的速度和广度愈加升级。媒介的开放程度越来越高,使得网络用户都有机会在广袤无垠的世界里让他人察觉到自己的声音,从而打破了小部分精英对社会传播的垄断。随着中文互联网的不断兴盛,各类网络用语颠覆了传统纸媒教科式的寡淡语体,推动了时下媒体写作新风格的流行,这些新兴词语的流入,反映了当下人们社会用词的心理需要,一旦某种用法引发人们的共鸣与认可,就会被飞速传播和高频反复使用,最终进入基本词汇。这种冲击力,在新兴"X系"词族中多有体现。而言语主体之间也会互相接触、互相影响,这种建立在认同感基础之上的"横向传递"则从另一个方面推动了一系列"X系"词群的传播与发展。

3.2 "X系"的演化机制

3.2.1 隐喻

词义的引申与演变,在大多数情况下是由于隐喻的作用。Sweetser(1990)提出:一个词的词义发展多半是隐喻使用的结果。在论及词义的演变过程时,王文斌(2001)指出:这一过程往往不是朝一个单一的方向发展,也不是以一种单一的方式演进,而往往是在辐射型(radiation)的变化中交织着连锁型(concatenation)变化,在连锁型的变化中又交叉着辐射型变化,呈现出你中有我、我中有你的发展态势。

语言中的隐喻最常见的就是用一个比较具体的概念隐喻一个比较抽象的概念,它往往是两个相似认知模型之间的"投射"。形容词化的"X系"中的"系"实际上已经转变为"相似、像"的含义,如"佛系"一词,它并不起源于佛教,与"佛"更是关联性不大,而是用来比喻无欲无求的一种生活方式,《中国日报》曾将"佛系"译为 Buddha-like。由于隐喻的体验性,许多与人类生活息息相关并且习以为常的事物也可以充当相关隐喻的源域,如动物隐喻、颜色隐喻等。除典型化的概念隐喻之外,在汉语的发展历程中,"X系"常用动物隐喻来表达词义,构成如"猫系、犬系、狼系、狐系、豹系"等网络热词,用来形容人类的某种性格或特征。例如:

(24)另一方面,豹系女友芬妮(隋棠饰)与狼系男友秦浩(张睿家饰)则展示了强强对抗的爱情模式。(环球网,2018-03-30)

(25)这种深情特质引得不少观众大呼可爱,更有网友认证辛晴为"犬系女友",引来大批"男友粉"表白:"笑眼太治愈了","想要这样的女朋友"。(环球网,2018-08-02)

(26)"豹系"女林菲菲虽然穿衣风格成熟,海报却是使用了粉色这样少女的色调,可见她只是一个"伪御姐",内心还是渴望爱情的少女。(环球网,2018-11-29)

总之,在这些形容词化的"X系"中,"系"与英语中的"-ish"词缀含义相似,表示"有点儿,些微,类似"之意,如"boyish"可以表示"帅气,像男孩子的女孩儿","yellowish"表示"微微泛黄的颜色"等。

3.2.2 类推

孙艳(1998)指出:"类推"也称"类比",是以一个或几个其他形式为模型,按照一定的方式构成的形式。朱彦(2010)指出:大规模类推构词往往牵涉的是创造性类推,创造性类推导致了词语模式的扩展,扩展的结果就是,一个同语素词群往往关联着若干词语模式,这些模式构成一个类似于多义体系的辐射结构,模式之间呈现着家族相似关系。从构词形式上看,诸多"X系"词群的产生皆属于创造性类推。

这些新兴的"X系"在很大程度上并不是同构的,也牵涉多个有着相似关系的词语模式。在"X系"词群不断类推的过程中,"系"的语义和功能也随之发生变异与扩展,语义上由表示"相关"义演变为突显"相似"义,功能上转变为强调"X"隐喻义的后附缀。在类推机制的驱动下,"X系"词群的使用范围已扩展至各个领域。例如:

(27)禁欲系总裁和盐系女医生共同演绎"塑料夫妻情",于和伟在剧中饰演的秋阳是公司的 CEO,做事稳妥有头脑,典型的事业型人才。(环球网,2018-09-03)

(28)走进中南卡通"快乐奇幻之旅"主题车厢,小清新的森系风扑面而来。(杭州网,2018-04-18)

(29)国风系别墅产品线的发布延续了世茂对于文化人居领域的探索。(人民网-房产频道,2018-07-23)

(30)"超新星"小鬼上演"暗黑系"演出,现场化身暗夜男爵,在迷离的黑色舞台上演唱《Good Night》,声线低沉,表情撩人,现场 rap 更是节奏韵律满分。(环球网,2018-11-01)

3.2.3 概念整合

所谓概念整合(conceptual blending)指的是对两个来自不同认知领域的概念有选择地提取部分意义,整合起来进而形成的一个复合概念结构的过程。张辉、杨波(2008)指出:概念整合作为一个关于意义建构的理论,可使我们更好地描述意义是如何从现存的知识结构中创造性地构建起来的。概念合成理论是 Fauconnier & Turner 发展了"心理空间(mental space)"的概念而形成的,他们对心理空间的定义是"人们思维或交际中为局部理解或行为而构建的小的概念组合",主要分为输入空间Ⅰ(Input Space Ⅰ)、输入空间Ⅱ(Input Space Ⅱ)、合成空间(Blended Space)及类属空间(Generic Space)。概念整合过程如图1所示(引自 Fauconnier & Turner,1998)。图1可以理解为:两个输入空间Ⅰ与Ⅱ分别为源域与目标域,类属空间向输入空间Ⅰ与Ⅱ映射它们所共有的抽象结构。而合成空间则是对输入空间Ⅰ与Ⅱ的部分映射,概念在合成空间内进行融合,经历了重组、完善与扩展的过程,最终使得多个复杂的概念在融合中形成了一个新的概念结构。

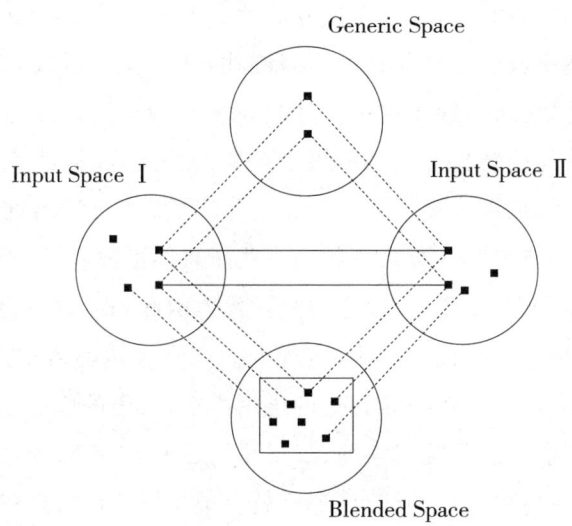

图1　概念合成理论(Conceptual Blending Theory)

语言整合理论认为,语言成分的整合效应依赖于两个因素:一是整合的"框架",二是输入的"元素",在"框架"的作用下"元素"产生整合效应,浮现了新的意义。概念合成理论的运用在"X系"的形成与演化中起到了重要作用,如当我们在生活中形容某人很"佛系"时,人们在心理空间将"佛"与"青年人的处境"进行了合成。一方面,"佛"及其所激活的相关含义,即人们所熟知的"随缘、放下、看破红尘、无欲无求"等构成了输入空间Ⅰ;另一方面,当代青年人应对工作与生活的行为与心理构成了输入空间Ⅱ,即"没有目标、害怕选择、不会拒绝、渴望逃避"等。类属空间则包含了两个输入空间所共有的抽象结构与组织——对生活/事物的态度。输入空间Ⅰ与输入空间Ⅱ各截取了一部分框架向合成空间融合,由此得出了新的概念结构:这个人看起来很随性,甚至是不积极或不作为。

总之,"X系"的形成与演化,虽然具有一定的语义基础与演化语境,但总体而言,隐喻、类推与概念整合机制在其演化、发展中起到了重要的作用,而名词转化为形容词的扩展功能,最终还是隐喻机制起到了决定性的作用。

四、结语

从"X系"词群的形成与发展来看,当前虽然"系"已经走向虚化,但还不是真后缀,只是不稳定的类后缀。"X系"词群还在不断产生和发展,词汇化程度呈现上升趋势,发展演化至今,"X系"已经固化为强调"X"隐喻义的类推格式,表修饰和陈述已经成为其主要句法功能。其中"系"演化成为表强调隐喻的后附缀,"X系"相关构式已具有类推倾向与转类功能。在隐喻、类推、概念整合等机制驱动下,"X系"词群正在不断泛化。它们的存在,既适应了表达新时期日新月异的社会生活的需要,又大大丰富和发展了汉语的构词方式和表达手段。在目前这个网络时代,新词新语以其独特的方式产生和传播着,像"X系"这类网络新词族非常引人注目。从构词位置的固定性、构词的能产力、语义的虚化程度和功能的转化等几个词缀最重要的特点来看,我们认为"系"即将成为一个活跃且能产的汉语词缀或类词缀。对比近年来的《现代汉语词典》,我们发现在最新一版的《现代汉语词典》(第7版)中,相当一些新兴词汇被收录,涉及政治、经济、娱乐等多个领域,比如"新常态、新媒体、裸考、裸捐"等。因此,我们认识到,语言的发展是必然的,语言的使用必须紧跟时代的潮流,实现人们交际表达的需求。可以断言:在未来的岁月中,为了满足表达生动化与异态化的语用需求,汉语的修辞手段与搭配方式可以不断突破各种既有语法限制与陈式束缚,汉语中会出现许多新兴的词汇化与语法化现象,一旦一种新的用法得到人们的认可,那么就会被反复使用,最终进入汉语基本词汇。

参考文献

代宗艳(2018)当代网络新词"佛系"的功用与形成,《语言文字应用》第3期。
刘丹青(2012)汉语的若干显赫范畴:语言库藏类型学视角,《世界汉语教学》第3期。
沈家煊(2001)语言的"主观性"和"主观化",《外语教学与研究》第4期。
孙　艳(1998)试论类推机制在汉语新词语构造中的作用,《西北师大学报》(社会科学版)第2期。
王文斌(2001)《英语词汇语义学》,浙江教育出版社。
张　辉、杨　波(2008)心理空间与概念整合:理论发展及其应用,《解放军外国语学院学报》第1期。
张谊生(2015)当代汉语名词的词义转换与功能扩展——以"热血、冷血"与"狗血、鸡血"为例,《汉语学报》第2期。
中国社会科学院语言研究所(2016)《现代汉语词典》(第7版),商务印书馆。
朱　彦(2010)创造性类推构词中词语模式的范畴扩展,《中国语文》第2期。
Fauconnier,G.& M.Turner(1998)Conceptual Integration Networks.*Cognitive Science*,2:133—187.
Goldberg, Adele E.(2006) *Constructions at Work: The Nature of Generalization in Language*.Oxford:Oxford University Press.
Sweetser,E.(1990)*From Etymology to Pragmatics:Metaphorical and Cultural Aspects of Semantic Structure*.Cambridge:Cambridge University Press.

(200234　上海,上海师范大学人文学院)

新量词"波"用法探析*

李晓琴　陈昌来

摘　要："波"原是名词,近来发展出了量词的用法。"波"既有名量词的用法,也有动量词的用法,其功能主要不是用于计量,而是摹状。本文主要就量词"波"的语法特点、功能特点等进行描写,并就相关问题提出自己的看法。

关键词:量词"波";语法特点;功能特点

〇、引言

关于现代汉语中"波"的量词用法,学界存在不同意见。安汝磐、赵玉玲(2005)认为"波"是"拨"的误用,张金圈(2017)不赞同此说法,认为"波"是独立的量词,并从与量词"拨"的关系上肯定了量词"波"的存在,但并未对量词"波"的用法做详细描写。《现代汉语词典》(第7版)及一些量词词典如何杰(2001)、郭先珍(2002)、李行健(2010)、刘子平(2013),量词研究论著如张赪(2012)等也未将"波"视为量词。本文通过大量语言事实的分析,认为在现代汉语中,"波"已经发展为一个颇具特色的量词,下面主要对其语法特点、功能特点等进行描写。

一、语法特点

量词的主要语法特点,可以从两个角度来考察:一是看与之组合的成分,比如数词、指示代词;二是看它与数词组成数量短语后所说明的成分,比如是名词性成分还是动词性成分。下面从这两个角度来描写"波"的语法特点。

---

* 本文为国家社会科学基金重大项目"中国语言学史(分类多卷本)"(项目编号:16ZDA206)和上海师范大学一流研究生人才培养项目(项目编号:209-AC9103-19-368005204)的阶段性成果。本文初稿曾在第八届现代汉语虚词研究与对外汉语教学国际学术研讨会(2018年7月)上宣读,修改过程中得到了《对外汉语研究》匿名审稿专家的意见支持,谨致谢忱。

1.1 与"波"组合的成分

与"波"最常组合的成分是数词是"一",其次是不定量数词,然后是指示代词。与"一"组合共见 558 例,占全部例句的 71.4%。① 例如:

(1)显然这些年吃得好了,院里又生出一片孩子,比我们那一波多出很多。(王朔《看上去很美》)

(2)我才不在乎是不是在下周、下个月或者明年会出现一波购车热。这样的时期给了我一个机会去做一些事情。等待是愚蠢的。(电视节目"对话")

(3)除了弄潮儿能明白,普通人不知道是怎么回事。从上一波 IT 热潮中出来的人吸取了多少技能?(袁岳《老板这边·员工那边》)

(4)两位导演均对武侠电影表现出明显喜爱,刚刚以一部《英雄》掀起又一波武侠热的张艺谋更是明确表示:"下一部戏还会拍武侠片。"(新华社新闻报道,2003 年 1 月)

与大于"一"的数词组合相对较少,共见 148 例,占 19.0%。其中"二(两)波"共 95 例("二波"88 例,"两波"7 例),"三波"44 例,"四波"5 例,"五波"4 例。例如:

(5)1962 年发表的《女性的奥秘》在思想上触发了第二波女权运动。(秦晓红《女性社会学》)

(6)如果说在前两波打击下传统伦理还可以勉力应付,那么现在它已显出力不能支的迹象。(新浪微博,2014 年 6 月 5 日)

(7)在观看了这样三波的攻击后,艾齐纳哈肯定已有了掉入陷阱的预感。(田中芳树《银河英雄传说》)

(8)1998 年,印尼的金融风暴再起,人们将其称为亚洲金融危机的第四波。(《人民日报》1998 年)

(9)到 6 月中旬,日元汇率开始大幅下跌,标志着亚洲金融危机进入第五波。(《人民日报》1998 年)

"波"与不定量数词组合,共见 28 例,占 3.6%,其中"几波"2 例,"多波"26 例。例如:

(10)在顶住了宏远队的几波进攻之后,天津立飞队在主场球迷的助威声中越战越勇。(新华社新闻报道,2001 年 8 月)

(11)根据往年经验,申城桂花通常都会在秋季经历多波盛开期,无论走到哪里,桂花总似无处不在。(《芬芳满城》,中国日报网,2015 年 10 月 5 日)

---

① 本文的例句来源包括北京大学中国语言学研究中心 CCL 语料库检索的有效例句 750 例、人民网检索的部分例句 31 例,总共 781 例,这些例句主要是讨论量词"波"的用法。结语部分统计、分析的例句包括 CCL 检索的例句以及《人民日报》、人民网、搜狗微信、百度检索的例句。

"波"与指示代词组合,共见 47 例,占 6.0%,其中"这波"42 例,"那波"2 例,"哪波"3 例。例如:

(12)新增的这名患者为独居老人,住家离这波疫情第一个病例的住处只有 50 米。(新华社新闻报道,2004 年 8 月)

(13)在 2005 年至 2007 年的那波牛市中,鲁致远这次没有错过机会,资产完成了惊人一跃。(《4 年赚 100 倍:深圳股王鲁致远的投资故事》,人民网,2010 年 6 月 12 日)

(14)需求总会有,就看开发商瞄准哪波客群了。(《豪宅与刚需"两头热"2016 年买房你排哪个队?》,人民网,2016 年 1 月 7 日)

1.2 "数+波"所修饰的成分

数词与"波"组合一共有 734 例,其中"数+波"修饰名词性成分有 422 例,占 57.5%。其中"数词+波"后的成分可以是具体名词。例如:

(15)上午 9 时,第一波陆战队员开始攻击,第 5 师在左,第 4 师在右。(沈永兴、朱贵生《二战全景纪实》)

(16)她曾两次抓到依薇,还几次够到她的手,但是稀泥太滑了,无法抓稳。她终于被一波砾石吞没了。(《读者》总第 71 期)

"数+波"后的成分也可以是抽象名词。例如:

(17)两岸业者和学者就加强双方在光电子产业领域的资源整合和互补合作达成相当程度的共识,更提出以光电子为核心的光电产业将成为两岸产业合作的新一波热点。(新华社新闻报道,2004 年 4 月)

(18)《微时代》认为,微技术属于"下一波技术"。(新华社新闻报道,2002 年 3 月)

"数+波"修饰动词性成分共见 312 例,占 42.5%。例如:

(19)去年年底该公司曾作为"十家国有股转配"预选公司之一,有过一波炒作,但炒作不成功(《江南诊所》,人民网,2006 年 1 月 28 日)

(20)位于西海岸的人口密集、高楼林立的大都市洛杉矶很可能会成为下一波恐怖袭击的目标。(新华社新闻报道,2001 年 10 月)

无论是说明名词性成分还是动词性成分,"波"都不能指单个的、孤立的事物或动作,如"一波人""出现过一波"都不是指一个人或一次,而是指若干个或若干次。

1.3 "波"可以重叠

与其他量词一样,"波"可以重叠,主要有"一波波"与"一波(接(着)/又/叠(着))一波"两种重叠式,重叠后主要做定语或状语,还可做谓语。例如:

(21)可我们所见却是——一块块稻田栽得满满的,车窗外闪过一波波悦目的

新绿。(《人民日报》1993年)

(22)一个男子正忙着往炼油池下加炭,约有四五米高的烟囱里浓烟裹着礼花般的火星<u>一波一波</u>喷涌而出。(新华社新闻报道,2001年10月)

(23)近年来,全球性兼并浪潮<u>一波又一波</u>接踵而来,数以千亿计的国际资本在跨国流动。(新华社新闻报道,2001年11月)

(24)河床里没有一滴水,裸露的河道上还保留着河水曾经淌过的痕迹,<u>一波叠着一波</u>的细沙,看上去有缓有急。(《水流过,星月留下》,人民网,2015年12月9日)

(25)从脑黄金到中华鳖精,从补钙大战到基因食品,保健品热<u>一波接着一波</u>。(新华社新闻报道,2001年3月)

由以上例句可知,"波"已经具备了量词的基本语法特征,可将"波"定性为一个通用(既是名量词,又是动量词)的集合量词。其前加数词或代词后,名词性和动词性成分的主要特征是必须表示连续出现的若干事物或动作。如比较"来了一群顾客"和"来了一波顾客",用的都是集合量词,但"一波顾客"预设前面已经来过了一群顾客,也预设后面可能陆续还有顾客要来,而"一群顾客"则没有这个预设。

二、功能特点

汉语量词的主要功能是帮助数词为事物或动作计量,简单地说是用于"计量",而量词"波"由于其所组合的数词严重受限,主要与"一"组合,这说明其主要功能不是用于计量。据考察,其主要功能是用于摹状。

2.1 关于摹状和摹状量词

这里所说的摹状,是指用词语来描摹事物的形态特征,主要由形容词或名词来完成,如"圆圆的月亮""方形的桌子",其中做定语的"圆圆""方形"就是用来摹状的。汉语的一部分量词,也具有摹状功能。陈望道(1973)曾谈到汉语中存在两类不同的单位词:一种计量,另一种计形体。郭绍虞(1979)提出"量词的二重性"的概念,认为量词具有两种不同的突出性质:一方面有计数作用,一方面又有形容修饰的作用。以上两位先生所说的"计形体"或"形容修饰的作用",指的是量词除了计量功能之外的一种摹状功能。量词的摹状功能,主要是指量词通过自身的语义来隐喻其所修饰的名词性成分或动词性成分的相关语义特征。具体地说,就是通过量词使抽象事物具象化,使无界事物有界化。比如"生机""同情"都表示抽象事物,但"一线生机""一丝同情"通过"线""丝"的具体形象使这种抽象事物具象化了。又比如"云"和"烟"都是无界名词,它们不能受个体量词修饰,但"一片云""一缕烟"就将这种无界的事物分解开来,成了有界的事物。"线、丝、片、缕"就是我们所谓的摹状量词。

依据计量和摹状两种功能的分别,可以将汉语的量词分为三类:第一类是计量量词,如"个、只、匹、头、件"等个体量词,这些量词可以与所有数词组合,在现代汉语里它们与所源出的名词在语义上已经失去联系,基本去语义化了,它们只有计量功能,没有摹状功能。第二类是摹状量词,它们只与或主要与数词"一"和不定量数词组合,基本上不用来计量,主要用来摹状,如"丝、缕、线、抹、汪、滩"等。第三类是计量兼摹状量词,它们可以与大于"一"的数词组合,因而是计量的;同时它们又具有自身的语义特征,可以后加语素"状"构成表示形状的词,其语义特征与名词的语义特征一致,因而兼有摹状功能,如"块、条、片、枝、卷、团",它们的语义特征分别是"块状、条状、片状、枝状、卷状、团状",并要求所说明的名词性成分具有相同的形态特征。比如当看到"一个"的时候,"个"不能提供其所说明的名词的任何语义特征,但如果说"一块、一条、一片、一丝、一线"时,"块、条、片、丝、线"就能够提供名词的基本形态特征。

2.2 "波"做摹状量词

量词"波"借用于名词"波浪"的"波"。作为名词,"波"的主要语义特征是[＋动态]、[＋连续]、[＋单向],就是说"波"不是静态的事物,波浪不会只是单个出现,总是一个接着一个层层推进的,而且其动向是随着风向而不可逆的,在一定的风向下,一片水域中的波浪不可能是有的向前,有的向后。具备以上特征的事物就可以说是波状事物。"波"作为量词,并没有完全去语义化,其名词的语义特征还保留着,因而"数＋波"所说明的事物也需要是波状事物,这就是说其说明对象必须是连续出现的事物或动作。"波"作为摹状量词,其功能主要有如下三种:

一是使集合的事物或动作的次数动态化。例如:

(26)上午 9 时,第一波陆战队员开始攻击,第 5 师在左,第 4 师在右。(沈永兴、朱贵生《二战全景纪实》)

(27)关于女性运动的第一次浪潮始于何时有两种说法,一种说法认为它始于 19 世纪后半叶,历时约 70 余年,到第一次世界大战时达到最高点;另一种说法认为是在 20 世纪初年。目前人们普遍认同的说法是:女性主义运动第一波发生在 1840 年到 1925 年间,运动的目标主要是为了争取与男性平等的政治权利。(李银河《女性主义》)

例(26)中"第一波陆战队员"代表许多个体,用"一波"就将这些个体与另一些个体在时间上连动起来了,描摹了参与攻击的陆战队员像波浪一样前赴后继。例(27)中"女性主义运动第一波"代表多次女性运动,用"一波"将其与之后发生的若干次女性运动构成一个连续不断的动态过程。如果将上述两例中的"波"分别换作"批""轮",就只有量的概念,而失去了摹状效果。

二是使抽象的事物或动作具象化。例如:

(28)两岸业者和学者就加强双方在光电子产业领域的资源整合和互补合作达成相当程度的共识,更提出以光电子为核心的光电产业将成为两岸产业合作的新一波热点。(新华社新闻报道,2004年4月)

(29)上午,新华指数下跌幅度比较平缓,新华纸业、新华纺织和新华矿冶板块有一定上涨。新华指数在1 657点有初步止跌迹象,甚至在下午开盘后还发起一波反弹。(新华社新闻报道,2001年8月)

例(28)中"热点"本身是抽象的事物,说"一波热点"就使得抽象的热点像波浪一样,一波接一波,连续不断。例(29)中"反弹"表示抽象的动作,"发起一波反弹"就使得抽象的动作具象化了,像波浪一样起伏不定。

三是使无界的事物有界化。例如:

(30)一波泥石流涌来,把依薇冲走。玛丽亚看得见她女儿"像一张纸漂浮在水上,在哭叫"。(《读者》第71期)

(31)武汉迎来今年第一波热浪。(新华社新闻报道,2003年7月)

例(30)中"泥石流"是具体事物,但为无界事物,用"一波"就将泥石流分化为像波浪的波峰和波谷一样,有大有小,连续不断地涌来。例(31)中"热浪"是抽象的无界事物,用"一波"将热浪有界化,说明其在时间上的有界性。

此外,由于"波"的[+单向性]语义特征的限制,它一般只用来说明增加或出现的事物,而不用于说明减少或消失的事物;也正因为这一特征,才常见"一波接一波""一波又一波""一波连一波""一波叠一波"等重叠形式。

三、"波"量词用法的发展

"波"的量词用法经历了一个发展过程,这可以从以下两个方面来看:

一是使用频率的变化。据考察,"波"的典型量词用法初见于20世纪90年代初,笔者考查了北京大学CCL语料库,全库共见"一波"558例、"这波"42例、"几波"2例,总计不过602例,其中所收老舍和王朔作品中都未见到典型的量词"波"。CCL语料库所收语料的时间下限约为2004年(网络语料为2008年),也就是说在2008年以前的现代汉语近百年间,量词"波"的使用频率都不高。我们也统计了人民网的用例,仅2018年

"一波"的用量就达 3 610 例,"这波"675 例,"几波"23 例,总计达 4 308 例。另外再看《人民日报》和微信公众号文章从 2012 年到 2018 年"一波"的数量对比①,见表 1:

表 1　《人民日报》与微信公众号文章中"一波"的数量对比

来源	2012 年	2013 年	2014 年	2015 年	2016 年	2017 年	2018 年
《人民日报》	88	93	97	74	80	101	80
微信公众号	0	33	908	10 416	3 982	5 713	4 783

从表 1 的数据可以看到,2012 年到 2018 年这八年间量词"波"在《人民日报》中的使用频率没有显著变化,但在自媒体中却提升很快。这是因为《人民日报》是官方媒体,对语言规范程度要求高,对新的语言现象的使用比较谨慎,而自媒体则比较自由,而且使用者多为青少年,对新的语言现象反应敏感,这符合新的语言现象先在民间然后向正式媒体逐渐扩散的一般规律。

二是泛化倾向。"波"已经在一定程度上离开了原有的用法限制,在口语中出现了泛化倾向,可以说明非连续的事物和动作。例如:

(32)接下来先带大家吃上一波丰盛的美甲"年夜饭"!(《人民时尚携手 LILY NAILS 温情送大礼!新年美甲任你挑!》,搜狐新闻,2018 年 2 月 11 日)

(33)最后确认一波,没事我就下单了。(百度贴吧,2016 年 4 月 18 日)

例(32)中"年夜饭"是一种比喻说法,但这不影响其表示非连续的事物,"一波"相当于"一顿"。例(33)中"确认"是一个非连续发生的动作,"一波"相当于"一下"。

在有的例子中,量词"波"甚至侵入到量词"个"的引申用法中。例如:

(34)海威新界 loft 样板房开放去凑波热闹,不知道哪个户型的比较好?(百度论坛,2017 年 8 月 8 日)

(35)我可以混波脸熟吗?(百度贴吧,2017 年 6 月 8 日)

上例中"混波脸熟""凑波热闹"替换了"混个脸熟""凑个热闹",其中后者并非量词"个"的典型用法,后面跟的是个形容词。可见,"波"已有脱离原有语义特征而泛化的迹象,其进一步发展还有待观察。

四、结 语

量词"波"是汉语中出现的一个新量词。综上可知,它是一个通用的集合量词,主要用于摹状,极少用于计量。它以其摹状功能,与其他集合量词相区别;也由于其独特的

---

① 之所以选择《人民日报》与微信公众号文章做对比,是因为前者是官方媒体,后者主要是自媒体。本文使用搜狗搜索引擎检索了微信公众号文章,公众号功能始于 2012 年。

语义特征以及对所说明成分的选择性,与其他的羣状量词相区别,因而其在汉语的量词系统里具有存在的价值,其来源也有独立的理据。安汝磐、赵玉玲(2005)否定量词"波"的独立存在价值,认为是"拨"的误用,这种看法用来说明下面例句中的"波"似乎是有道理的。例如:

(36)片方也要考虑收视率,有<u>一波中年人</u>爱看像我们这些演员的戏,所以他就老这么搭,我们就老得演"妈"。(《刘敏涛 市场何时才有"中年大女主"》,人民网,2017年12月12日)

(37)向来关系和睦的他们竟然为着一个"韦香主"的名号争执得不可开交,各带<u>一波人马</u>相互斗勇。(《何炅谢娜假扮"韦小宝"聚众闹事 半路杀出"程咬金"》,人民网,2014年2月17日)

不过这并不是量词"波"的典型用例,上文所举的诸多用例,都不能用"拨"去替换。其羣状量词的用法可以通过名词"波"的语义特征得到解释,却无法通过动词"拨"的用法来说明。因而本文认为误用说是不成立的,应该承认"波"作为量词的价值和地位。

参考文献

安汝磐、赵玉玲(2005)《常用词语纠错》,中国社会出版社。
陈望道(1973)《论现代汉语中的单位和单位词》,上海人民出版社。
郭绍虞(1979)《汉语语法修辞新探》,商务印书馆。
郭先珍(2002)《现代汉语量词用法词典》,语文出版社。
何 杰(2001)《现代汉语量词研究》,民族出版社。
李行健(2010)《现代汉语量词规范词典》,河北教育出版社。
刘子平(2013)《汉语量词大词典》,上海辞书出版社。
张 赪(2012)《类型学视野的汉语名量词演变史》,北京大学出版社。
张金圈(2017)"拨""波"量词用法的产生与发展,《汉字文化》第18期。
中国社会科学院语言研究所词典编辑室编(2016)《现代汉语词典》(第7版),商务印书馆。

(200234 上海,上海师范大学对外汉语学院)

反预期表达与话语标记"谁知"的形成*

刘 丞[1] 杨 静[2]

摘 要:话语标记"谁知"旨在标示前后语段之间的反预期关系。在反预期的表达上,"谁知"在预期显著度、反预期向度、反预期对象等方面呈现出一定的特征。"谁知"的标记化与所在反问构式赋义、构式内部句法语义组配以及外在语用功能转化密切相关,期间并非经历感叹过程,反问与感叹是一体两面的性质。

关键词:谁知;反预期表达;功能转化;标记化

〇、引言

作为话语标记[①]的"谁知"一般处在语篇中间,其后可有停顿隔断,相对独立且不与紧邻的话语成分发生句法上的关系,具有标示前后语段间反预期这一程序义,同时带有强烈的主观意外情态。例如:

(1)我曾想过向刘斌借钱,这是我在北京唯一可以求助的朋友了,<u>谁知</u>刘斌的现状也不妙。他所在的那家文化公司正濒临破产。[②]

(2)夫妻俩每月共有一千多元收入,艰难地供养儿子读书。尽管没有多少积蓄,但日子过得还算安稳。<u>谁知</u>,11月11日,一场意外打破了这个普通家庭的平静。

关于"谁知",董秀芳(2007)指出:在现代汉语层面,"谁知"和"谁知道"都可以做话语标记。胡德明(2011)对"谁知"进行了专门研究,认为"谁知"话语标记用法的形成经

---

* 本研究得到中国博士后科学基金第63批面上资助,项目名称是"疑问结构的构式化与话语功能的浮现"(项目编号:2018M631673)。在修改成文的过程中,匿名评审专家提出了很多中肯意见,在此谨对编辑部和匿名评审专家表示衷心感谢。

① 结合 Schiffrin(1987)、Brinton & Traugott(2005:40-136)、董秀芳(2007)、李宗江(2009)、张谊生(2010:161-184),话语标记在句法上具有非强制性,语义上具有非真值性,语篇上具有连接性,分布上具有独立性,语音上具有可识别性。其功能重在组织会话话轮、评价命题观点、沟通交际渠道。既表达说话人的态度、情感,又为听话者理解话语提供方向,标明前后的语义关系。

② 本文现代汉语语料均出自北京大学中国语言学研究中心 CCL 语料库,不再一一标明出处。

历了"没有人知道——谁曾料想到、谁也没想到——不曾料到——不料"的语义变化，"陈述性小句做宾语，表述的感叹化、陈述化，指称的虚无化"是其演变条件。在相关研究的基础上，本文拟进一步探讨两个问题：其一，"谁知"的使用模式与反预期表达；其二，"谁知"的演化与所在反问构式"A，谁知 B"存在何种关系，中间是否如胡德明（2011）所言经历了感叹过程。

一、使用模式与反预期表达

使用模式上，话语标记"谁知"一般处于这样的语义模式中：A，谁知 B。其中 A 表示预期或隐含预期，B 表示实际情况与预期相异。A、B 在预期显著度、反预期向度以及反预期对象上呈现出一定的特征。

1.1 预期显著度

从预期表达方式看，A 所表预期的显著度可分为形式外显与语义暗含。

形式外显，主要指 A 中包含指示预期的词语，例如：

（3）永实觉得非常为难，只得默默无言，决定提早回来，本以为可在芳契处得到安慰(A)，谁知她避而不见(B)。

（4）北京一位个体服装老板，带着女友到王府井在某饭店酒足饭饱、卡拉 OK 之后，本想用信用卡潇洒一下(A)，谁知服务小姐不肯收卡(B)，老板这回知道什么叫阮囊"羞"涩了。

上例 A 项带有明确指示预期的词语"本以为、本想"等，意在突显言者的主观预期，并与后项 B 中出现的意外情况形成对比，增强反预期程度。有时 A 中虽无明确指示预期的词语，但 B 中共现的语气副词也可以增加反预期程度，如下例中的"竟、才、就"：

（5）我是一名教师，因脸上生有雀斑，托人从外地买了一瓶祛斑灵(A)。谁知用了不久，我的脸部皮肤竟出现感染、灼伤(B)。

（6）于是我抱着试试看的念头，简短地写了一封信(A)。谁知，才半个月，我就收到张向瑾他们寄来的一张 800 元的汇款单(B)。

"语义暗含"指，A 项中虽无明确指示预期的词语，但是整个句段隐含预期，例如：

（7）1958 年，为了进一步深造，他考回母校北京气象学院(A)，谁知 1962 年学习结束，他又回到了高原，且一干就是 18 年(B)。

（8）士兵们给它起了个名字叫威利，用网罩住将其送到山中。第二天，它回来了。士兵们又用汽车将威利送到几十公里远的地方(A)。谁知几天后，它又回来了(B)。

在 A 项所创设的语境中,根据一般理想认知模式(ICM)通常会隐含相关预期。例(7)按照我们的一般认知,回到学校进一步深造,隐含着势必会有好的前程;例(8)放归的距离足够远,隐含着回不来的预期。A 项虽无指示预期的明示性成分,但是根据我们的认知常态所构建的模式隐含预期。B 所表语义与 A 隐含预期相对,形成反预期。

1.2 反预期向度

这里的反预期向度指,B 与 A 所表预期是同向还是反向,是超过原有预期还是与原有预期相反。从 B 所表反预期的向度看,A、B 之间可以关联两种向度表达。例如:

(9)说实话,当时拍这个短片,完全出于一种兴趣,不过是想给自己留下点东西作为纪念(A)……谁知,不久后就从多伦多传来了好消息:我这部非参赛作品,在展映期间大受好评,已有海外华裔投资商要给我投资为他们拍片(B)。

(10)他很高兴,但因为没有现成的红纸,就约定写好后通知我去取(A)。谁知给他们拜年回来没几天,就在楼下邮箱中发现一只牛皮纸大信封,拆开一看,原来是曹叔写好的几幅"福"字斗方(B)。

例(9)言者拍片是想"留下点东西作为纪念",实际情况却远大于预期,有人甚至"要给我投资为他们拍片"。从 B 所表预期向度看,是超过原有预期。例(10)与此相同。

与预期维度反向的情况:

(11)小巴赫为了得到他哥哥保存的一叠名家乐谱,前后花去六个月时间,在家人睡熟后,伏在窗前桌案上,整夜抄谱(A)。谁知被哥哥发现,竟粗暴地把它全部烧掉(B)。

(12)五年前,当从老乡那里得知老婆改嫁后,他曾四处借贷,想回国,因为惦记着女儿(A)。谁知在机场过海关时查出老马的护照、签证全是假的,又交不起罚款,于是被判了五年徒刑,进了监狱(B)。

例(11)小巴赫家境拮据,所以整夜抄谱只想保存一份名家乐谱,想必家里会很认同,但被哥哥发现后,非但不赞成,反而全部烧毁。B 表语义与 A 所表预期相反。例(12)与此相同。

胡德明(2011)指出"B 是反预期的,所以往往带有不如意的色彩;隐含 B 一定是不如意"。但从语料来看,B 隐含不如意,只是反预期表达的一个方面,而非全部。无论 B 与 A 所表预期,在向度上是同向还是反向,两者共同之处均是表达在 A 前提下的始料未及,而话语标记"谁知"及其共现词语"本以为、本想、竟、才、就"等正是显化这一反预期关系的明示性成分。其中话语标记"谁知"更是为理解话语提供方向,标明前后的语义关系。

1.3 反预期对象

言谈事件中,当言者针对语境中所论及的某一事物或事态,提出一种与其自身或受话人预期相反或背离的论断、信念或观点时,言者就表达出一种反预期信息(Traugott,1999:177-190)。吴福祥(2004)进一步将反预期的情况分为与说话者预期相反、与受话人预期相反、与说听双方在内的特定言语社会共享的预期相反这三种类型。胡德明(2011)指出,"谁知"除包括这三种类型外,还包括与事主或特定人的预期相反。例如:

(13)他们在1939年布设的磁雷曾使英国陷入被动局面(A)。谁知,当英国海军好不容易研制出了应付的武器时,德国人却布设了另一种新的水雷——音响水雷(B)。

(14)汝州市领导想从中协调,邀请煤机厂领导到市宾馆谈谈(A),谁知人家硬是见面不握手,宁肯在街上啃烧饼,也不吃市政府诚心准备好的宴席(B)。

例(13)B中"德国人却布设了另一种新的水雷"反预期的对象是事件主体英国海军;例(14)B中"人家硬是见面不握手……"反预期的对象是汝州市的特定领导。

此外还有一种,B反预期对象并不指向会话主体、某一事主或特定对象。例如:

(15)绞尽脑汁费尽心机(A),谁知得来全不费功夫(B)——朱保国忽然想到了自己的太太,这良方因太太引出,又将为太太们服务。

例(15)中B反预期的对象不指向任何人,与"谁知"配合主要作为引介语引出后续语段。可以说,这样的"谁知+B"已具有较强的熟语化倾向。

在"谁知"使用模式中(A,谁知B),A、B在预期显著度、反预期向度以及反预期对象上呈现出多样性,反预期得以充分表达。"A,谁知B"具有较强的固定性,"谁知"依附于A、B,并彰显两者之间的反预期关系。同时这一使用模式所关联的语境因素(A、B)在"谁知"标记化过程中也起到至关重要的作用。

二、"谁知"的标记化

董秀芳(2007)指出,从认知情态副词发展为话语标记,是话语标记形成的一条较为普遍的路径。董文认为,"谁知"与"谁知道"具有相似的演化途径:短语→认知情态副词性固定语→话语标记。胡德明(2011)指出,"谁知"与"谁知道"起点都是反问句中的短语,终点都是陈述句中的话语标记。不同的是"谁知道"经历了"认知情态副词性固定语"的中间状态,而"谁知"则经历了表示感叹的中间状态,并认为感叹用法不构成这条规律的反例。① 问题是,感叹是语气功能而非句法表现,能否作为判断的标准。李宗江(2010)基于董秀芳(2007)认为,话语标记"谁知"的形成由短语直接演变而来,并无情态用法。

总之,对"谁知"的形成可概括为两种观点:一种基于词项语法化的规律谈话语标记形成(董秀芳,2007;胡德明,2011),另外一种是基于功能主义观察话语标记产生的环境(李宗江,2010)。我们更认同后者。但问题是:演化初期作为反问构式一部分的"谁知",如何获取演化的语义基础并进一步发生语义拓展?"谁知"标示前后语段之间反预期的程序义如何获取,演化中是否经历感叹过程等,这些问题都有进一步探讨的必要。

接下来,我们将基于"谁知"与所在反问构式,集中探讨"谁知"的标记化。

"谁知"最早的组连出现在上古,其中"谁"为疑问代词做主语,"知"为谓语中心,两者分立。"知"后可带名词性宾语。例如:

(16)心之忧矣(A),其谁知之(B)?(《诗经·园有桃》)

(17)志有之:"言以足志,文以足言。"不言(A),谁知其志(B)? 言之无文,行而不远。(《左传·昭公三年》)

(18)吁嗟默默兮(A),谁知吾之廉贞(B)。(《楚辞·卜居》)

"谁知"所在语段为反问,并不作为始发句。吕叔湘(1985)指出:"反诘实在是一种否定的方式:反诘句里没有否定词,这句话的用意就在否定;反诘句里有否定词,这句话的用意就在肯定。""谁知"处在这样的隐性否定语境中,从而获取"没有人知道"的临时语境义,相当于一个"否定性的全称量化表达。"(董秀芳,2007)因而,语用层面的隐性否定赋予句法层面以临时语用义。

话语标记"谁知"反预期这一程序义的实现与其语法化的源结构密切相关。结合例(16)至(18),我们将"谁知"标记化的初始环境标记为"A,谁知 B",并将其看作构式 C_1。原因有二:其一,从"谁知"明示反预期这一程序义语义模式看,离不开 A、B 所提供的语义背景,并以此作为语用推理的前提;其二,从"谁知"作为话语标记的结果来看,对前导语段的呼应与对后续语段的衔接是其最主要的功能。

C_1 意欲表达对"知 + NP"的否定,而这一否定功能的实现与语用推理密切相关。其中存在这样的推理:既然对有人知道某事提出疑问,显然我对知道某事存有异议。这是一个利用"不过量准则"(Grice,1975:41 - 58;沈家煊,2004)进行的"回溯推理"(abduction reasoning)。其大前提是基于常识或是事理,小前提则是已知的结果或事实。

大前提:如果对有人知道某事有异议,那么会提出问题寻求回答。

---

① Traugott & Dasher(2002:187)指出从认知情态副词发展为话语标记,是话语标记形成的一条较为普遍的路径。

小前提:"我"对有人知道某事实施了提问。

结论:"我"对有人知道某事可能存在异议。

但在言者设定的背景 A 下,并不存在支持有人知道某事的缘由,因而言者意欲向听者传达对命题的否定。这也是一个招引或邀请听话人来进行的"招请推理"(invited inference)。① 再如:

(19)具曰予圣(A),谁知乌之雌雄(B)。(《诗经·正月》)

(20)隔隈多有(A),谁知其数(B)。(《楚辞·天问》)

例(19)言者对"知乌之雌雄"存有异议进而提问寻求回答,可是在设定的背景"具曰予圣"下,不存在有人知晓的前提,因而由对命题的异议变为对命题的否定,即"没有人知道乌之雌雄"。否定性全称量化意义的浮现与 A、B 之间的语用推理联系紧密。

中古时期,"谁知"延续上古时的反问用法,"知"后出现谓词性成分。例如:

(21)微风吹钓丝,袅袅十尺长(A)。谁知对鱼坐,心在无何乡(B)。(白居易《渭上偶钓》)

(22)初因避地去人间,及至成仙遂不还(A)。峡里谁知有人事(B)? 世中遥望空云山。(王维《桃源行》)

胡德明(2011)使用例(22)(原文标为 29)说明此时"谁知"的反问语气已经减弱,感叹语气增强,表示"谁曾料想、谁也没想到之意"。原文例如:

峡里谁知有人事,世中遥望空云山。(王维《桃源行》)

这样的分析有待商榷:其一,如果按照胡德明(2011)的引例,"谁知"处于始发句与作为话语标记"谁知"的位置明显不同;其二,如果与作为话语标记的"谁知"存在演化关系,那么上古时期时处于后项的"谁知"如何移至前项? 通过文献检索,完整用例如例(22),A 意为,因避乱逃出尘寰,寻至仙境而不归还。B 意为,隐居峡谷有谁会知晓人世间的事? 较之例(19)、例(20),"谁知"后接成分虽发生了述谓性变化,但将上例"谁知"的意义理解为"谁曾料想到"等出乎意料义尚早。这里我们将"谁知"后接述谓性成分所在的环境(A,谁知 B),记作构式 C_2。

唐代是"谁知"标记化的重要时期,在这一阶段"谁知"逐渐凝固并具有了话语标记的功能,例如:

(23)向见称扬,谓言虚假(A),谁知对面,恰是神仙(B)。(《唐传奇·游仙窟》)

(24)十娘非直才情,实能吟咏(A)。谁知玉貌,恰有金声(B)。(《唐传奇·游仙窟》)

---

① 史金生(2005)对"招请推理"进行了很好的解释:"招请推理"是指那些说话人在互动中,通过一定的传递寓意策略招引、邀请听话人所做出的推理。我们赞同这一看法。

(25) 有意嫌兵使，专心取考功(A)，谁知脚蹭蹬，几落省墙东(B)。(张敬忠《戏咏》)

(26) 本原尽陛下一世(A)，谁知陛下中道起此异心(B)！(《敦煌变文选·叶净能诗》)

上例"谁知"的意义已不再能从其组成成分分析得到，从前后语段之间的关系看，已经凝固为表示反预期的标记。

胡德明(2011)用以说明"谁知"句中"反问＋感叹"用法的二例也存在问题，引述如下：

(27) 饱食安眠消日月，闲谈冷笑接交亲(A)。谁知将相王侯外，别有优游快活人(B)。(白居易《快活》)

(28) 为言嫁夫婿，得免长相思(A)。谁知嫁商贾，令人却愁苦(B)。(李白《江夏行》)

例(27)如果只看胡文所引语段"谁知将相王侯外，别有优游快活人"，我们可以将"谁知"理解为"谁曾料想到"，也可以作"没有人知道"解，从篇章衔接看也可以是引入话题。但是回到原文，可以看到"谁知"句是作为后续句，承接前导语段并与之对比。后例(28)也是如此，"谁知嫁商贾，令人却愁苦"与前导语段"为言嫁夫婿，得免长相思"形成对比。B中的"别有"以及转折连词"却"彰显了前后的反转关系，其中的"谁知"已具有表示反预期的话语标记功能。

"谁知"是否存在"反问＋感叹"这一过程是值得商榷的。依据胡文观点，"感叹"是这一过程存在的标识。但从所引例句(原文28、30例)来看，"谁知"已然标记化。同时感叹作为一种功能表达，而非句法表现，能否作为判断的标准是有争议的，因为就"谁知"句来看，很难区分"反问"与"反问＋感叹"。问题关键在于：反问本身就具有一定的感叹性。吕叔湘(1985)曾明确指出，反诘句也往往是感叹性的。石毓智(2006)指出："感叹句用在人们感知现实现象时，其性质、数量或者程度，在相当大的程度上超越了人们的知识背景或者生活经验，即属于此前的未知范围。"这里的未知，其实就包括超出预期，与预期不符。反问句的使用出于言者对当前状况的异议而采用的情感表达方式，既然是异议，显然是和言者的认识或期望存在差距，也就是与预期不符，因而反问与感叹具有相通之处。正如石毓智(2006)明确指出的"反问跟感叹具有内在联系，它们在形式上都是采用疑问手段，在内容上也是表示说话者的一种强烈情感，而且表达一个判断。① 因此可以把反问看作是感叹的一个小类"。② 因此在我们看来，反问与感叹是一体两面的

---

① 根据石毓智(2006)，感叹句的语义结构为"被焦点化的新信息(信)＋超越以往的知识经验(疑)"。这与反问句的语义是相通的。此外，至于哪些疑问代词可以转化为感叹标记，石文说得很清楚："那些询问事物的数量或者性质的程度的疑问标记，最容易发展成为感叹标记。"而疑问代词"谁"不针对事物的数量或性质的程度。

② 这从疑问句结构类型与功能类型上就很好理解。疑问结构包括疑问代词、"吗"字是非问、正反问和选择问，典型的疑问句是用于寻求信息。而像附加问、反问、回声问、设问等(邵敬敏，2014)，则是疑问结构不同的功能体现。感叹与反问，可以同采用疑问结构也就很正常。

性质,将感叹作为"谁知"演化中间过程的标识,是值得商榷的。在此,我们更认同李宗江(2010)的看法,要基于具体的语言环境与词汇序列来看话语标记形成,不一定完全按照语法化的演变路径。①

我们将标记化的"谁知"所在的环境(A,谁知 B)记作构式 C_3,C_3 源自构式 C_2,两者之间存在演变和承继关系。两者之间的演变,源自构式语义语用功能的转化,促使这一转化发生的机制是"招请推理"。

构式 C_2(例(21)、例(22))与构式 C_3(例(23)至(26)),两者的不同在于:C_2 后项为不知道某个事实会出现,C_3 后项为不知道的事实确已发生并伴有出乎意料。从后项句法配置上看,两者 B 均为述谓结构或小句。所不同的是,C_2 中"谁知"所在句为反问,其中"谁知"由于所在反问句的影响,获取"没有谁知晓"的全称量化表达,"谁"的指代性变得虚化。C_3 中"谁知"所在句为陈述,其中"知"由于后接小句表义的现实性,由"知晓"演化为"料想"的情态义,而"谁"则进一步失去指代性,变得虚无。构式 C_2 后项与构式 C_3 后项之间的语义演化存在这样的推理:既然先前不知道某一情况会发生,那么自然这一情况的实际出现就显得出乎意料。由 C_2 到 C_3,语义转变的推理过程如下:

大前提:如果知道某事会发生,那么该事的发生是符合预料的。

小前提:不知道某事已发生。

结论:该事的发生可能不符合预料,也就是反预期。

通过否定前件进而得到否定后件,这一过程属于逆果推理,也是一个利用"不过量准则"进行的"招请推理"。由于语用推理的反复进行以及 C_3 中 B 的现实性,构式表述的重点由 C_2 中对"知+B"命题信息的否定转化为 C_3 中前后项之间的反预期突显。在 C_1、C_2 到 C_3 的转化中,"谁"的演化早于"知"。疑问代词"谁"在 C_1 中由于反问的影响,指代性弱化获取全称性,并延续至 C_2,并在 C_3 中失去指代功能。"知"在 C_1 与 C_2 中保持"知晓"义,并在 C_3 中,由于构式反预期表达以及 B 的现实性,演变为"料想"。最终"谁知"作为整体,表示"不料",进而凝合成话语标记。

"谁知"在所在反问构式语义语用功能转化中固化成话语标记,涉及诸多因素:

其一,居于后项句首,使得"谁知"具有成为话语连接语的可能。

其二,作为构式中的功能与语义常项而具有突显性,无论在 C_1、C_2 还是在 C_3 中,"谁知"通过转喻承继构式语义,从而获得演化的语义基础"没有人知道""没有料到",这一过程属于构式赋义。②"没有人知道""没有料到"两种语义,均是通过构式中 A、B 间

---

① 从认知情态副词到话语标记,是话语标记形成的一条普遍路径(Traugott & Dasher,2002:187)。胡德明(2011)指出感叹用法的"谁知",也是一种认知情态,并不构成这条规律的反例,而是具体化和细致化。但是在我们看来,反问同样也是对事态的主观认知和评价。

② 彭睿(2011)提到这一概念,我们采用这一说法。

基于"不过量准则"推理获得的会话隐含义。

其三,构式赋义使得"谁知"内部各成员原有功能弱化,"谁"不再表疑问,"知"偏离"知晓"而获得"料想"义,从而造成两者的功能悬空。①(李宗江,2003:309-329)当然,在构式赋义过程中,构式 C_3 中 B 所表语义的现实性也起到一定的作用。

反问构式语义语用功能的变化,促使反问内部结构进行重新调整。"谁知"处于后项,语用推理所获取的"意外"义,对于 C_3 中 A、B 间的关系具有很强的明示作用,进而被重新分析为表示反预期的话语标记。辖域上,由之前管控其后命题小句到协调句间的反转关系,辖域经历了一个扩大的过程。句法地位上,标记化前的"谁知"具有概念义并作为谓语核心,标记化后的"谁知"则属于边缘成分,表明前后语段关系的同时,也表达言者的主观情态。

元明时期"谁知"的话语标记功能渐趋定型,使用已相当普遍。例如:

(29)后人见者皆心惊,尽为名公不敢争。谁知未满三十载,或有异人来间生。(欧阳炯《题景焕画应天寺壁天王歌》)

(30)陈大郎抬头望见楼上一个年少的美妇人目不转睛的,只道心上欢喜了他,也对着楼上丢个眼色,谁知两个都错认了。(《古今小说·蒋兴哥重会珍珠衫》)

以上通过对"谁知"标记化的探讨可以看到:"谁知"的标记化直接产生于反问构式(A,谁知 B),期间并非经历感叹,反问与感叹是相容的一体两面;"谁知"的标记化是所在反问构式赋义以及语义语用转化中完成的;"谁知"所在构式 C_1、C_2、C_3 之间存在演化与承继关系,这一过程与句法类推、语用推理关系密切。

三、结论

本文在相关研究基础上,对话语标记"谁知"的反预期表达,从预期显著度、反预期向度以及反预期对象上进行了分析。同时基于"谁知"与所在反问构式,对"谁知"标记化过程进行了重新审视。"谁知"的标记化直接产生于反问构式(A,谁知 B),期间并非经历感叹,反问与感叹是相容的一体两面;"谁知"的标记化是在所属反问构式赋义以及语义语用转化中完成的。

通过对"谁知"标记化过程的分析,我们可以看到,不同的话语标记的形成有其自身的语境适切性,不一定完全按照语法化的路径来谈。正如李宗江(2010)指出的,"必须

---

① 功能悬空近于句法成分的去范畴化或非范畴化(decategorization)。Hopper & Thompson(1984)首先提出非范畴化,主要涉及名词和动词,在一定的语篇条件下脱离基本语义与句法特征的过程。刘正光(2006:61)指出:"在语言研究的层面,我们将非范畴化定义为:在一定的条件下范畴成员逐渐失去范畴特征的过程。"

将话语标记的主要功能明确起来,然后找到这种功能和承担这种功能的词语的原来意义和语序特征之间的联系"。

参考文献

董秀芳(2007)词汇化与话语标记的形成,《世界汉语教学》第1期。
胡德明(2011)话语标记"谁知"的共时与历时考察,《语言教学与研究》第3期。
李宗江(2003)句法成分的功能悬空与语法化,《语法化与语法研究》(一),商务印书馆。
李宗江(2009)"看你"类话语标记分析,《语言科学》第3期。
李宗江(2010)关于话语标记来源研究的两点看法——从"我说"类话语标记的来源说起,《世界汉语教学》第2期。
刘　丞(2013)由反问句到话语标记:话语标记的一个来源——以"谁说不是"为例,《汉语学习》第5期。
刘正光(2006)《语言非范畴化:语言范畴化理论的重要组成部分》,上海外语教育出版社。
吕叔湘(1985)疑问·肯定·否定,《中国语文》第4期。
彭　睿(2011)框架、常项和层次——非结构语法化机制再探,《当代语言学》第4期。
邵敬敏(2014)《现代汉语疑问句研究》(增订本),商务印书馆。
沈家煊(2004)语用原则、语用推理和语义演变,《外语教学与研究》第4期。
石毓智(2006)现代汉语疑问标记的感叹用法,《汉语学报》第4期。
史金生(2005)"又""也"的辩驳语气用法及其语法化,《世界汉语教学》第4期。
吴福祥(2004)试说"X不比Y·Z"的语用功能,《中国语文》第3期。
张谊生(2010)《现代汉语副词分析》,上海三联书店。
Brinton, Laurel J. & Elizabeth C. Traugott (2005) *Lexicalization and Language Change*, Cambridge: Cambridge University Press.
Grice, Paul H. (1975) Logic and Conversation. In P. Cole & J. Morgan (eds.) *Syntax and Semantics*, 3: *Speech Acts*. New York: Academic Press, pp.41—58.
Hopper, Paul J. & Sandra A. Thompson (1984) The Discourse Basis for Lexical Categories in Universal Grammar. *Language*, 60(4): 703—752.
Schiffrin, Deborah (1987) *Discourse Markers*. Cambridge: Cambridge University Press.
Traugott, Elizabeth C. (1999) The Rhetoric of Counter-Expectation in Semantic Change: A Study in Subjectification. In A. Black & P. Koch (eds.) *Historical Semantics and Cognition*. New York: Mouton de Gruyter, pp.177—196.
Traugott, Elizabeth C. & Richard B. Dasher (2002) *Regularity in Semantic Change*. Cambridge: Cambridge University Press.

(1.453007　河南新乡,河南师范大学文学院　/　100732　北京,中国社会科学院语言研究所
2.453007　河南新乡,河南师范大学外国语学院)

汉语教师必须具备的最重要的素质*

马 真

摘 要:本文结合自身教学经验和若干教学实例,认为汉语教师必须具备两个最重要的素质:一是要具有高度的教育责任心,从学习者的角度有针对性地安排教学内容、准备教学材料,并使课堂讲授、师生讨论与课后练习有机结合,为教学服务;二是要树立研究意识,在坚实、深厚的语言学知识的基础上,不断提高分析问题、解决问题的研究能力。

关键词:汉语教师;教学;研究意识

〇、引言

大家知道,要确保汉语教学的质量,必须要建设一支高素质的汉语教师队伍。一名称职的汉语教师,应具有什么样的知识结构、能力结构和思想心理素质?必须具备什么样的汉语言文字方面的基本功?这在我和陆俭明合著的《汉语教师应有的素质与基本功》一书中均已做了明确的说明。① 这里不再赘述。我这里要着重强调的是,汉语教师必须具备两个最重要的素质:一是要具有高度的教育责任心;二是肚子里要有"货",那就是要有坚实、深厚的专业基础知识,要有发现问题、分析问题、解决问题的研究能力。

一、汉语教师必须具有高度的教育责任心

近二十年来,无论国内国外,汉语教学界关于教学法问题谈论得比较多。在原先的听说操练法外,提出了诸如情境导入法、功能教学法、沉浸式教学法等多种多样的教学法。重视教学法,无可非议,但是教好课的关键主要在于教育责任心,就是眼睛里要有

---

* 本文根据作者应邀在上海师范大学对外汉语学院所做的报告内容整理、修改而成。
① 参看陆俭明、马真《汉语教师应有的素质与基本功》(2016),第二章。

学生,心里要有学生。有了这种教育责任心,就会根据经验,针对不同教学内容、不同教学对象,想出不同的教学方法。这是我的教学心得,而我这个教学心得源于我们的老师朱德熙先生。这里不妨给大家讲一个故事。

我1955年考入北京大学中文系。那时中文系一、二年级不分专业,文学、语言方面的基础课程都得上。其中,"现代汉语"课的语法部分由朱德熙先生讲授。那时我们全年级103个学生,朱先生的语法课,人人都爱听,大家甚至觉得听朱先生的课简直是一种艺术享受。一般都认为讲语法容易让人感到枯燥无味,不太能引起学生的兴趣;可是朱先生却能将语法课讲到大家都爱听,甚至觉得是一种艺术享受这样的程度。这是什么原因?大家很容易认为那一定是朱先生的教法好。不错,朱先生教法是好。但是,这不是根本的原因。那么根本原因是什么呢?数年之后,也就是1960年,我们毕业留校任教后才慢慢明白了。

1961年9月开始,教研室安排陆俭明给汉语专业的学生上课。陆俭明就去请教朱先生:"现在要我教本专业的基础课'现代汉语',我心里有点紧张。大家都觉得听您的课是一种艺术享受。您能不能告诉我,内中有什么诀窍?"朱先生笑笑说:"有什么诀窍?"停了一下又说了一句话:"不过有一点很重要,要多从学生的角度着想。"陆俭明回来跟我一说,我们就回忆朱先生的每一次上课——怎么开头,怎么跟上一堂课衔接?从哪里提出问题?如何展开?举什么样的例子?甚至板书应该怎么写?这些问题朱先生在备课的时候都精心考虑过,而考虑的出发点是为了让学生更好地接受。我们这才深深感到,朱先生的课讲得好,就来自于他那高度的教育责任心。

在几十年的教育生涯中,我们自己也越来越清楚地认识到,教好课的关键确实就是教育责任心。有了这种教育责任心,就会针对不同教学对象、不同教学内容,想出不同的教学方法。

我1960年在北大中文系汉语专业毕业留校任教后,一直从事现代汉语教学与研究工作。在我们之前,本科生毕业不能马上上讲台,要先做三年助教。我们这一届1955级毕业生是一毕业留校任教就要上讲台上课。当时觉得压力很大,在精神上、时间上都觉得特别紧张。开始是分配我给政、经、法[①]和外语各系上"语法修辞"和"写作"方面的课,后来又给65级汉语专业学生上"现代汉语"课。那个时候的学生都比较"听话",只要是学校安排的课程,都能努力学习。当时我其实基本上是照着教材内容讲,只是添加一些新例子;由于我讲课的条理还比较清晰,口齿也比较清楚,所以教学效果也还可以。

"文革"后,1977年恢复招生,我们北大中文系那一年只有文学和新闻两个专业招

---

① "政、经、法"是指政治系、经济系、法律系。

生。教研室安排我给新闻专业77级上"语法修辞"课。当时新闻专业领导跟我说,这一届学生不少是省、市的文科状元,基础好,有实践经验,不少是原单位的笔杆子,也有些傲气。根据这个情况,我想,给新闻专业77级学生所讲授的"语法修辞"课,跟"文革"前给政、经、法和外语各系学生讲授的"语法修辞"课,在讲法上得不一样,得采用新的教学法。同时我有一个强烈的理念,那就是我要让不同程度的学生听了我的课都能感到有收获。怎么能做到这一点呢?

首先,在教学内容上我将"语法知识"和"语言应用"这两部分内容有机地组合在一起。先前的"现代汉语"或"语法修辞"教材一般都是将"知识"和"应用"前后分开安排的——前面只是讲语法知识,到最后集中讲讲语法错误问题。这样的内容安排,教师在前面讲授语法知识时,很容易让学生感到枯燥乏味,引不起他们的兴趣。于是我改变这种讲法,把"知识"和"应用"结合起来讲。比如,讲句子的"主语和谓语"时,先讲最必需的知识——如何确切理解汉语句子里的主语和谓语,汉语里哪些词语能做主语和谓语,在汉语里由主语和谓语所构成的句式有哪些,重点讲授在汉语里最具特色并有特殊表达效果的主谓谓语句和受事主语句等,不面面俱到。然后就接着讲授在主语和谓语组合中容易出现、需要注意的种种问题。我在讲授句子的"述语和宾语""述语和补语""修饰语和中心语"时,也采取这样的讲法。每一讲所出的练习也注意到"知识"和"应用"这两方面。结果教学效果很好。

其次,在讲需要注意的问题时,尽量注意结合实际。我在备课过程中,有意识地从当时中央和省级各大报①上搜集病句,同时也从这个班同学的新闻写作课习作中收集实例。所以,在讲需要注意的问题时,所举的病句基本上都是从各大报纸和这个班同学的习作中收集来的。我用这样的病例来剖析、讲授,好处有两个:一是让学生体会到,学习掌握好必要的语法知识对写作是有好处的;让他们懂得,了解句子的结构,就像医生治病必须了解人体构造一样。二是让学生初步学会句子结构分析,特别是掌握查找和订正句子毛病的方法,这也就培养了他们一定的纠错能力。这样教学的结果,让学生有茅塞顿开之感,能引发他们学习现代汉语语法知识的积极性。在学习的过程中,他们不仅没有表现出丝毫的傲气,倒常对我说:"马老师,我们的基础太差了,有些句子的问题看不出来,有些虽然看出来了,但也说不清楚。"

再次,在具体授课上,采取讲授与讨论相结合的办法。譬如,在讲"述语和宾语的组合中需要注意的问题"这一内容时,我先举了一个不大容易看出问题的病例让同学讨论:

---

① 如《人民日报》《光明日报》《解放军报》《北京日报》《解放日报》等。

(1)各地的针灸诊所都有一些治好较难医治的病例。①

我问他们:"这个句子有没有问题?如果有问题,问题在哪里?"我先让大家发表意见,然后由我来归纳总结,指出毛病在哪里,应该怎么修改。而我在总结中充分注意吸收同学们发言中的合理意见。

再其次,采取课后练习与堂上讨论相结合的方式,每讲完一讲都要求学生课下做练习,然后在课堂上讨论。而练习题,一般都看似简单做起来并不容易,需要动脑子思索才能做好。举例来说,讲完"词组类型"后,给学生出了这样的练习题:

一、指出下列词组分别属于哪种类型:

调查重要(　)　　调查提纲(　)　　调查清楚(　)
不怕牺牲(　)　　牺牲精神(　)　　牺牲生命(　)
获得奖赏(　)　　觉得很好(　)　　演得很好(　)

二、"讲清楚"是什么词组?"讲解清楚"是什么词组?"讲解很清楚"是什么词组?(需分别说明理由。)

讲授"述语和宾语"后,我所出的练习中,在指出并改正句子的语法错误这一大题中,就有这样的病句:

(2)有老船长掌舵,我们一定能冲过一个个暗礁、险滩。②

练习后进行课堂讨论,这是同学们主动要求的。他们说:"这种课堂讨论是教学的进一步深入。刚听完课,觉得很清楚,可是一做练习又糊涂了,同学之间看法不同,谁也说服不了谁,而一讨论就清楚了。"这门课最后一个练习是要求每个学生在各大报上找两个病句,并运用所学过的知识和分析方法指出问题之所在,加以改正,并说明理由。我与新闻专业主任联系并征得他同意,从这次练习中挑选了一部分分析得比较好的,编辑、出版了一期墙报,反响很大,收到了很好的效果。

新闻专业的77级学生都很喜欢上我这个课,喜欢做练习,喜欢课堂讨论。学期结束时,新闻专业主任告诉我,同学们对他说:"我们最爱听的是马老师的'语法修辞'课,这个学期收获最大的也是'语法修辞'课。"应该说,这让我感到欣慰。可我也真花了时间,下了功夫。后来我给新的年级讲课也都采用这样的教学思路和教学法,教学效果都比较好。我这样做的结果,不仅比较好地完成了教学任务,而且也为我自己带来了可喜

---

① 这个病句,就整个句子的主谓的配合来看没有问题;谓语部分"都有一些……病例",单就谓语中心"有"与其宾语中心"病例"的搭配来看,也没问题;问题出在处"病例"的定语成分中的"治好较难医治"这个述宾词组上。"治好"要求带名词性宾语,而现在它的宾语"较难医治"却是个动词性词组,二者搭配不当。应该在后面加上"的疾病",变成名词性偏正词组"较难医治的疾病",这样才能做"治好"的宾语。全句宜改成:"各地的针灸诊所,都有一些治好较难医治的疾病的病例。"

② 应将"冲"改为"绕"。对着暗礁、险滩如果冲过去,船体非"粉身碎骨"不可。

的科研成果——我 1981 年出版的《简明实用汉语语法》和 1997 年出版的《简明实用汉语语法教程》(2015 年出版了第 2 版),就都是在给学生讲课的讲稿基础上不断修改、编写而成的。

教学实践表明,高效率的教学方法大都是在自己的教学实践中琢磨出来的,是要花心血的;别人提出的教学方法再好,如果自己没有高度的教育责任心,就不可能真正学到手,更不可能去很好地运用。

二、汉语教师还必须树立研究意识

高度的教育责任心,心里要有学生,我觉得这是教好课的最大前提。但光有教育责任心还不行,还必须自己肚子里要有"货",那就是专业基础知识和研究能力。

我想汉语教师一定有过这样的经历:在汉语教学过程中,外国的汉语老师和外国汉语学习者,常常会向你提出这样那样的问题。面对突如其来的提问,该怎么应对?不妨先讲个真实的故事——

1985 年,我作为客座教授应邀去日本东京外国语大学亚非语言研究所研究、访问一年。在访问期间,有一位教汉语的日本教授问了我这样一个问题:

"别"在修饰有的动词时,可以有带"了"、不带"了"两种说法(当然意思略有不同①),如:"别吃了!/别吃!""别去了!/别去!"而修饰有的动词时,却只有带"了"一种说法,如:"小心,别呛了!"没有不带"了"说法,不说:"＊小心,别呛!"这是为什么?

那位教授告诉我,他曾就这个问题问过多位来自中国的汉语教师,他们都回答说"那是我们汉语的习惯"。他说:"这样的回答等于没有回答,因为我没有汉语的习惯,我的学生更没有汉语的习惯。"

面对上面所说的那位日本教授提出的问题,我们该怎么办呢?第一,千万别说"这是我们汉语的习惯"。这是外行人的回答,也是不负责任的回答。我们应该采取求实的态度——如果你有把握,可以当时就回答;如果你当时不能回答,就可以这样说:"你问的问题很有意思,不过我现在还不能给你一个圆满的回答。让我回去想想,过两天回答你。"第二,思考怎么回答时,不要"就事论事",不要只就对方提出的具体实例来思考,而要善于启动我们自己的天然"语料库",在自己头脑里思索、寻找相关的语言事实。在此

---

① "别 V 了"(如"别看了")是劝阻别人停止正在进行的行为动作,或者劝阻别人停止实现原先计划中的某种行为动作;而"别 V"(如"别看")是禁止或劝阻听话人进行某种行为动作。

基础上,细细考虑、寻求所要的答案。我当时就想了许多具体例子,请看:

(3)	甲类	乙类	甲类	乙类
A 组			B 组	
别吃了	别吃	别噎了	*别噎	
别去了	别去	别呛了	*别呛	
别看了	别看	别丢(=丢失)了	*别丢	
别写了	别写	别忘了	*别忘	
别喝了	别喝	别烫了	*别烫	
别说了	别说	别裂了	*别裂	
别参观了	别参观	别皱了	*别皱	
别讨论了	别讨论	别病了	*别病	
别解释了	别解释	(鸡蛋)别挤破了	*(鸡蛋)别挤破	
别埋怨了	别埋怨	……	……	
……	……			
(A 组的例子很多)		(B 组的例子很有限)		

实例多了,我们就看出一些道道来了——

首先,从否定副词"别"来看,事实上否定副词"别"应该表示两个意思:

一是表示禁止或劝阻。如上面所举的例(3)的 A 组例子,这里不妨重复举三个:

(4) a. 你别吃了!|你别吃。

b. 你别去了。|你别去。

c. 你别看了。|你别看。

二是提醒听话人,注意防止发生不如意的事情。如上面所举的例(3)的 B 组例子,这里不妨重复举三个:

(5) a. 你别噎了。|*你别噎。

b. 你别呛了。|*你别呛。

c. 鸡蛋别挤破了。|*鸡蛋别挤破。

例(5)里的"噎了""呛了""挤破了"等,都是不希望发生的不如意的事情,用"别"就是提醒对方注意防止这类不如意的情况发生。

遗憾的是,辞书编撰者至今仍把这一义项给漏了,希望日后能补上。

还有个问题请思考一下:"写错"也是属于不希望发生的事情或情况,那为什么既可以说"别写错了",也可以说"别写错"?怎么解释这一现象?这还需要从动词上找答案。

其次,从动词上看,副词"别"修饰动词时,之所以会存在 A 组(后面带"了"和不带

"了"两种说法)和 B 组(只有后面带"了"一种说法)这样两种情况,跟动词的语义特征有关:A 组里的动词都属于自主动词;B 组里的动词都属于非自主动词。"别写错了""别写错"里的"写"属于自主动词,所以"别写错了""别写错"虽然是不如意的事情,但可以有两种说法,而且意思基本一样。①

从上面的实例可以体会到,作为一名称职的汉语教师,必须要有坚实深厚的汉语言文字学方面的基础知识,同时还必须树立研究意识,必须具有一定的研究能力。因为我们不光要回答学生或国外汉语教师的提问,更要面对学生在词语使用上出现的种种偏误现象,而不少是在书本上找不到现成答案的。下面不妨再举两个实例来加以说明:

【实例一】关于副词"反而"的使用。

副词"反而"是个书面语词,外国汉语学习者常常出现使用上的偏误。例如:

(6) * 大家都看电影去了,她反而在宿舍看书。

(7) * 玛沙干得比谁都卖力,这一次我想老师准会表扬他,谁知老师反而没有表扬他。

(8) * 他以为我不喜欢游泳,我反而很喜欢游泳。

即使在我们的报刊上也会出现这样的病例:

(9) * 大家都主张种植大棚蔬菜,老村长反而反对,主张种植棉花。

(10) * 黎锦熙先生把主语规定为动作行为的施事(即动作者),或性质状态的具有者,赵元任先生反而认为汉语的主语不限于此,其他如动作行为的工具、时间、处所等都可以做主语。

为什么会出错?根源在哪里?我们发现,这跟我们辞书的注释有关。请看:

《现代汉语八百词》(增订本)(1999):表示跟前文意思相反或出乎预料之外,在句中起转折作用。

《现代汉语词典》(第 7 版)(2016):表示跟上文意思相反或出乎预料和常情。

这样的解释,对读者,特别是对外国学生容易起误导作用。依据这样的解释,外国学生就以为只要是表示转折、表示出乎预料就可以用"反而"。其实并不是这样,只有在一定的条件下,在一定的语义背景下才能用副词"反而"。而这些工具书之所以对"反而"不能做出准确的解释,原因之一就是工具书的作者都不太注意"反而"使用的语义背景。所谓词语使用的语义背景,就是指该词语能在什么情况下出现,能在什么上下文中用,不能在什么情况下出现,不能在什么上下文中用。

---

① 关于副词"别",请参看马真《说说目前辞书的释义》(2016)、马真《现代汉语虚词研究方法论》(修订版)(2016)第三章第一节的"实例(五)"。

那么到底什么情况下可以使用"反而"呢？我们必须去研究。首先需要广泛搜集使用"反而"的例句(在20年纪80年代不像现在这样有语料库,那时我是一本书一本书地翻阅,寻找例句,并抄成一张张卡片)。我在众多的例句中,找到了下面这样一个使用"反而"的典型例句：

(11)今天午后下了一场雷阵雨,原以为天气可以凉快一些,可是并没有凉下来,反而更闷热了。

例(11)的"反而"是用得很贴切的,这个例句也充分显示了使用"反而"所应具备的语义背景。这个语义背景包含四层意思,下面用 A、B、C、D 来表示,具体描述如下：

A.甲现象或情况出现或发生了；[例(11)里的"午后下了一场雷阵雨"就属于甲现象]

B.按说(常情)/原想[预料]甲现象或情况的出现或发生会引起乙现象或情况的出现或发生；[例(11)里的"天气可以凉快一些"就属于乙现象]

C.事实上,乙现象或情况并没有出现或发生；[就是例(11)里所说的天气"并没有凉下来"]

D.倒出现或发生了与乙现象或情况相背的丙现象或情况。[例(11)里的"更闷热了"就属于丙现象]

"反而"就用在说明 D 意思的语句里。为了使大家更明了起见,我们将例(11)改写成例(11')：

(11')[A意]今天午后下了一场雷阵雨,[B意]原以为天气可以凉快一些,[C意]可是并没有凉下来,[D意]反而更闷热了。

在实际的语言交际中,上面所说的 A、B、C、D 这四层意思,可以在一个句子里一起明确地说出来,如例(11)；也可以不完全说出来。为了表达的经济,常常省去某层意思。请看：

(12)[A意]今天午后下了一场雷阵雨,[C意]可是天气并没有凉下来,[D意]反而更闷热了。(省去 B 意)

(13)[A意]今天午后下了一场雷阵雨,[B意]原以为天气可以凉快一些,[D意]可是反而更闷热了。(省去 C 意)

(14)[A意]今天午后下了一场雷阵雨,[D意]可是天气反而更闷热了。(省去 B、C 两层意思)

D 意是"反而"所在的语句,当然不能省去。A 意是使用"反而"的前提条件,因此也不能省去。

例(11)、例(12)、例(13)、例(14)具体代表了使用"反而"的四种不同的情况,即代表了四种不同的句子格式：

Ⅰ　A + B + 可是(不但)C + 反而 D。　　例(11)
Ⅱ　A +　　　　可是(不但)C + 反而 D。　　例(12)
Ⅲ　A + B + （可是）　　　 + 反而 D。　　例(13)
Ⅳ　A　　　　　（可是）　　 + 反而 D。　　例(14)

"反而"虽经常用在复句中,但并非只能用在复句中。当 A 意以名词短语或介词短语的形式出现时,就不是复句,而是单句了。请看实例:

(15)今天午后这一场雷阵雨,反而使天气更闷热了。【单句】

(16)经过午后这一场雷阵雨,天气反而更闷热了。【单句】

不管属于哪一种格式、哪一种句子,使用"反而"的语义背景都是相同的,都包含着A、B、C、D这四层意思,只是在例(11)里,那四层意思是全部显露的,而在例(12)、例(13)、例(14)、例(15)、例(16)里,那四层意思是有所隐含的。现在,我们可以给"反而"使用的语义背景做进一步的概括:

当某一现象或情况的出现,没有导致理应出现的结果,却出现了相悖的结果,这时就用"反而"来引出这相悖的结果。

弄清了"反而"使用的语义背景,我们就可以比较好地把握"反而"的语法意义。因为我们可以将"反而"使用的语义背景融入到它的释义之中,"反而"所表示的语法意义可以这样描写:

"反而"表示,实际出现的情况或现象跟按常情或预料在某种前提下理应出现的情况或现象相反。

这里特别要注意"理应"二字。前面一开始我们所举的例(6)至例(10)这五个病例之所以不能用"反而",就因为这些句子并不具有"反而"使用的语义背景,并不含有"理应"的意思。拿例(6)来说,虽然前后分句有转折之意,但"大家都看电影去了",不存在"'她'也理应去看电影",所以使用"反而"就不合适。可以用纯粹表示转折的"却"。

弄清了使用"反而"的语义背景,并告诉外国学生,我想学生在使用"反而"时就会少犯一些错误。

【实例二】关于用"也"的并列复句。

2012 年我在美国访问期间,有个美国孩子在向我们介绍他的朋友佩雷斯时,说了这么一个用"也"的并列复句,引起了我的注意:

(17)＊佩雷斯是我很要好的朋友,他是犹太人,从小生活在纽约,很喜欢学习中文,除了母语,现在他会说中文,也会说一口流利的英语。

我总觉得最后这两个小句有点别扭。别扭在哪里呢?最后两个小句的次序好像应该倒一下,应该说成:

(17')佩雷斯是我很要好的朋友,他是犹太人,从小生活在纽约,很喜欢学习中文,除了母语,现在他会说一口流利的英语,也会说中文。

这个句子引发我思考这样一个问题:用"也"的并列复句,如果A、B两项在同一个复句中出现,那么该哪一项在前,哪一项在后?

如果不好好思索,可能就会这样回答:那就要看说话人着意要说"谁跟谁类同",如果是要说B跟A类同,那么A在前,B在后;如果是要说A跟B类同,那么B在前,A在后。例如:

(18)他吃了个面包,我也吃了个面包。

(19)我吃了个面包,他也吃了个面包。

例(18)是要说"我"跟"他"类同,例(19)是要说"他"跟"我"类同。情况真就那么简单吗?显然不是,因为例(17)的偏误句已经清楚地表明,并列两项孰前孰后应该有讲究。前人没有谈过这个问题。我们要想纠正外国汉语学习者使用上的偏误,就要自己动手去研究。于是我进一步去挖掘语言事实,搜集副词"也"用于并列复句的语料。经研究发现,包含"也"的并列复句,并列各项孰前孰后情况确实不简单,内中有规律。怎么不简单?规律是什么?这可分两种情况:

第一种情况:A和B在语义上不分主次,孰前孰后,确实完全取决于语境,就看说话人是要说"谁跟谁类同",如上面所举的例(18)、例(19)。

第二种情况:A和B在语义上不平等,孰前孰后就有讲究。比如:

(20)水库可以用来灌溉、发电,也可以用来养鱼。

(21)李学群是中文系的研究生,也在经济系听些课。

例(20)水库的功用有主次之分,灌溉、发电是主要功能,所以得在前;养鱼是次要功用,所以在后。那例(20)就不能说成:

(20')*水库可以用来养鱼,也可以用来灌溉、发电。

例(21)李学群既然是中文系的学生,她当然主要是听中文系的课,辅以听经济系的课,因此听经济系的课居后,是理所当然的。所以那例(21)就不能说成:

(21')*中文系研究生李学群在经济系听些课,也在中文系上课。

再如:

(22)第一批出发的已到达指定地点,第二批出发的也到达指定地点了。

(23)今年老大上大学,明年老二也要上大学了。

例(22)、例(23)A项和B项存在着明显的时间先后顺序,所以不采用下面的说法:

(22')*第二批出发的已到达指定地点,第一批出发的也到达指定地点了。

(23')*明年老二要上大学了,今年老大也上大学。

再如：

(24)到了下午,风停了,浪也小了。

(25)爸爸经过一年治疗,病好了,人也变得有精神了。

例(24)在"风停"和"浪小"之间,例(25)在"病愈"和"精神好"之间,都隐含着情理上的因果关系,常规是因在前果在后,所以它们不能采用下面的说法：

(24')*到了下午,浪小了,风也停了。

(25')*爸爸经过一年治疗,人变得有精神了,病也好了。

还有其他多种类型,这里不细说了。①

上面的事例说明,有了教育责任心,有了专业的知识,有了一定的研究能力,我们就容易发现问题,而且就会去思考和追究根源,并进行研究,设法解决。

但是,在解决问题的过程中如何能确保我们的思考和研究有效呢？我的体会是,在思考与研究的过程中,要善于运用比较方法,而在比较的过程中,要从多角度、多层面、多方位地去考察比较,而且还必须层层深入,反复思考,不断验证。限于篇幅,这里只举一个例子——副词"常常"和"往往"的比较。

"常常"用得多,口语、书面语都用；"往往"是个书面语词,平时用得不是很多。目前一般辞书都注释为"表示某种行为动作或情况经常出现或发生"。而有的干脆直接用"常常"来注释"往往",如《新华字典》(第11版)(2011)的注释：

往往：副词,常常。

这样的注释不影响母语为汉语的中国人对这两个词的使用,因为中国人有丰富的语感；外国学生习得和使用"常常",一般也没什么问题,可是使用"往往"常常出现偏误句。例如：

(26)*她往往说谎。

(27)*克丽丝告诉我,佐拉往往去香港玩儿。

例(26)、例(27)我们不会用"往往",一定用"常常",说成：

(26')她常常说谎。

(27')克丽丝告诉我,佐拉常常去香港玩儿。

显然,仅凭《新华字典》的解释,外国学生会以为"往往"和"常常"的意思、用法是一样的。其实这两个副词有很重要的差异,差异体现在各自使用的条件、使用的语义背景不同。而真要弄清楚"往往"和"常常"各自使用的条件和使用的语义背景,最好的办法是对它们进行对比分析。

我收集了大量语料,进行了细致的对比分析。我从"能否换用"的角度检测那些语

---

① 详见马真(2014)。

料。很容易发现：有的句子，"常常"和"往往"可以互换，例如：

  (28)a.北方冬季常常会有一些人不注意煤气而不幸身亡。
    b.北方冬季往往会有一些人不注意煤气而不幸身亡。
  (29)a.星期天他常常去爬山。
    b.星期天他往往去爬山。
  (30)a.每当跳高运动员越过横杆时，观看的人常常会下意识地抬一下腿。
    b.每当跳高运动员越过横杆时，观看的人往往会下意识地抬一下腿。

有的例子，如下面的例(31)至例(33)就不能互换：

  (31)a.他呀，常常开夜车。
    b.＊他呀，往往开夜车。
  (32)a.那家伙常常赌博。
    b.＊那家伙往往赌博。
  (33)a.这种水果我们那儿很多，我们常常吃。
    b.＊这种水果我们那儿很多，我们往往吃。

为什么例(28)至例(30)里的"常常"可以换说成"往往"，例(31)至例(33)里的"常常"却不能换成"往往"？通过对比分析，很容易找到如下的答案：

  "常常"和"往往"都表示某种事情或行为动作经常出现或发生；可是用"往往"，前面一定得先说出某种前提条件，说明在某种条件下，某种事情或行为动作经常出现或发生，"常常"则没有这个限制。

可是，我在不能互换的语料中发现了新的情况：有的虽然说了条件，还是只能用"常常"，不能用"往往"，即不能互换。请看：

  (34)以后周末，你要是没事儿，常常去看看姥姥。
  (35)明年回上海，你得常常去看看她。

例(34)、例(35)里的"常常"就不能换用"往往"，即不能说成：

  (34')＊以后周末，你要是没事儿，往往去看看姥姥。
  (35')＊明年回上海，你得往往去看看她。

这又为什么？经对比分析发现，前面能换着说的例句，说的都是过去的事；而不能换着说的例(34)、例(35)说的则是"未来"的事。看来我们原先的看法只注意到了条件，没注意时态，那答案显然宜修改为：

  在交待前提条件的情况下，"往往"只用来说过去的事，即过去在某种条件下某种事情或行为动作经常出现或发生。"常常"则不受这个限制。

得出上面的结论后，在语料里又发现了下面这样的实例：

(36)去年冬天我常常去滑雪。

(37)上个星期我常常接到匿名电话。

例(36)、例(37)都交代了条件,说的也都是过去的事,但还是不能用"往往"去替换,即不能说成:

(36')*去年冬天我往往去滑雪。

(37')*上个星期我往往接到匿名电话。

这又是为什么?如果在这两个句子里加上某些词语,就又可以用"往往"了。请看:

(38)去年冬天每到周末我往往去滑雪。

(39)上个星期晚上9点我往往接到匿名电话。

例(36)、例(37)加上某些词语成为例(38)、例(39)后,所说的事情或现象具有明显的规律性,而原先例(36')、例(37')所说的内容不含有规律性。于是,对于"往往"与"常常"的差异又获得了下面新的认识:

"往往"只用来说明根据以往的经验所总结出的带规律性的情况(多用于过去或经常性的事情),"常常"不受此限制。

这个新的结论看起来比较周全了。我曾在一次国际学术研讨会上发表了这个看法,获得了大家赞同,所以就写进了2004年我在商务印书馆出版的《现代汉语虚词研究方法论》一书中。可是后来发现还有问题。按上面这个结论,使用"往往"会受到限制,使用"常常"不受限制。"常常"在使用上真不受限制吗?下面的实例做出了否定的回答。请看:

(40)高房子往往比较凉快。

(41)南方往往比较潮湿,北方往往比较干燥。

例(40)、例(41)却只能用"往往",不能用"常常",不能换成:

(42)*高房子常常比较凉快。

(43)*南方常常比较潮湿,北方常常比较干燥。

这说明原先的结论还需要进一步修改为:

某情况如果只具有经常性,不具有规律性,只能用"常常",不能用"往往";如果既具有经常性,又具有规律性,"常常"和"往往"都可以用;而如果只具有规律性,不具有经常性,则只能用"往往",不能用"常常"。

这个新的结论我写进了2016年出版的《现代汉语虚词研究方法论》(修订本)。

新的结论中说"如果既具有经常性,又具有规律性,'常常'和'往往'都可以用"。事实上,用"常常"还是用"往往",从说话的角度、从突显的意思来看,二者还是有差异的:用"常常"意在突显某情况出现的经常性,用"往往"意在突显某情况出现的规律性。至此我们可以将"常常"和"往往"使用的语义背景分别表述为：

  "常常"用来说明情况的发生或出现具有经常性；所说情况不含经常性，不能用"常常"。

  "往往"用来说明根据经验，某情况的发生或出现具有规律性；所说情况不具有规律性，不能用"往往"。

从对"往往"与"常常"的对比分析中，我们可以看到，当自己在研究中获得某种看法后，一定要反复思考，不断验证。这样做的目的有两个：一是使自己的结论经得起推敲，要知道，反复地否定自己是为了更好地肯定自己；二是使自己养成反复思考的良好习惯，而这种习惯是科学研究所必需的。

三、结束语

  上面讲的内容当然不适合在汉语教学的课堂上去讲。我之所以要讲这些内容，是要强调说明，作为汉语教师，一定要有高度的教育责任心，要有研究意识和一定的分析问题、解决问题的研究能力，要肚子里有"货"。这样，才能使自己在教学中得心应手，游刃有余，才能不断提升教学水平、提高教学质量。

参考文献

陆俭明、马　真(2016)，《汉语教师应有的素质与基本功》，外语教学与研究出版社。
吕叔湘主编(1999)《现代汉语八百词》(增订本)，商务印书馆。
马　真(1981)《简明实用汉语语法》，北京大学出版社。
马　真(2014)包含副词"也"的并列复句句式及其他，《世界汉语教学》第 1 期。
马　真(2015)《简明实用汉语语法教程》(第 2 版)，北京大学出版社。
马　真(2016a)《现代汉语虚词研究方法论》(修订版)，商务印书馆。
马　真(2016b)说说目前辞书的释义，《辞书研究》第 5 期。
中国社会科学院语言研究所词典编辑室(2011)《新华字典》(第 11 版)，商务印书馆。
中国社会科学院语言研究所词典编辑室(2016)《现代汉语词典》(第 7 版)，商务印书馆。

(100871　北京，北京大学中文系)

"随便"的语义研究及其教学探索*

宋璟瑶

摘　要:现代汉语常用词"随便"具有多种词性和语义。以语料考察为基础,认知角度的语义分析揭示出,书面语体中出现的"随便"绝大多数为形容词性,核心语义为"对某种限制的任意违反"。其意象图式又产生若干变体,形成数个次级义项。动词、连词性的"随便"主要出现于口语体中,可由形容词语义逐步推演而得。这些义项共同组成以核心义为原型的语义范畴。

关键词:随便;语义研究;认知语言学;对外汉语

一、研究背景

"随便"作为现代汉语常用词,在《现代汉语八百词》(增订本)(1999)(以下简称《八百词》)中的解释为:

【形容词】①不在范围、数量等方面加以限制。

②怎么方便就怎么做,不多考虑。

【连词】无论;不管。

但从对外汉语教学的角度出发,这种以词性为纲的简单义项划分与释义在质和量上都难以满足需求。仅从《八百词》为形容词义项①所举的例子来看:

(1)不能随便表态。

(2)这种谈话方式很随便。

以上两个例子都难以用"不在范围、数量等方面加以限制"来解释。例(1)中的"随便"有"轻易、不认真"的含义,例(2)中"随便"则有"不严肃、非正式"的意味。

再来看形容词义项②的例子:

---

* 本文曾在"第四届语言学与汉语教学国际论坛"上宣读,并获得"孙德金青年优秀论文奖"入围奖。在此感谢会议现场的各位点评专家,导师杨德峰教授、匿名审稿专家、《对外汉语研究》编辑部都曾为本文提出宝贵意见,一并致以衷心感谢!

(3)我说话很随便,请你不要见怪。

(4)上课时怎么能随便走出走进。

这里例(3)中"随便"的语义很难说与义项①的例(2)有何区别,例(4)中的"随便"与其说是"不多考虑",不如说是"不遵守纪律的限制"。由此可见,《八百词》对"随便"的义项划分与释义存在着过分简化语言事实且相互交叉的问题。

《现代汉语词典》(第7版)对"随便"一词的处理有了极大的进步。具体如下:

【动词】【离合词】按照某人的方便。

【形容词】①不加限制;没有明确目的。

②(言行)不多考虑;不慎重。

③不讲究;凑合。

【连词】任凭;无论。

与此前相比,这一版本的义项划分与释义可以说捕捉到了语言使用中的复杂表义状况,具有一定的敏锐度。动词词性的增加也符合语言事实。但具体观察可以发现,这种处理仍然存在一定的问题。

其一,释义不够明确。例如:

(5)用只有陈一平能听见的声音咬着牙一个字一个字地说:"你要想告发,随便你!"(CCL①)

这里作为动词的"随便"解释为"按照你的方便"似乎不太准确。再看几个形容词的义项,义项①中"不加限制"和"没有明确目的"归为一类有些勉强,义项②、③的释义都难以概括上文例(2)和例(3)的用法。另外,这些释义的措辞都有模糊、欠明晰的问题,母语者差可理解,对于将汉语作为第二语言的学习者来说尚显不足。

其二,这种义项的平列方式抹杀了同一个词不同义项之间可能具有的关联性。缺少了这种有机的联系,会给对外汉语教学和学生的理解与记忆带来难度。

以上问题的产生,究其原因,是未能深入地了解"随便"一词的核心语义及其引申变化的机制,难免"随文释义",不能抓住每个义项的本质所在,以及各义项之间的联系。

前人研究中,针对"随便"进行的主要是历时考察(王霞,2010),以及"随便"与"随意"的对比研究(王刚,2006;郭笑,2013;姜礼立、郭笑,2016;姜礼立,2016)。"随便"的教学研究仅见韩志刚、董杰(2014)对其单独做应答语时的得体性的探讨。

总的看来,现有研究对"随便"及其形近义近词语的历时演化过程与机制已有了比较深入的探索和较为成熟的结论。但共时层面的研究仍停留在对表层句法形式的机械

---

① 标注"CCL"的语料来自北京大学中国语言学研究中心CCL语料库。

统计,未能触及其背后的语义机制,特别是对口语中的使用规律没有充分展开研究,更缺少面向对外汉语教学需求的探讨。

本文在相关研究的基础上,以语料分析为依据,对"随便"的语义和使用规律进行考察,利用认知模型理论和言语行为理论,重点揭示书面语体中形容词性"随便"的核心语义及其引申机制,以及口语体中动词性"随便"的语义和常见用法。并在此基础上开展针对对外汉语词汇、语法教学的讨论。

二、"随便"的语义分析

2.1 "随便"的词性分布

我们在国家语委"现代汉语语料库"中以"随便"为对象检索到435条语料,其中5条因缺少足够信息难以分析,判定为无效语料,余下430条语料中"随便"的词性分布情况如表1:

表1 书面体语料中"随便"的词性分布

分布情况	词性			总计
	形容词	连词	动词	
用例数	406例	16例	8例	430例
比例	94.4%	3.7%	1.9%	100%

由于该语料库是一个综合了各类书面语体裁的平衡语料库,因此我们可以认为,在现代汉语书面语体中,形容词是"随便"最为常用的词性,在分布上占据绝对优势。本文将以"随便"的词性为纲分别开展语义分析和讨论,然后进行跨词性的语义关联探索,并在连词、动词的讨论中依据使用情况适当补充其他语体的语料,试图揭示现代汉语中"随便"的义项分布面貌、语义和词性之间的匹配状况,以及义项之间的关联。

2.2 形容词"随便"的语义分析

有些研究看到了形容词"随便"表义的多样性,并进行了多种多样的概括,例如王刚(2006)总结出"不在乎、不认真""随和""容易""轻易"等意义,郭笑(2013)则概括了"随和""无奈""尊敬""不在乎""不严谨"等用法。

我们认为,形容词"随便"的确具有多种语义,但以上观点有的混淆了具体使用中的语境义和词语本身的意义,对词义进行了不必要的拓展。王刚(2006)也提到,"'随便'最主要的意思在于它可以表示'任意性'……'不受各方面的制约'"。我们赞同这种看法,即多义词语的语义分析要找到最为核心、本质的意义,据此分析其他义项与该核心语义的关系。

通过语料分析我们发现,形容词"随便"出现最多的用法是以下这种情况:

(6)战士随便放枪是违反纪律的。(CNC①)

(7)但这绝不是说,工人和农民就可以不遵守宪法和法律而可以随便犯法。(CNC)

(8)他不能够随便违反公认的语言习惯。(CNC)

这种"随便"的使用涉及以下要素:一是,事件参与者的主观意愿;二是,客观存在的某种限制;三是,主观意愿不受约束;四是,对该限制的违反。具体到以上几个例子,例(6)"随便放枪"是"战士"对"纪律"的任意违反,例(7)"随便犯法"是"工人和农民"对"宪法和法律"的任意违反,例(8)"随便违反公认的语言习惯"是"他"对"语言习惯"的任意违反。

我们可将这种语义抽象为一种意象图式(image schema),属于理想的认知模型(Ideal Cognitive Model)或称 ICM 的一种。ICM 是认知语言学中的重要概念之一,由 Lakoff(1987)提出,它是人类关于客观世界的一种模式化的认识,具有定势化、完形化的特征。ICM 是人类认识事物的主要认知工具,也是语言创制与发展的重要依据,包括命题模型、意象图式模型、隐喻模型和转喻模型四种主要类型。其中意象图式是人们从某类特定事物或情境抽象出的心理表征,是新事物得以被概括、归类进而纳入认知结构的手段(Langacker,1990;Croft & Cruse,2004)。据此,形容词"随便"的主要用法及前文所分析的语义各要素也可以抽象为一种意象图式,见图1:

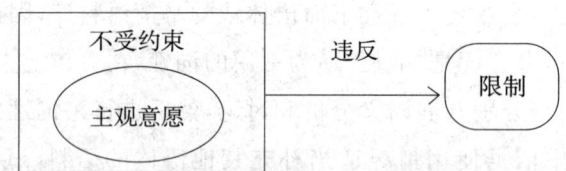

图1 "随便"核心语义的意象图式

此外,也有其他多种多样的事物可以成为该意象图式中的"限制",例如:

(9)配乐的结束更不能随便停止,而应在一个乐句完了之后。(CNC)

(10)决不能凭空设想,随便臆造事实上不存在的化学反应或不存在的物质。(CNC)

(11)在剧场里欣赏音乐,假如有人不愿意听,而是随便说话、走动、起哄,便会有人斥责他们没教养。(CNC)

例(9)中"随便"是对音乐规律的任意违反,例(10)中是任意违反了化学原理,例

---

① 标注"CNC"的语料来自国家语委现代汉语语料库。

(11)任意违反的则是特定公共场合的礼节。语料中,此类用法的"随便"共有182例,在全部形容词用例中占了44.8%,因此"对某种限制的任意违反"是形容词"随便"的主要用法。

除此之外,语料中还有超过一半的形容词"随便"无法归入主要语义的用法,例如:

(12)毛泽东同志说:"语言这东西不是随便可以学好的,非下苦功夫不可。"(CNC)

(13)如果上级布置给侦察员的任务只是随便看看的话,他的记忆效果就会明显不如前者。(CNC)

(14)虽是小镇上的剧场,观众的服饰比较随便,但是秩序井然、悄然无声,只有舞台上演到精彩处时才爆发出热烈的掌声。(CNC)

(15)他们觉得,既然是夫妻了,就应该越随便越好。(CNC)

(16)不论走到哪里,你随便拉一根麦穗量一量,都有五寸来长。(CNC)

(17)这不是随便一个外国人所能看透的。(CNC)

(18)有次我到同学家,看他桌子上丢了一本流行小说,随便翻翻,发现里面居然是这样的情节……(CNC)

(19)每到上午九、十点钟,刘冠一总要到外边随便走一走。(CNC)

可以看到,例(12)和例(13)中的"随便"侧重于态度上的不认真、不重视、不付出努力。例(14)和例(15)中的"随便"表达了不正式、不庄重的意义。例(16)和例(17)中,"随便"是随机、没有特定对象的意义。例(18)和例(19)中的"随便"则表达了一种行为无明确目的的状况。

以上语义体现出,当社会生活中某些观念或做法是普遍存在的,对它们的违反也是十分常见的,对这种情形进行抽象化、概念化的"随便"就会固定下来,成为具有独立性的次级义项。其中,"不认真、不费力"的意义违反的是"做事情应当付出努力"的原则,"不正式、不庄重"的意义违反了人际交往中"礼貌、尊重"的原则,"随机"的意义违反了"做事情要遵循一定规律"的原则,"无目的"的意义违反的则是"做事情要有一定的目标"的原则。

以上原则都是日常生活、社会活动中被广泛接受的基本观念或行为习惯。与图1所示的义项相比,这里所违反的不再是法律、科学原理、社会规约等显性存在的"限制",而都是不成文的、存在于多数人主观认识当中的一些共识。在图1的意象图式中,如果把客观的"限制"替换为这些更具有主观性的"约定俗成",将形成若干意象图式的变体,代表了"随便"的次级义项,见图2:

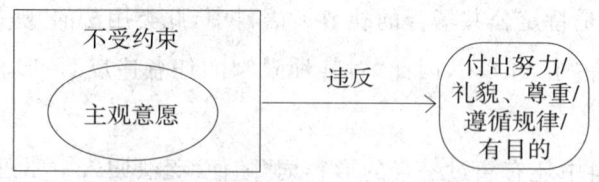

图 2 "随便"的意象图式变体

从语料分布的统计结果来看,"不认真、不费力"的意义共出现 59 例,在全部形容词"随便"的用例中占 14.5%。"不正式、不庄重"的用法共 49 例,所占比例为 12.1%。"随机"义的用例共有 47 例,所占比例为 11.6%。而"无目的"的意义出现了 37 例,所占比例为 9.1%。可见,这些义项在使用频次和频率上区别不大,表达功能强度几乎等同,在汉语使用者的心理认知上也具有较为类似的地位。

另外一类形容词"随便"的用法则是语义认知模型向另一方面演变的结果。例如:

(20)仓库里的东西很多,你们随便用吧。(CNC)

(21)他把她抛弃了,就像丢掉一只旧鞋子一样地随便。(CNC)

此类用例中的"随便"很难判定是违反了什么具体的限制,反而传达的是一种"随心所欲、任意而为"的含义。我们认为,与前述四种义项相比,这是主要语义另外的组成要素"主观意愿不受拘束"被单方面突显(profile)的结果。认知语言学认为,对于同一个事物或情境,由于所选择的视角不同,突显了不同的要素,所产生的认知模型也会有所不同,进而体现为语言表达的差异。(Langacker,1990)体现在形容词"随便"的意象图式中,当说话人只强调行为主体的意愿不受任何限制,并不关心限制的内容究竟是什么,就会产生如图 3 的意象图式变体:

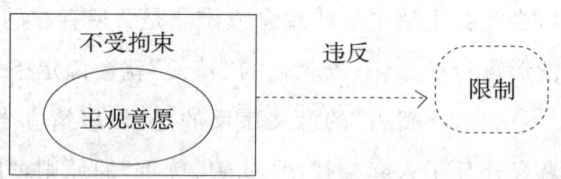

图 3 "随便"的另一种意象图式变体

图 3 中,虚线表示这部分概念没有被语言表征出来。这种"任意而为"的义项在语料中共出现 32 例,所占比例为 7.9%,略低于其他四个义项,但差距不明显。

从以上的意象图式分析可以看出,"对某种限制的任意违反"这一语义具有基本、上位、概括性强的特点,其他几个义项的语义都可说是由之经过略微变化而来的变体。结合语料中的分布比例,我们将出现频率最高、意象图式最典型的这一用法看作形容词"随便"的核心义项,其他 5 个则是从核心义项中派生出的次级义项。

综上,我们依据真实语料的表现与认知角度的语义分析,将形容词"随便"的义项及其相互关联总结如图4:

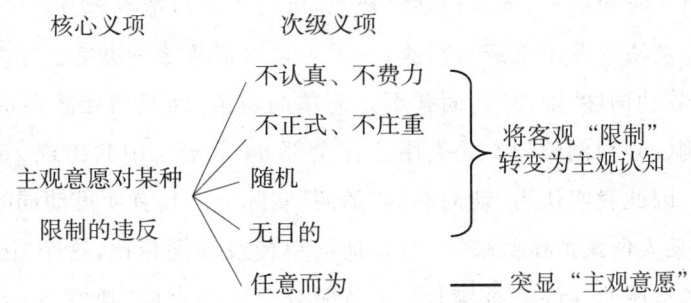

图4 形容词"随便"的总体意象图式

我们看到,形容词"随便"的各个义项实际上形成了认知语言学中的"原型范畴"(prototypical category)(Rosch,1973;Rosch & Mervis,1975)。其中,具有该范畴全部特征的核心义项是这一范畴中的原型(prototype),其他各次级义项都与该原型之间有一定的差异,成为范畴中的非原型成员。同时这些成员之间都以一定的家族相似性(family resemblance)彼此关联,构成形容词"随便"的语义范畴。

此外,相关研究提到的"随便"可以有 AABB 式的重叠用法,也仅限于形容词性。语料中,我们发现了29例"随随便便",都是作为形容词使用,语义分布与"随便"大致类似,其中13例表达核心语义,9例为"不正式、不庄重",5例为"不认真、不费力","无目的"与"任意而为"各1例,"随机"义未见使用。

2.3 动词与连词"随便"的语义分析

前文提到,书面语体的语料中出现的绝大多数是形容词性的"随便",相关研究也多认为,动词、连词性的"随便"主要用于口语体中。因此,为了探讨动词性"随便"的使用规律,必须有意识地改变研究材料的语体,在口语语料中寻找足够的样本。我们采用了中国传媒大学开发的"媒体语言语料库",以"随便+名词""随便+代词"为条件进行检索,对所得结果进行人工干预,共得到动词性"随便"的语料34例。现有权威工具书中,对动词性"随便"的示例往往仅限于"随便你"一类的用法。而在语料中,作为动词的"随便"呈现出了更为多样的搭配。

首先,虽然绝大多数动词性"随便"的宾语都是人称代词,例如:

(22)他的东西都随便我们看,我们喜欢看他的东西,因为他文笔好。(MLC①)

---

① 标注"MLC"的例句来自中国传媒大学"媒体语言语料库"。

(23)我跟他说,我已经报警了,他说随便你。(MLC)

但仍有个别的宾语由名词充当,共有 2 例:

(24)放牛班的孩子,老师们就比较松,随便孩子们念不念书。(MLC)

(25)公共决定要不要经过预算,可不可以随便领导一决定就可以做。(MLC)

其次,大多数动词性"随便"后面并不是简单的宾语,而是后接述谓成分,形成兼语句,如例(22)、例(24)和例(25)。此类用法在全部 34 例语料中共出现 26 例,其比例超过了四分之三。因此我们认为,动词性的"随便"实际上已具有使役动词的性质,所包含的语义是"允许某人任意地做某事"。与其他简单使役动词相比,这个"随便"的语义增加了对客体主观意愿的容许。而与上一小节所分析的形容词"随便"的语义相比照,这一动词的语义最接近于"任意而为"的义项,只是在其中增加了一个"允准"的主体。因此,动词性的"随便"实际上是来自形容词"随便"的其中一个义项,尽管词性不同,它们在语义上的联系仍然可以辨识。其意象图式如图 5:

图 5 动词"随便"的意象图式

再次,这类"随便"句中往往会出现"任指"或"任意性选择"的表达,以强化允许客体以其主观意愿任意而为的含义。例如:

(26)就是比谁游得快,什么姿势随便你。(MLC)

(27)要打要骂,随便你们。(MLC)

(28)随便你去一个地方,山西、内蒙、河南什么的,只要是有污染的地方。(MLC)

(29)他说行,随便你们,爱怎么搞就怎么搞。(MLC)

这种强化任意性的成分也会直接整合进"随便"小句,成为兼语句的后半部分,例如:

(30)所以我们就支持,随便他做什么选择。(MLC)

(31)既然洪大哥和洪姑娘都在替他说话,随便你喜欢怎么样吧。(MLC)

我们看到,这种动词性"随便"构成的兼语句实际上已经和"无条件"的条件复句中的偏句十分相似。可以想见,下一步的发展方向便是后跟带有"都""也"等副词的小句,构成真正的偏正复句的同时,"随便"也变为连词的性质,意义也随之虚化,例如:

(32)随便我们要做什么东西,都必须要有原材料。(CNC)

(33)我想把这个古老的社会,随便在组织上,或思想上,都需要重新建设过才是。(CNC)

历来工具书以及前人研究对连词性的"随便"争议较少,对其语义及用法的概括基本达成了一致。作为连词,"随便"用于引导"无条件"类逻辑关系,其后的成分中要有表示任指的疑问词,或是表示选择关系的并列成分,其后常有"都/也"等副词呼应。其意义和用法与"无论""不管"基本相同,只是连词"随便"主要用于口语。

相关历时研究都认为,连词的"随便"来自于形容词,是形容词进一步虚化的结果。而上文语料考察的结果却显示,连词"随便"和使役动词"随便"之间在句法和表义上的关系更为密切。

最后,工具书普遍认为动词性的"随便"具有离合词的性质,其分离形式如:

(34)要砍要杀随你们的便,怕死就不是共产党员!(CCL)

(35)如果孩子不愿意按玩具的说明书去玩,就随他的便,不要去干涉他。(CCL)

但从历时研究的共识来看,"随便"一词的前身是述宾短语"随+X(的)+便",意为"依据……的方便"。类似例(34)和例(35)这种用法只能说是述宾短语的残留。如果认为先有动词"随便",再有其分离形式,反而是本末倒置了。但随着"随便"成词后的语义发展,"随+X(的)+便"的意义也发生了变化,不再强调"方便""便利",而是和动词性的"随便"一样,表示"任凭对方随意而为"的意义。该短语中,能充当"X(的)"的成分也变得十分有限,语料中出现的绝大部分都是"随你/你们/他/他们的便"。仅有个别如"随兄弟们的便""随您先生的便""各随各便"的用例,并且"X(的)"的音节数基本不超过3个。

至此,我们依据语料考察与语义分析,将"随便"的语义总结为图6:

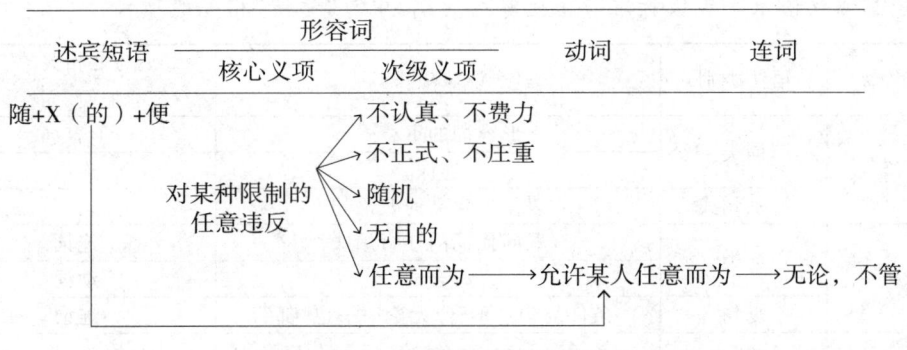

图6 "随便"的语义网络

如图6所示,"随便"的形容词性具有一个核心义项和若干次级义项,从次级义项之一引申出的一个义项在词性上也发生了变化,成为动词,又进而引申出连词的义项。可见,词语的语义和句法性质之间有着并非一一映射的关联。语义的引申可能但并不一定会伴随着句法上的变化。这就需要我们在研究和教学中,既分清不同的类别,又认识到其中所存在的联系,做到准确反映现代汉语的面貌。

三、"随便"的教学探讨

在《汉语水平词汇与汉字等级大纲》(修订本)(2001)中,"随便"被归入乙级词汇。但从前文的结论可以看到,"随便"存在着三种不同的词性,并且其语义和用法均有一定的差异。因此,教学中不能笼统地将"随便"作为一个教学项目,混淆其不同的词性,而应当将形容词、动词和连词的"随便"作为三个不同的生词或语言点进行教学。其教学顺序应安排如下:

形容词(核心义项→次级义项)→动词(→述宾短语)→连词

关于述宾短语的处理,我们认为,虽然从历时发展关系来看,"随X(的)便"是早期述宾短语的残留,但在现代汉语中,这一形式的意义已经发生了变化,被动词性的"随便"所同化,且使用条件有所限制。对于汉语水平有限的学习者来说,不必介绍汉语发展历史的知识。因此,在教学中,将"随X(的)便"处理为离合动词"随便"的分离形式,也是一种高效合理的操作。

从语料的考察中我们发现,每种词性的"随便"都有其分布的特定句法环境和使用条件,需要具备相应的语法知识储备作为习得的起点。我们以《汉语水平等级标准与语法等级大纲》(1996)为参照,甄选其中与"随便"各词性、各义项的习得有关的内容,结果见表2:

表2 《汉语水平等级标准与语法等级大纲》中与"随便"相关的项目

语言等级	语法类别	语法项目	与之相关的"随便"词性
甲级	词类	形容词的重叠式	形容词
		连词	连词
	特殊句式	表使令含义的兼语句	动词
乙级	词类	疑问代词的任指用法	连词
		离合词	动词
	复句	条件复句:"不管/无论……也/都"	连词
丙级	——	——	——
丁级	构词法	复合法:动宾式	动词
	复句	条件复句:"任凭……也/都"	连词

对表2中内容的阐释如下:对于形容词性的"随便",学习者仅需要掌握形容词的特性与用法,及其重叠式的知识。对于动词性的"随便",学习者需要掌握兼语句的结构,以及使役动词的用法。另外,"随X(的)便"还要求学习者对离合词有所了解。对于连词性的"随便",学习者需要掌握的基本知识包括:对连词的了解,疑问代词的任指用法,以及"无条件"的条件复句。笔者认为,"随便"的每个词性、义项都应当在此基础上确定最合理的教学时机。

丁级语法项目中包括了构词法知识。在介绍"动宾式"复合词后,可以适当补充"随便"的前身"随X(的)便"的知识。丁级还出现了"任凭"构成的条件复句。"任凭"一词兼具动词与连词的身份,与"随便"的相应词性在语义和用法上十分相似,区别在于"任凭"主要用于书面语体。因此,在"任凭"的教学中可以对"随便"加以复习和辨析。

从语料分布可以看到,书面语体中出现的"随便"绝大多数为形容词性,且多出现于并非十分正式的文本,或是人物对话当中。而动词性、连词性的"随便"基本上用于口语体中。这种分布上的语体偏好也提示我们,应将不同词性的"随便"安排在不同的课型进行教学。

前文已经论述了"随便"一词具有多种词性、多样的语义,因而在教材和面向学习者的工具书中不能仅对它进行单一的解释,而应当考虑其词性、义项的多样性和复杂性,分别释义,并辅之以恰当的例句,让学习者能够掌握准确的语义和用法。

四、结 语

本文在总结前人研究得失的前提下,以两种语体的语料考察为依据,揭示了现代汉语中"随便"一词具有的形容词、动词、连词三种词性,并基于认知语言学理论,探讨了该词所代表的意象图式及其形成的语义网络。其中,形容词"随便"的核心语义"对某种限制的任意违反"是该范畴的语义原型,由此产生的形容词性的其他次级义项,以及在此基础上衍生出的动词性、连词性的语义则是范畴中的非原型成员,彼此以一定的家族相似性关联起来。

笔者认为,对于将汉语作为第二语言的学习者,一个一个"词语"的具体意义、用法是他们直接面对与迫切需要了解的信息。本文从语料考察,到理论探讨,再到教学设计的思路,体现了教学中对每一个具体词语处理方式的关注,或可为对外汉语教学中具体词语的研究和处理提供借鉴。

参考文献

国家对外汉语教学领导小组办公室汉语水平考试部(1996)《汉语水平等级标准与语法等级大纲》,高等教育出版社。
国家汉语水平考试委员会办公室考试中心(2001)《汉语水平词汇与汉字等级大纲》(修订本),经济科学出版社。
郭　笑(2013)基于语料库的"随意""随便"的多角度辨析,《乐山师范学院学报》第6期。
韩志刚、董　杰(2014)不能随便用"随便",《国际汉语教学研究》第1期。
姜礼立(2016)基于语料库的"随意"和"随便"句法比较研究,《常州工学院学报》(社会科学版)第4期。
姜礼立、郭　笑(2016)动宾式双音词词汇化的共性与个性——以"随意"和"随便"为例,《古汉语研究》第3期。
吕叔湘主编(1999)《现代汉语八百词》(增订本),商务印书馆。
王　刚(2006)"随便"与"随意"的用法及比较,《现代语文》(语言研究版)第10期。
王　霞(2010)"随便"的词汇化和语法化——兼论述宾短语演化的一般规律,《云南师范大学学报》(对外汉语教学与研究版)第5期。
中国社会科学院语言研究所词典编辑室(2017)《现代汉语词典》(第7版),商务印书馆。
Croft, W. & D.A. Cruse (2004) *Cognitive Linguistics*. Cambridge: Cambridge University Press.
Lakoff, G. (1987) *Women, Fire and Dangerous Things*. Chicago: The University of Chicago Press.
Langacker, R.W. (1990) *Concept, Image and Symbol*. New York: De Gruyter Mouton.
Rosch, E. (1973) Natural Categories. *Cognitive Psychology*, 4(3): 328—350.
Rosch, E. & C.B. Mervis (1975) Family Resemblances: Studies in the Internal Structure of Categories. *Cognitive Psychology*, 7(4): 573—605.

(201306　上海,上海海事大学外国语学院)

合成词的语义透明度:理论与实证*

宋贝贝[1] 王意颖[2]

摘　要:语义透明度是合成词的重要属性,围绕语义透明度的研究涉及理论和实证两大方面。在理论研究方面,关于其定义、分类、影响因素的探讨比较成熟,但仍存在一定的研究空间,如分类有待精细化,面向二语习得的语义透明度影响因素的研究有待开展等。在实证研究方面,关于语义透明度在合成词表征、识别、加工及词汇学习领域所发挥的作用,都通过一系列实验得到了揭示,却也存在着一些问题,如研究多从第一语言的角度关注语义透明度对合成词表征、识别和加工的影响,缺乏从第二语言习得角度对合成词的观照;多因素影响语义透明度的实证研究有待加强;语义透明度在词典编纂、计算语言学领域内的研究需进一步开展。

关键词:语义透明度;合成词;影响因素;理论;实证

〇、引言

在英语、意大利语、荷兰语、汉语等多种语言的合成词理解与学习中,语义透明度(semantic transparency)都被看作重要因素之一。语义透明度指通过合成词的成分(语素)意义推知词义的难易程度。(Libben,1998;李晋霞、李宇明,2008)"合成词包括词根加词根构成的,也包括词根加词缀构成的。"(张斌,2008)前者是复合词,后者是派生词。

语义透明度是复合词的一个属性。如汉语、英语复合词"古城""doorbell"的意义很容易由语素义直接推知,语义透明度很高;"马上""deadline"的意义不能由语素义推知,语义透明度很低;"师母""strawberry"意义的一部分可以由语素义推知,语义透明度既

---

* 本研究得到2019年教育部人文社会科学研究一般项目"外国留学生习得不同语义透明度合成词的实证研究"(项目编号:19YJC740066)、中国博士后科学基金项目"面向国际汉语教学的复合词语义透明度研究"(项目编号:2016M 59 2559)的资助。《对外汉语研究》匿名审稿专家为本文提出了宝贵意见,在此向审稿专家及编辑部致以诚挚的谢意!

不是很高也不是很低。

语义透明度也是派生词的一个属性。如英语派生词"happiness""unhappy"的意义可以通过它们的词根"happy"和词缀"-ness""un-"的意思直接推测出来,语义透明度很高。"department""release"的词义完全不能通过词根形式"depart""lease"及词缀"-ment""re-"的意思而推知,语义透明度很低。(Marslen-Wilson et al.,1994)

近些年来,语义透明度逐渐成为语言学界及心理学界关注的热点问题。已有个别研究对语义透明度的研究现状进行过梳理和评述。纪雅婷(2014)从不同 SOA(Stimulus Onset Asynchronies)中透明度对词汇识别的影响、不同位置语素的透明度对词汇识别的影响、不同使用频率下透明度对词汇识别的影响、不同掩蔽启动任务对词汇识别的影响等四个方面对相关研究进行了介绍。吴瑾(2016)对复合词表征和加工中语义透明度与使用频率、语义透明度与构成语素中心性的交互影响的研究进行了评述。

可见,目前的综述性研究仅仅对语义透明度影响词汇识别、表征和加工这些方面的研究进行了梳理,限于对实证研究的介绍,并未系统梳理语义透明度研究的其他方面,比如语义透明度的理论研究现状如何?这可能会涉及语义透明度的定义、分类、影响语义透明度因素的研究等诸多方面。语义透明度的实证研究现状如何?这不仅包括语义透明度对合成词的心理表征、加工和识别的影响研究,也包括语义透明度对词汇学习和教学的影响研究。总之,语义透明度诸多方面的研究都有待全面、系统地整理和评述。

因此,本文拟从理论和实证两方面展示合成词语义透明度的研究现状,旨在全面分析其研究特点,指出现有研究的不足及未来研究的发展方向和趋势。

一、语义透明度理论研究

国内外语言学界和心理学界对语义透明度理论的探讨主要集中在如下方面:语义透明度的定义、类型、判定条件和影响因素。相关研究结果逐步细化、全面化,体现出语义透明度理论研究向纵深发展的趋势。

1.1 语义透明度的定义

"语义透明"这一概念较早出现于 Ullmann(1962)的 *Semantics:An Introduction to the Science of Meaning* 中,作者提出了透明词(transparent words)和隐晦词(opaque words)的概念。之后,国内外心理学领域、语言学领域都对语义透明度进行了界定。

1.1.1 心理学领域的定义

国内外心理学界一般认为,语义透明度是合成词语义从各词素语义推知的程度(王春茂、彭聃龄,1999),即合成词与词素(语素)间的语义相关程度(Zwitserlood,1994;周海燕、舒华,2008)。语义透明度可以代表合成词是否可以依据语素去理解、是否在心理词库中有自己的表征(Libben et al.,2003)。能够按照语素义去理解,在心理词库中属于分解表征的合成词(如"carwash")语义透明,反之,语义不透明。

1.1.2 语言学领域的定义

与心理学领域的定义相似,国内外语言学界也认为,语义透明度指合成词的意义从它的构成成分意义推知的程度(李晋霞、李宇明,2008;干红梅,2008;Li et al.,2015),操作性定义是合成词的意义和其构成成分意义的相关程度(任敏,2012;Schäfer,2018)。如"微风""fullmoon"的意义推知程度、语素和整词语义相关程度很高,语义透明,"龙眼""hogwash"的意义推知程度、语素和整词语义相关程度很低,语义不透明。

1.2 语义透明度的分类

总体上看,语义透明度分类经历了二分法、三分法和四分法的逐步细化的过程,每种划分方法都各有特点。

1.2.1 二分法最为简单、粗疏

Ullmann(1962)把词语分为透明词和隐晦词之后,诸多研究多沿用此分类,将语义透明度划分为"透明""不透明/隐晦"两类(Sandra,1990;Marslen-Wilson et al.,1994;王春茂、彭聃龄,1999;徐彩华、李镗,2001;Dohmes et al.,2004;干红梅,2008;Diependaele et al.,2009)。如"teaspoon"为透明类,词义完全能够通过语素义推知,"buttercup"为不透明类,词义完全不能通过语素义推知。

这种分类最为粗疏,无法涵盖语义透明度的所有类型。事实上,有相当一批合成词的语义透明度处于"透明"和"不透明"的中间地带,如"jailbird""师母"等既非透明类,也非不透明类,语素"jail"和"师"的意义对推知词义起到提示作用。因此,二分法没有准确反映语义透明度的各种类型,不利于揭示每种类型的特点。

1.2.2 三分法涵盖主要类型

在二分法基础上,有的学者对语义透明度分类进行了细化,采用了三分法。Zwitserlood(1994)把语义透明度分成完全透明(fully transparent)、部分隐晦(partially opaque)和真正隐晦(truly opaque)三类,如英语合成词"milkman""jailbird""blackguard"分别属于这三类。与二分法相比,三分法增加了"部分隐晦"类,这类合成词的一个语素义与词义无关,也就是通过构成语素义可以推出词义的一部分,语义透明度处于透明和不透明之间。因此,三分法弥补了二分法的不足,大体上涵盖了语义透明度的主要类型。

1.2.3 四分法更加细致

合成词由两个或两个以上的语素构成,其中的中心语素是否透明会成为影响语义透明度的重要因素。近些年来,许多研究者采用四分法,把语义透明度分为 TT(如"bedroom")、OT(如"chopstick")、TO(如"shoehorn")、OO(如"deadline")四类(Libben et al.,2003;Frisson et al.,2008;Mok,2009;Li et al.,2015;Gagné & Spalding,2016)。T 代表透明(transparent),即语素义和词义有直接关系,O 代表不透明(opaque),即语素义和词义无关。在这四种类型中,TT 对应三分法的"完全透明"类,OT、TO 对应"部分隐晦"类,OO 对应"真正隐晦"类。

在三分法之后,四分法更进一步的地方在于,考虑到中心语素是否透明对语义透明度的影响,把"部分隐晦"类(也有学者称为"部分透明"类)细分为 OT、TO 类。比如对于属于右中心语言的英语而言,合成词中位置在右的中心语素是否透明会影响英语合成词的透明度(Libben et al.,2003),因此有必要进行更细致的分类。

1.2.4 语义透明度分类中的问题

虽然四分法较全面地涵盖了语义透明度的类型,但仍存在一些问题,比如对于 TT 类合成词"bedroom""烟民"而言,语素义和词义虽有直接关系,但词义并不等于语素义的组合(如"烟民"的意思不是"烟的人"),因此可能并非完全透明。

可见,四分法虽然关注语素义与词义的关系,但对语素义组合与词义的关系有所忽视。

关于汉语词汇语义透明度的个别研究注意到这一点,如李晋霞、李宇明(2008)将语义透明度分为完全透明、比较透明、比较隐晦和完全隐晦四类,注意到语素义的组合。我们发现,完全透明类对应 TT 类,且词义等于语素义之和;比较透明类也对应 TT 类,且词义大于语素义之和;比较隐晦类对应 OT 和 TO 类;完全隐晦类对应 OO 类(如表 1 所示)。如果考虑到语素义组合与词义的关系,TT 类内部可以进一步细分。

表 1　语义透明度四分法的对照

四分法 1 (Libben et al.,2003 等)	TT	OT	TO	OO
四分法 2 (李晋霞、李宇明,2008)	完全透明/ 比较透明	比较隐晦	比较隐晦	完全隐晦

另外,对于表 1 中的"比较隐晦"类而言,如果考虑中心语素是否透明这一点,也可以再做具体分类。

因此,语义透明度的分类还需要彼此参照、借鉴,增加对一些相关因素的考虑,使分类更趋于细化、全面。

1.3　语义透明度的判定条件

对于如何判断语义透明度高低的问题,有学者进行了探讨。宋宣(2011)提出了判定偏正复合名词语义透明度的必要条件:复合词内部语素义的"显/隐"程度和内部语素义与整体词义的"亲/疏"程度。他还提出了判定的充分条件,即由具有"范畴"义的语素来表达"实体"义,是提高偏正复合名词语义透明度的最佳模式。对语义透明度判定条件的研究尚不多见,这涉及影响语义透明度高低的因素问题,该方面的研究较为薄弱,还需进一步探索。

1.4　语义透明度的影响因素

在语义透明度理论研究中,影响因素是一个核心问题。Libben et al.(2003)指出,合成词的语义透明度与各个语素的透明度以及语素是否处于中心位置有关。国外心理学界和语言学界多基于这种观点进行实证研究(Frisson et al.,2008;Marelli & Luzzatti,2012),几乎没有展开对语义透明度影响因素的理论探讨。

近几年,国内语言学界针对此问题的讨论才逐渐增多。研究者们从语义、语法、语用、文化及认知等语言内部和外部等方面探讨了汉语合成词语义透明度的影响因素。

从语言内部因素深入探讨的,如李晋霞(2011)认为语素用字是否常见、语素义项是否常见、语素能否单用是影响语义透明度的因素。许艳华(2014)将影响因素总结为语素性质(自由语素、非自由语素)、语素频率、语素多义性、语素表义度、语素间语法关系、语素构词能力、语素位置、语素义项类型。高翀(2015)认为,字面义(语素义、组合义)、非字面义(转义、专科义)、常规搭配与非常规搭配是影响语义透明度的因素。这些研究是从语义、语法等语言内部因素做出的深入探讨。

同时从语言内部和外部因素讨论的,如任敏(2012)将影响因素归纳为字形、字(语素)义、语义、语法结构、文化因素、人的认知等,其中既有内部因素(如字形等),也有外部因素(如人的认知等),并且认为"结构因素的权重大于其他因素,即某一复合词的结构越复杂,其语义透明度越低"。

我们把影响因素归类,整理成表2:

表2 语义透明度的影响因素

语言内部因素	语义因素	语素多义性、字面义/非字面义、语素表义度……
	语法因素	语素间语法关系、常规搭配/非常规搭配……
	语用因素	语素用字是否常见、语素构词能力……
语言外部因素	文化因素、人的认知因素……	

可见,影响语义透明度的因素既包括语言内部的语义、语法、语用方面的诸多因素,也包括语言外部的文化、认知等因素。

目前,关于影响语义透明度因素的讨论虽然逐渐增多,但仍存在如下问题:缺乏从第二语言习得角度对合成词语义透明度影响因素的系统研究。目前学界多从第一语言的视角探讨影响因素,很少从第二语言习得视角进行探讨。

二、语义透明度实证研究

相关研究主要包括:语义透明度与合成词的表征、识别和加工;语义透明度与词汇学习、词汇教学;语义透明度与词典编纂、数据库建设。

2.1 语义透明度与合成词表征、识别和加工

关于语义透明度的实证研究有相当一部分是采用心理语言学的研究范式(如启动实验、词汇判断实验、眼动实验)展开,探讨语义透明度是否对合成词表征、识别和加工产生影响,围绕这一主题的研究结论尚存在分歧,还未达成共识。

2.1.1 语义透明度对合成词表征、识别和加工的作用

从第一语言的角度研究发现,在合成词表征、识别和加工中,语义透明度存在重要影响。相关研究认为,语义透明度在任何类型的英语合成词表征和加工中都发挥着重要作用,Libben(1998)建立了一个涵盖刺激物、词汇、概念三个层次的APPLE模型(the Automatic Progressive Parsing and Lexical Excitation Model),指出语义透明的TT类合成词在所有层次都有表征连接(如图1A),语义部分隐晦的TO、OT类合成词在词汇、概念两个层次间缺少一个语素的表征连接(如图1B),语义真正隐晦的OO类合成词在词汇、概念两个层次间缺少两个语素的表征连接(如图1C)。

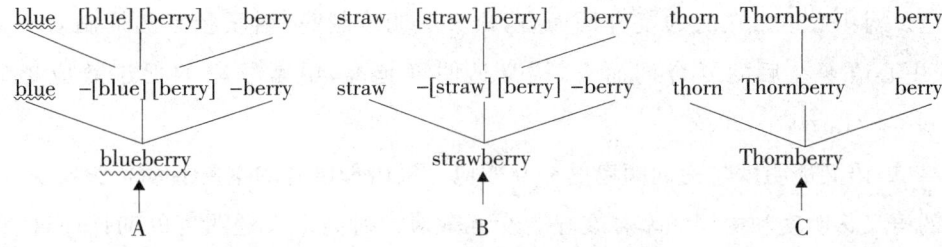

图 1 Libben 建立的 APPLE 模型

针对英语母语者的眼动实验发现,在提供丰富信息的语境下,透明新词体现出显著的加工优势,不透明新词则体现出显著的加工劣势(Brusnighan & Folk,2012);有研究通过词汇判断实验发现了完全透明(TT 类)和完全隐晦(OO 类)合成词的语义启动,但在语义部分隐晦(TO、OT 类)合成词中未发现语义启动(Bialy et al.,2013);也有研究采用事件相关电位实验证明英语透明词的启动效应量大于不透明词(Morris et al.,2007)。

另外,语义透明度的重要影响也存在于荷兰语中。Diependaele et al.(2009)发现针对荷兰语母语者的启动实验中,荷兰语语义透明前缀词比语义不透明前缀词的启动效果更显著。

一些针对汉语母语者的研究同样发现语义透明度的显著效应:第一,透明词和不透明词在心理词典中表征不一样,透明词的整词和词素(语素)是一种兴奋性的连接,不透明词则是一种抑制性的连接(王春茂、彭聃龄,1999;Peng et al.,1998);第二,高语义透明度词的识别快于低语义透明度词(高兵、高峰强,2005;王娟等,2014)。

从第二语言习得角度研究也发现,在合成词的表征、识别和加工中,语义透明度也存在显著效应。甘彩虹、张金桥(2013)的研究通过重复启动实验表明,语义透明度是影响英语二语者词汇通达的重要因素。语义透明、不透明的英语合成词语素与整词的连接分别是兴奋性、抑制性的。张北镇(2016)采用启动实验考察中国学习者英语派生词的加工情况,发现语义透明词的启动效应比语义隐晦词的启动效应强。但这方面的研究还相对比较薄弱。

2.1.2 语义透明度与其他因素存在交互效应

相关实证研究发现,语义透明度和复合词的中心语素、语素频率、构词频率、二语水平、词汇性、语境等诸多因素存在显著交互作用,共同影响合成词的识别和加工。

第一,语义透明度与复合词的中心语素、语素频率的交互效应。意大利语母语者的词汇判断实验发现,意大利语复合词的中心语素、语素频率和语义透明度存在显著的交互效应。对中心语素在前的复合词而言,语义透明度越高,语素频率的抑制效应越显著;对中心语素在后的复合词而言,语义透明度越高,语素频率的促进效应越显著(Marelli & Luzzatti,2012)。

第二,语义透明度与构词频率的交互效应。汉语母语者的重复启动实验发现,汉语动词的语义透明度和构词频率存在显著交互效应。对高语义透明度的动词而言,无论构词频率高低,被试反应无显著差异;对低语义透明度的动词而言,构词频率低时被试的反应时间明显短于构词频率高时(王娟等,2014)。

第三,语义透明度与二语水平、词汇性的交互效应。英语二语者的词汇判断实验发现,语义透明度、二语水平及词汇性之间存在显著交互效应:对高语言水平组而言,不透明词存在词汇性效应,透明词不存在词汇性效应;对低语言水平组而言,语义透明度和词汇性不存在交互效应(Wang et al.,2010)。

第四,语义透明度与语境的交互效应。英语母语者的眼动实验发现,语义透明度和语境强度的交互效应显著:在强语境中,透明词体现出加工优势,不透明词体现出加工劣势;在中性语境中,透明词和不透明词的差异则不显著(Brusnighan,2010)。

到目前为止,学界对语义透明度的作用尚未达成共识。也有一些实证研究并未发现显著的语义透明度效应。

一些关于第一语言学习者对合成词加工的研究发现,语义透明度效应并不显著。如针对英语母语者的眼动实验发现,在不同语义透明度无空格英语合成词的加工中,透明词和不透明词没有显著差异(Frisson et al.,2008)。有关英语母语者的掩蔽启动实验也发现,语义透明度效应不显著,透明词和不透明词的启动量大小没有表现出不同(Li et al.,2015)。另外,有关芬兰语母语者的眼动实验也未发现语义透明度效应(Pollatsek & Hyönä,2005)。

也有关于第二语言学习者对合成词加工的研究未发现语义透明度的显著效应。针对汉语二语者的词汇判断实验发现,语义透明度对汉语复合词加工的影响不显著(郝美玲、厉玲,2015)。

综上所述,多数研究发现了合成词的表征、识别和加工中语义透明度的重要作用,具体探讨了语义透明度与其他因素的交互作用,但也有些研究并未发现语义透明度效应,这可能与实验方法、实验对象的不同有关。总之,这方面的研究还有待进一步深入,比如理论研究涉及的语义、语法、语用等语言内部因素(如语素多义性、字面义/非字面义、语素间语法关系、常规搭配/非常规搭配等)以及语言外部因素(母语背景等)是否与语义透明度存在交互效应等。

2.2 语义透明度与词汇学习、词汇教学

有部分实证研究采用纸笔测试法展开,探讨语义透明度在一语和二语词汇学习中所发挥的作用。相关研究多集中于汉语母语、汉语二语的词汇习得领域。

在汉语作为母语的词汇学习中,语义透明度发挥了重要作用。有关儿童词汇学习的实验表明,语义透明度与语境熟悉度、语言能力、年级等因素存在显著交互效应(徐彩华、李镗,2001)。

在汉语作为二语的词汇学习中,语义透明度也被看作一个重要影响因素。研究发现,语义透明度高的词学习效果显著好于语义透明度低的词(干红梅,2008;张金桥、曾毅平,2010)。

关于语义透明度与其他因素的互动关系的研究主要涉及如下几个方面:

第一,语义透明度与语境的互动。干红梅(2008),张金桥、曾毅平(2010),洪炜等(2017)均发现语义透明度与句子语境存在显著交互效应,在无语境和弱语境条件下,语义透明度高的词学习成绩显著高于语义透明度低的词,在强语境条件下,二者差异不显著。

第二,语义透明度与词汇复现频率的互动。洪炜等(2017)通过实验证实低复现率下语义透明度高的词学习成绩显著高于语义透明度低的词,高复现率下二者差异不显著。

第三,语义透明度与词语结构的互动。王意颖等(2018)采取自主释义和词语选择两种测试方法均发现,留学生习得偏正结构语义透明词的效果好于联合结构,也好于动补和主谓结构,但动宾结构在两种测试中的结果存在差异。

第四,语义透明度与语素义常用度的互动。王意颖等(2017)发现两个语素都是常用义的语义透明词习得效果最好,一个语素是非常用义、一个语素是常用义的语义透明词习得效果次之,两个语素都是非常用义的语义透明词习得效果最差。

另外,也有研究发现,语义透明度对汉语二语词汇学习的影响并不显著。莫丹(2017)证明了听力组和阅读组在即时测验、延时测验中,语义透明度效应均不显著。

在汉语作为二语的词汇教学中,语义透明度也受到了关注。宋贝贝等(2017)认为汉语国际教育用词表的研制须综合考虑词频、覆盖率及语义透明度等因素,建议完全透明的高频超纲词采用语素教学法,比较隐晦和完全隐晦词采用整词教学法;建议把完全透明的高频超纲词编入课文中,但无须编入生词表。

可见,相关研究一般都认为语义透明度对词汇学习具有重要作用,探讨了多种因素与语义透明度的互动关系,但仍有很多因素需要细化研究,如其他因素(如语素多义性、常规搭配/非常规搭配、语素用字常用度、语素构词能力、中心语素位置等语言内部因

素,及语言水平、母语背景、认知因素等语言外部因素)与语义透明度的互动关系;在影响语义透明度的诸多因素中,哪些起主要作用,哪些起次要作用等。

2.3 语义透明度与词典编纂、数据库建设

在词典编纂中,也应注意语义透明度的作用。比如在汉语语文词典的收词中,语义透明度可以作为一个收词标准。高翀(2015)从语义透明度角度对词典收词的具体问题做了探讨和分析,认为在影响语义透明度的语素义、组合义、转义、专科义、常规搭配、非常规搭配等诸多因素中,只要有一项导致语义透明度低时,复合词就可以收录到词典;如果诸多因素下语义透明度很高,这样的复合词可以不收录或较少收录到词典中。

在词典释义中,语义透明度也可作为一个考虑因素。崔乐(2014)认为新词语词典对语义透明度高的词应采取语素拆分释义,对语义透明度低的词则不必强调语素释义。

也有研究把语义透明度作为考察合成词的一个主要变量,进行了相关数据库的建设。Juhasz et al.(2015)采取问卷调查的方法对629个英语合成词的熟悉度、语义透明度、习得年龄、语素意义优势、成像能力和感官体验等进行研究,建立起包含语义透明度等变量的数据库,这对英语合成词的教学和研究都具有重要意义。

此外,还有研究利用计算语言学方法对语义透明度进行了评估。陈永朝、邢红兵(2010)以一组带"花"的词为研究对象,采用语义抽取算法模型,基于语义距离提出语义透明度评估的方法。

词典编纂及计算语言学领域的语义透明度研究尚不多见,如何在词典收词、释义及词汇数据库建设等方面将语义透明度作为考量因素是研究者需要解决的新命题。

三、研究不足及未来研究方向

合成词的语义透明度研究在理论及实证方面都取得了较大进展,但仍存在一些不足,为未来研究留下了继续探索的空间。

第一,加强对语义透明度分类的研究。目前分类较细的英语合成词语义透明度四分法仍存在一定问题,如忽视了语素义组合与词义的关系,汉语合成词语义透明度四分法注意到这对关系,但却缺乏对中心语素是否透明的考虑,导致分类仍显得粗疏。分类虽然不是语义透明度理论研究的重点,但却是最基础的问题,分类研究的强化可推动实证研究更加细化。干红梅(2008)发现留学生对透明词的学习效果显著好于不透明词,采用的是透明、不透明的二分法,然而有学者已提出完全透明、比较透明、比较隐晦、完全隐晦的四分法(李晋霞、李宇明,2008),四分法之下的词汇学习效果是怎样的? 相关

实证研究将会得到新的、更为完善的结论。在加强分类研究的措施方面,建议参考相关研究成果,综合考虑语素义组合与词义的关系、合成词的中心语素是否透明等多种因素,使分类更细致、全面。

第二,从第二语言习得角度开展合成词语义透明度影响因素的系统研究。以往对语义透明度影响因素的研究一般立足于本族语者视角,分析影响语义透明度的语言内部因素及外部因素,缺乏二语习得视角的观照,如在汉语二语习得视角下,影响语义透明度的因素都有哪些?目前尚缺乏系统性研究。未来研究需要在这一视角下,系统总结相关因素(如语言因素、认知因素等),构建起比较完整的理论框架,为实证研究做好铺垫。

第三,从第二语言习得角度强化语义透明度与合成词表征、识别及加工的研究。目前研究多从母语的角度集中探讨合成词表征、识别和加工中语义透明度的作用,未来研究可多围绕第二语言学习者展开,系统考察语义透明度是否发挥作用,与哪些因素存在交互效应等。

第四,深化语义透明度与词汇学习的研究。在词汇学习领域,以往研究虽然发现语义透明度与多种因素存在交互效应,但研究并不充分,未来应加强对多种影响因素与语义透明度交互关系的研究,并深入分析影响语义透明度的多种因素的主次地位。

第五,加强词典编纂、计算语言学领域的语义透明度研究。目前学界对词典收词、释义以及词汇数据库建设中的语义透明度因素有所关注,但研究还比较薄弱,一般主要关注语义透明度在汉语语文词典收词中的作用,很少探讨其在外向型词典收词、释义中的作用;把语义透明度作为一个变量进行英语合成词的词汇数据库建设的研究也有,但成果较少,而且还未出现相关的汉语词汇数据库。另外,使用计算机算法评估语义透明度的研究才刚刚起步,有待进一步探索。未来需要加强对多种类型词典编纂、词汇数据库建设中语义透明度影响因素的研究,也需要采用计算语言学方法对大规模词汇的语义透明度进行测评,以归纳合成词语义透明度的总体特点和整体面貌。

参考文献

陈永朝、邢红兵(2010)基于分布表征的语义提取和语义透明度自动评估实验,《现代语文》(语言研究版)第3期。
崔　乐(2014)汉语新词语词典的语素释义,《辞书研究》第2期。
干红梅(2008)语义透明度对中级汉语阅读中词汇学习的影响,《语言文字应用》第1期。
甘彩虹、张金桥(2013)重复启动条件下汉英双语者英语复合词的词汇通达机制,《心理与行为研究》第5期。
高　兵、高峰强(2005)汉语字词识别中词频和语义透明度的交互作用,《心理科学》第6期。

高　翀(2015)语义透明度与现代汉语语文词典的收词,《中国语文》第5期。
郝美玲、厉　玲(2015)初级阶段留学生汉语复合词加工影响因素研究,《语言教学与研究》第2期。
洪　炜、冯　聪、郑在佑(2017)语义透明度、语境强度及词汇复现频率对汉语二语词汇习得的影响,《现代外语》第4期。
纪雅婷(2014)合成词语义透明度的相关研究,《社会心理科学》第2期。
李晋霞(2011)《现代汉语词典》的词义透明度考察,《汉语学报》第3期。
李晋霞、李宇明(2008)论词义的透明度,《语言研究》第3期。
莫　丹(2017)基于不同输入模态的词汇附带习得研究,《汉语学习》第6期。
任　敏(2012)影响现代汉语双音复合词语义透明度的机制研究,《河北师范大学学报》(哲学社会科学版)第4期。
宋贝贝、周小兵、金　檀(2017)高频超纲词的覆盖率及语义透明度,《汉语学习》第3期。
宋　宣(2011)汉语偏正复合名词语义透明度的判定条件,《云南师范大学学报》(对外汉语教学与研究版)第3期。
王春茂、彭聃龄(1999)合成词加工中的词频、词素频率及语义透明度,《心理学报》第3期。
王　娟、张积家、许锦宇(2014)语义透明度和构词频率对汉语动词多词素词识别的影响,《心理与行为研究》第6期。
王意颖、宋贝贝、陈　琳(2017)语素义常用度影响留学生语义透明词习得的实证研究,《语言文字应用》第3期。
王意颖、宋贝贝、洪　炜(2018)词语结构对中级水平留学生习得语义透明词的影响,《汉语学习》第1期。
吴　瑾(2016)语义透明度对复合词表征和加工的影响,《第二语言学习研究》第1期。
徐彩华、李　镗(2001)语义透明度影响儿童词汇学习的实验研究,《语言文字应用》第1期。
许艳华(2014)《面向汉语二语教学的常用复合词语义透明度研究》,北京师范大学博士学位论文。
张北镇(2016)语义透明度对二语派生词加工的影响,《外语与外语教学》第4期。
张斌主编(2008)《新编现代汉语》,复旦大学出版社。
张金桥、曾毅平(2010)影响中级水平留学生汉语新造词语理解的三个因素,《语言文字应用》第2期。
周海燕、舒　华(2008)汉语音—形通达过程的同音字家族数效应和语义透明度效应,《心理科学》第4期。
Bialy, Rowan El, Christina L. Gagné & Thomas L. Spalding(2013)Processing of English Compounds is Sensitive to the Constituents' Semantic Transparency. *The Mental Lexicon*, 8:75—95.
Brusnighan, Stephen M. (2010) *Semantic Transparency and Contextual Strength in Incidental Vocabulary Acquisition of Novel Compounds During Silent Reading: Evidence from Eye Movements and Recall*. Master's Thesis of Kent State University.
Brusnighan, Stephen M. & Jocelyn R. Folk(2012)Combining Contextual and Morphemic Cues is Beneficial during Incidental Vocabulary Acquisition: Semantic Transparency in Novel Compound Word Processing. *Reading Research Quarterly*, 47:172—190.
Diependaele, Kevin, Dominiek Sandra & Jonathan Grainger(2009)Semantic Transparency and Masked Morphological Priming: The Case of Prefixed Words. *Memory & Cognition*, 37:895—908.
Dohmes, Petra, Pienie Zwitserlood & Jens Bölte(2004)The Impact of Semantic Transparency of Morphologically Complex Words on Picture Naming. *Brain and Language*, 90:203—212.
Frisson, Steven, Elizabeth Niswander-Klement & Alexander Pollatsek(2008)The Role of Semantic Transparency in the Processing of English Compound Words. *British Journal of Psychology*, 99:87—107.

Gagné, Christina L. & Thomas L. Spalding (2016) Effects of Morphology and Semantic Transparency on Typing Latencies in English Compound and Pseudocompound Words. *Journal of Experimental Psychology: Learning, Memory, and Cognition*, 42: 1489—1495.

Juhasz, Barbara J., Yun-Hsuan Lai & Michelle L. Woodcock (2015) A Database of 629 English Compound Words: Ratings of Familiarity, Lexeme Meaning Dominance, Semantic Transparency, Age of Acquisition, Imageability, and Sensory Experience. *Behavior Research Methods*, 47: 1004—1019.

Li, Man, Nan Jiang & Kira Gor (2015) L1 and L2 Processing of Compound Words: Evidence From Masked Priming Experiments in English. *Bilingualism: Language and Cognition*, 2: 384—402.

Libben, Gary (1998) Semantic Transparency in the Processing of Compounds: Consequences for Representation, Processing, and Impairment. *Brain and Language*, 61: 30—44.

Libben, Gary, Martha Gibson, Yeo Bom Yoon & Dominiek Sandra (2003) Compound Fracture: The Role of Semantic Transparency and Morphological Headedness. *Brain and Language*, 84: 50—64.

Marelli, Marco & Claudio Luzzatti (2012) Frequency Effects in the Processing of Italian Nominal Compounds: Modulation of Headedness and Semantic Transparency. *Journal of Memory and Language*, 66: 644—664.

Marslen-Wilson, William, Lorraine K. Tyler, Rachelle Waksler & Lianne Older (1994) Morphology and Meaning in the English Mental Lexicon. *Psychological Review*, 101: 3—33.

Mok, Leh Woon (2009) Word-Superiority Effect as a Function of Semantic Transparency of Chinese Bimorphemic Compound Words. *Language and Cognitive Processes*, 24: 1039—1081.

Morris, Joanna, Tiffany Frank, Jonathan Grainger & Phillip J. Holcomb (2007) Semantic Transparency and Masked Morphological Priming: An ERP Investigation. *Psychophysiology*, 44: 506—521.

Peng, Dan Ling, Ying Liu & Chun Mao Wang (1998) How is the Access Representation Organized? The Relation of Polymorphemic Word and Their Morphemes: A Chinese Study. In J. Wang, A. Inhoff & H. C. Chen (eds.), *Cognitive Analysis of Chinese Script*. NJ: Lawrence Erlbaum Associates.

Pollatsek, Alexander & Jukka Hyönä (2005) The Role of Semantic Transparency in the Processing of Finnish Compound Words. *Language and Cognitive Processes*, 20: 261—290.

Sandra, Dominiek (1990) On the Representation and Processing of Compound Words: Automatic Access to Constituent Morphemes does not Occur. *Quarterly Journal of Experimental Psychology: Human Experimental Psychology*, 42: 529—567.

Schäfer, Martin (2018) *The Semantic Transparency of English Compound Nouns (Morphological Investigations 3)*. Berlin: Language Science Press.

Ullmann, Stephen (1962) *Semantics: An Introduction to the Science of Meaning*. Oxford: Basil Blackwell.

Wang, Min, Candise Y. Lin & Wei Gao (2010) Bilingual Compound Processing: The Effects of Constituent Frequency and Semantic Transparency. *Writing Systems Research*, 2: 117—137.

Zwitserlood, Pienie (1994) The Role of Semantic Transparency in the Processing and Representation of Dutch Compounds. *Language and Cognitive Processes*, 9: 341—368.

(1. 071002　河北保定,河北大学文学院;

2. 510610　广东广州,暨南大学华文学院)

多功能介词"向"的二语习得顺序考察[*]

张成进[1]　王绮萌[2]

摘　要：现代汉语中，"向"是个典型的多功能介词，可标记多种语义角色。从二语习得顺序视角，本文将介词"向"标记的语义角色归纳为表示动作的方向、引出动作行为的对象、表示来源三种，并依次标记为向$_1$、向$_2$、向$_3$。文章基于北京语言大学 HSK 动态作文语料库，综合采用准确率标准、初现率标准与输出量标准对"向"的中介语语料进行统计分析，得出多功能介词"向"的二语习得顺序为：向$_2$＞向$_3$＞向$_1$，并从语法项目使用特征突显度、规则化程度、认知难易度等方面对该习得顺序的成因做出解释。

关键词：向；多功能介词；习得顺序；初现率标准

〇、引言

　　介词是虚词大家庭中重要的一类功能词，具有标记语义格的作用，常用来标记多种语义角色。根据介词所标记语义角色数量的多少可将其分为单功能介词与多功能介词。单功能介词仅表示一种语法意义，多功能介词兼具两种或两种以上不同而又相关的语法意义。"向"是现代汉语中常用的多功能介词，具有表示动作的方向、引出动作行为的对象、表示来源等多种语法意义，这些意义和用法在二语习得过程中体现出怎样的先后顺序正是本文考察研究的目的。习得顺序包含两个方面的内容：一是指习得不同语法项目时的先后顺序，一般称之为习得顺序（the order of acquisition）；二是指对某一特定语法项目的习得也遵循内在固定的顺序，有人称之为习得次序（the sequence of acquisition）。（高顺全，2015：17）我们在考察多功能介词"向"各语法意义的习得顺序时认为两者之间没有本质区别，统称为习得顺序。本文基于北京语言大学 HSK 动态作文语料库，考察留学生习得介词"向"多种语法意义的习得

---

[*] 本文得到国家社科基金项目"韵律-结构-语义界面调适下汉语非词法结构词的词汇化与语法化研究"（项目编号：18BYY173）的支持。《对外汉语研究》编辑部及匿名审稿专家提出了非常宝贵的修改意见，谨此一并致谢。

顺序,分析造成留学生习得"向"的偏误的多方面原因,并对介词"向"习得顺序的成因做出解释。

一、介词"向"的意义和用法

介词在句法功能上主要起介引功能(陈昌来,2002:1),依附于其他词语之前构成介词短语充当状语和定语等(张谊生,2000:86)。"向"是现代汉语中常用的多义(多功能)介词,无论是汉语本体研究还是汉语二语教学研究,"向"都是一个重要的语法项目。表1是现代汉语常用工具书关于介词"向"意义和用法的解释:

表1 "向"意义和用法的常见解释

工具书	解释
《现代汉语词典》(第6版)	引进动作的方向、目标或对象
《现代汉语虚词词典》张斌	1.表动作方向 2.用在动词后,动词仅限"飞、走、开、飘、驶"等位移动词或方向动词 3.引进动作对象,介宾短语只用于动词前
《现代汉语八百词》吕叔湘	1.跟名词组合,表示动作的方向 2.引进动作的对象,跟指人的名词、代词组合,只用在动词前

《现代汉语虚词词典》侯学超	1.表示动作行为的方向
	2.表示行为动作的对象
	  A. 相当于"对"(表行为时)、"朝"(表动作时)
	  B. 相当于"从……那里"

《现代汉语虚词词典》王自强	1.有"朝"的意思,表示动作面对的方向 2.有"从……那里"或者"对"的意思,引进动作的对象 3.有"往"的意思,组成介词结构,用在单音动词后面,表示动作的趋向
《实用现代汉语语法》刘月华	1.表示动作行为的方向或目标 2.指出动作的接受者或对象 3.由"向"构成的介词短语可用在动词后做补语

由表1可知,每本工具书几乎都大同小异地提及"向"表动作的方向以及引出动作的对象这两种用法。但对其第三种用法,表示来源即"从……那里"意义的归类有所差异,只有侯学超《现代汉语虚词词典》(1998:597-598)与王自强《现代汉语虚词词典》(1998:227-228)明确提到。

除以上工具书,其他研究介词"向"意义分类、偏误分析及教学的文献也有论及。其中何薇(2004:20-23)根据汉语中介语语料将介词"向"分为引进动作面向的对象、引入动作所涉及事物的来源两类,但她忽略了对介词"向"基本义项,即表示动作方向的归纳。逢洁冰(2013:11-13)则整理得相对全面:引出动作的方向、引进动作行为的对象、表示来源。综合参考上述工具书及相关文献,本文对介词"向"意义和用法做如下概括:

表示动作的方向、引出动作行为的对象、表示来源三种语法意义,并依次将这三种用法标记为:向$_1$、向$_2$、向$_3$。

1.1 表方向义的向$_1$

介引动作行为的方向是多功能介词"向"的基本意义,可以表示动作行为具体的方向、方位或地点,这一用法一般构成"S + 向 + NP + VP"这种相对稳定的基本结构。该结构中的 NP 可以由方位名词、处所名词、普通名词甚至是代词充当,VP 基本是由位移动词充当。例如:

(1) 你沿着这条路向东走。

(2) 莉莉向操场跑去。

(3) 他看到心上人向他走来。

例(1)、例(2)中的"向"都是引出表示具体方向或方位的词,区别在于有的引出位移的走向,如例(1);有的引出位移的目的地,如例(2),但最终结果都是施事主语发生了位移。例(3)中,"向"介引的成分是代词"他",尽管宾语"他"本身不具有方位意义,但进入该结构中也带有了方向性。因此,该结构中的 NP 既可以是方位词、方向词,也可以是指代方向的人或物。

1.2 表对象义的向$_2$

向$_2$介引动作面向的对象,此处对象一般都是人或机构组织,形成"主语 + 向 + 介词宾语 + 动词 + 宾语"基本结构,该结构里的主语、介词宾语大多数都是人或由人组成的机构组织充当,与主语、介宾语义相适应,进入该结构的动词一般具有[＋施动][＋可控]语义特征。进入该结构的动词常用于向$_2$介词短语之后,主要有以下五种类型:

第一,五官及体态类动词。

主要有"看、哭、使眼色、挥手、鞠躬、打招呼、微笑"等词语。这些动词大多带有交际性特征,其中单音节动词做谓语通常用重叠式,或者带上补语、宾语等其他成分,而双音节动词大都既能够单用又能带其他成分。此时向$_2$的宾语都是指人名词或者代词。例如:

(4) 她向我看了看。

(5) 我向他使眼色,示意他快点离开。

第二,言语类动词。

这类动词又可分成以下三小类:

其一，不带表人宾语的动词，如"宣布、解释、发誓、汇报、道谢、倾诉"等。例如：

(6)祥林嫂向人诉说她的悲惨遭遇。

(7)他去向老板汇报工作情况。

其二，大多数能带双宾语的动词，有"报告、询问、通知、请教、请示"等。此时向$_2$引进的表人宾语一般是动作的当事人。例如：

(8)同学们向老师请教论文写作事宜。

(9)她向医生询问身体情况。

其三，可带表人宾语的交际性言语动词，如"问候、感谢、慰问、祝贺"等。这些动词一般不以简单形式出现，也不可再带宾语，而必须作为"表示、致以"的宾语出现，并且"向"后的宾语必须是表人的。例如：

(10)让我们向每一位获奖的选手都表示热烈祝贺。

(11)领导向每一位员工致以亲切问候。

第三，主观态度类动词。

这类动词主要表示态度，主要有"发脾气、请罪、忏悔、开玩笑、发怒"等，置于向$_2$介词短语之后，既可单用也可用重叠式或带补语"着、了、过"等。例如：

(12)他向我们发过很多次火。

(13)他向佛像忏悔了一下。

第四，心理活动类动词。

这类动词主要有"信任、感激、关心、尊敬、不满"等，这些动词都必须与"表示、表达"连用。例如：

(14)受害者家属就判决结果向法官强烈表达了不满。

(15)受助者向帮助他的好心人表示感激。

第五，行为动词。

这类动词大多可以跟在"向"后面以简单形式做谓语，有时也会带上动量或时量补语，或带"了、过"，主要有"挑战、冲击、反抗、宣战、报仇、交差、辞职"等。例如：

(16)这位运动员向世界纪录展开最后的冲击。

(17)俄国正式向德国宣战。

(18)犯人向警察流露出了悔意。

综上所述，除少数动词之外（如例(16)），向$_2$所带的宾语一般是表人或机构组织的词语，而普通事物名词不充当"向"的宾语。

1.3 表来源义的向$_3$

向$_3$表示动作所涉及事物的来源，有"从……那里（得到）"之义。形成的基本结构同向₁,即为"S+向₃+NP+VP"。向₃的宾语也必须是表人的或由人组成的机构组织。用在向₃后面的动词有"收、取、买、借、索取、学习、征订、勒索、租赁"等。例如:

(19)他总向别人借钱。

(20)我们部门向这家公司租赁了一批办公用品。

二、介词"向"的习得情况考察分析

2.1 习得顺序与习得标准

习得顺序的考察首先是要确定习得标准,学界以往研究常用的标准有两个,一个是准确率标准,一个是初现率标准。准确率标准就是将准确率顺序视为习得顺序,准确率的计算方法为"正确使用次数/所有应使用的次数"。(冯丽萍、孙红娟,2010:12)准确率标准通常采用百分比的形式,准确率高的语法项目被认为先习得,准确率低的为后习得,如 Dulay & Burt(1974:37-53)将准确率90%确定为习得标准,施家炜(1998:80)以80%为习得标准。初现率标准按照 Pienemann(1998)的定义,指"一个结构第一次被系统地运用"。"第一次"与时间点的确定相关,"系统运用"与公式化结构有关。因此,张燕吟(2003:56)将初现率标准界定为以某一个语法现象在中介语中第一次"有系统"的和"非公式化"地出现和使用作为参数来确定这个语法现象习得过程的开始。"有系统"和"非公式化"要求某一语法结构所出现的语法环境必须多种多样且具有一定数量的语法规则使用。准确率标准与初现率标准各有优点与不足,前者无法排除学习者使用策略带来的对语料分析结果的影响,后者只关注语言习得的起点而忽视习得的发展与终点。高顺全(2015:19)在考察习得顺序问题时提出应该将学习者的输出表现也视为评价习得情况的标准之一。输出情况主要表现在中介语的输出频率、输出比例和输出分布上,将输出情况同准确率标准结合起来对习得情况进行评价会更符合实际也更为全面。

综上,本文对多功能介词"向"习得顺序的考察将从输出情况、准确率情况与初现情况三个方面展开。我们以"向"为关键词对北京语言大学 HSK 动态作文语料库(以下简称"北语中介语料库")进行检索,获得包含"向"的用例共943条,去除动词、名词、副词用法及表述有严重缺漏的用例,最终我们整理出了包含介词"向"的有效用例750条。接着对这750条用例从输出表现、准确率情况与初现率情况三个方面进行分析,最后得出一个相对全面、符合客观实际的习得顺序。

2.2 介词"向"的输出情况

输出情况主要考察介词"向"在中介语中的输出频率、输出比例和输出分布情况。我们对"向"的输出情况进行考察、统计和分析的目的正如高顺全(2015:20)所言,"正确率(准确率)必须建立在足够的输出样本的基础上"。因为如果输出量极少,即使是准确率达到100%也不能算是很好地习得了,准确率高且有足够的输出量才能说明习得情况良好,准确率低输出量足够则说明习得情况差。邓守信(2003:103-104)指出,难度低的语法点具有使用频率高的特征,反之使用频率低的语法点难度高。使用频率高意味着输出量大,因而习得难度低;使用频率低表明输出量小,习得难度相对较大。在我们收集到的包含"向"的750条有效用例中,经分类统计发现:介词"向"的三种用法都有出现,其中包含向$_2$的用例最多,共515条,占总输出量的68.7%;包含向$_3$的用例低于向$_2$,共156条,占总输出量的20.8%;而包含向$_1$的用例明显低于前两者,仅有79条,占总输出量的10.5%。

2.2.1 向$_1$的输出情况

向$_1$表示动作的方向,输出数量最低。留学生使用向$_1$的用例如下:

(21)火车沿着北海岩向东方驶去,一路上见到农民耕田、渔夫扬帆捕鱼,这些风景是城市里见不到的。

(22)然后那两位很快就向山下跑过去了。

(23)因为很多人向舞台冲过去,导致有11个人被踩死。

(24)我快要毕业了,要向社会迈进第一步了。

这些用例表明,不同类型的向$_1$都有输出分布。向$_1$后的宾语有方位名词也有普通名词,既有意义具体的名词也有意义抽象的名词;向$_1$后使用的动词都是具有位移特点的动词,这些动词都具有方向性,有的表示具体的方向如例(21)至例(23),也有表示抽象的方向如例(24)。

2.2.2 向$_2$的输出情况

向$_2$介引的是动作对待的对象,共515例,占总输出量的68.7%。该用法的输出量最多,远远超过了其他两种。从输出分布上看,不同类型的向$_2$都有输出。例如:

(25)今天是你们的节日,我为了向你们表示感谢,我用我的零用钱买了一些小礼物。

(26)第二天我去学校的外事办公室,向老师请假。

(27)我们的班长向我提出举办"泼水节"这个活动的计划时,我非常兴奋。

(28)眼看他挨骂时,我真想走上前去认错,弟弟却向我使了个眼色,暗示我别再多说了。

(29)但还是老样子,每天向你们发脾气。

向$_2$的内部小类较多,涉及好几类不同的动词做谓语,其用法比向$_1$要丰富和复杂得多。尽管不同类型的向$_2$都有输出,但输出用例表现出很大的不均衡性。向$_2$介词短语后接言语类动词的用法最多,如例(25)至例(27)。例(28)这类后接五官体态类动词的用例也不少。但如例(29)这类后接主观态度的动词用例以及表示人的心理活动动词的用例较少,这应当与向$_2$同这两类动词搭配使用时规则限制较多密切相关。而向$_2$介词短语后接行为动词的用例更少,在包含"向"的750条有效用例中我们只找到一个,见例(30):

(30)后来,我已能够用普通的日常语言对话,看懂日常的报纸后,我又开始向大部头的《三国演义》《红楼梦》发动进攻。

2.2.3 向$_3$的输出情况

向$_3$表示动作所涉及事物的来源,有"从……那里(得到)"之义。语料库里共输出用例156例,占总输出量的20.8%。例如:

(31)除此之外,我们东方父母也应该向西方的父母亲学习。

(32)时而会向家人要求过分的金钱物质享受。

(33)同学们都看不起我,因我常没图画纸,向他们借。

(34)我为了读大学只好向银行贷款。

向$_3$多跟"借、要、租赁、学习"等动词搭配,语料库里以"向……学习"出现频率最多。虽然向$_3$的意义及用法与向$_2$不同,前者表示来源义,后者表示对象义,但无论是来源义还是对象义,二者的宾语有相同之处,都是由名词和代词充当,因此向$_3$容易和向$_2$产生混淆,故经常造成留学生使用偏误。

2.2.4 输出等级顺序

以上我们统计分析了"向"三种用法的输出情况,据此可以得出第一种习得顺序,即输出情况等级顺序:

$$向_2 > 向_3 > 向_1$$

从大类来看,介词向$_2$的输出量最大,向$_3$其次,向$_1$最少。向$_2$涉及的谓语动词种类较多,但用法并不复杂,因而用例最多。向$_3$表示来源义,相当于"从……那里(得到)",

其宾语表示来源的对象,名词和代词都可以充当,因而受限较小;但其后接的动词谓语须具有[＋获得][＋取得]这样的语义特征,语义特征对动词的限定制约了向$_3$的实际用例数量。向$_1$的输出量最小,低于向$_3$,更远远低于向$_2$,原因在于进入"S＋向$_1$＋NP＋VP"结构的 VP 仅局限于单一的位移动词,在使用频率相同的情况下,使用数量自然最低,因而语例最少。

2.3 准确率及偏误类型

上文提到,Dulay & Burt(1974:37-53)将准确率 90％界定为习得标准,Vainikka(1994)、Ellis(1988)、Andersen(1978)分别以 60％、75％、80％作为习得标准(转引自冯丽萍、孙红娟,2010:12)。施家炜(1998:80)则以 80％作为习得标准。本文采用 80％的准确率作为考察介词"向"的习得标准,但并不意味着达到该标准就一定算习得,达不到就一定算没习得,因为确定哪种比例作为习得标准具有一定的主观性。但以 80％准确率作为习得标准至少可以说明,达到了表明习得情况较好,没达到表明习得效果尚不理想。

经统计,在 750 条包含介词"向"的有效用例中,共发现 127 条误例,占总数的 16.9％;正确输出用例为 623 条,准确率达 83.1％。如果以准确率 80％作为标准来判定留学生已习得某语言现象的话,那么留学生在习得介词"向"时的准确率已高于 80％,达到习得标准,因此从总体上看,留学生习得介词"向"这种语法现象较为理想。数据直观统计见表 2:

表 2 "向"的输出准确率情况

输出情况	数量(例)	占比
正确输出	623	83.1％
错误输出	127	16.9％
合计	750	100％

2.3.1 向$_1$的正确率及偏误类型

在包含向$_1$的 79 条用例中,共有 16 例偏误,正确率为 79.7％。主要的偏误类型是错用和错序,错用是不该用"向"的地方却使用了;错序是"向"的语序不当。例如:

(35) *今年寒假的时候,我跟一个朋友向中国的南方去旅游了。

(36) *但我坚持前向走。

(37) *他向狗开始走去。

例(35)是错用的情况,"S＋向$_1$＋NP＋VP"结构中的向$_1$只能介引动作行为的方向,但不表示动作行为的目的,应该将"向"改为"到",构成"到……去"结构。例(36)和例(37)都是错序情况,正确语序分别是"但我坚持向前走""他开始向狗走去"。

2.3.2 向₂的准确率及偏误类型

在向₂的 515 条用例中,共发现 91 例偏误,正确率为 82.3%。偏误类型主要有冗余、遗漏、错序和误用四种。

第一,冗余。主要是误把"给、对、为、跟"等与"向"连用或混用在一起。例如:

(38)＊然后到了我在中国进修汉语的时候,我重新开始给向母亲写信,问问她的生活如何,心情又如何!

(39)＊父亲和母亲,我对向您很感谢!

(40)＊我听过以前的中国是什么样的,其实知道得不多,但是那时候我的爸爸和向我说的中国的印象很深刻。

(41)＊她很少跟向顾客随便搭话。

以上四例都是在不需要用"向"的时候却用了,造成冗余偏误,这四个句子中都应把"向"删去,而只保留另外一个介词。在向₂的所有偏误用例中,冗余偏误是最多的。

第二,遗漏。既漏掉了向₂也同时一并漏掉了对象宾语。例如:

(42)＊××先生:我一个朋友介绍你们的公司。

(43)＊其次是父母要灌输中国文化传统,让孩子不仅拥有体力、智力方面的能力,还要有礼貌。

例(42)遗漏了介宾短语"向我",例(43)遗漏了介宾短语"向他们",因而造成句义表达不完整。

第三,错序。例如:

(44)＊现在告白向你们,谢谢,还有对不起。

(45)＊这种情况下,有些抽烟的抗议向政府。

例(44)里的介词短语"向你们"、例(45)里的介词短语"向政府"应该放在所修饰动词之前。这是一种典型的介词短语做状语却被置于了所修饰动词之后的偏误,极有可能是由留学生的母语负迁移造成。

第四,误用。例如:

(46)＊如果他们能向对方考虑,那么这样的友情就可以维持很多年。

例(46)的"向"是对介词"为"或"替"的误用。介词"向"和"为"虽然都可以介引动作对象,但这里的"为"引进受益者,相当于"替",而"向"不具有此功能。

2.3.3 向₃的准确率及偏误类型

在北语中介语语料库中,向₃用例总计是 156 个,偏误用例只有 20 个,准确率达到了 87.2%。向$_3$ 最突出的偏误类型是冗余。例如：

(47) *我从十八岁开始吸烟的,跟向一个朋友学会抽烟了。

(48) *有时候他们向对别人要钱,还有不上学。

(49) *从父母的兴趣爱好、思想观念、行为举止,孩子在成长过程中向与父母学习,并形成一种孩子的生活习惯。

例(47)的偏误是介词"跟"与"向"的混合连用,应该去掉冗余的"向"。例(48)、例(49)则应分别删去"对"和"与"。相对于向$_1$ 与向$_2$,向$_3$ 在遗漏、错序、误用等方面的偏误很少,因而准确率较高。

2.3.4 准确率顺序

以上是对介词"向"的准确率及偏误情况的分析,其中向$_1$ 准确率是 79.7%,向$_2$ 准确率是 82.3%,向$_3$ 准确率是 87.2%。准确率排序为:向$_3$>向$_2$>向$_1$。这三种用法都接近或超过了 80% 这个习得标准。

表3 "向"的不同意义和用法的输出情况与准确率

意义和用法	输出数量(例)	占比	正确数量(例)	占比
向$_1$	79	10.5%	63	79.7%
向$_2$	515	68.7%	424	82.3%
向$_3$	156	20.8%	136	87.2%

根据表3,可对介词"向"的三种用法在输出率与准确率方面进行如下排序:

输出率:向$_2$>向$_3$>向$_1$

准确率:向$_3$>向$_2$>向$_1$

在输出率与准确率方面,"向"的习得顺序既体现出一致性也体现出不一致性。一致性方面,无论是准确率还是输出率,向$_1$ 都排在了最后。不一致方面体现在:输出率上向$_2$>向$_3$,准确率上向$_3$>向$_2$。在准确率方面,向$_2$ 和向$_3$ 都超过了 80% 这个习得标准,向$_3$ 的准确率甚至达到了 87.2%。在输出率方面,向$_2$ 的输出量比向$_3$ 高出了 47.9%。邓守信(2003)认为,难度低的语法点具有使用频率高的特征,反之使用频率低的语法点难度就较高。向$_2$ 的输出量远比向$_3$ 高,说明向$_2$ 使用频率比向$_3$ 要高,因而向$_2$ 习得难度低于向$_3$;但同时输出量大相对来说犯错概率也大,因而在准确率方面,向$_2$ 又低于向$_3$。鉴于向$_2$ 和向$_3$ 在准确率方面差别不大,而向$_2$ 的输出量远远高于向$_3$,据此可以判定向$_2$ 的习得情况好于向$_3$。相比之下,向$_1$ 的习得难度可能较高,因为其输出率和准确率都比向$_2$ 和向$_3$ 差很多,同时也未达到 80% 这个习得标准。

从输出率与准确率两方面综合考量,我们可将介词"向"在输出率与准确率方面的习得顺序排列如下：

$$向_2 > 向_3 > 向_1$$

2.4 介词"向"各语法意义的初现情况考察

前文已述，关于"向"的习得顺序考察本文综合采用输出情况、准确率情况与初现情况三个标准。下面我们将中介语语料按照初级、中级、高级进行分类，从初现率方面考察"向"的二语习得顺序。北语 HSK 动态作文语料库根据学生证书水平分为无证书、C、B、A 四个等级，我们将无证书归为初级，C 等级归为中级，B 和 A 等级归为高级。在各个区间里，我们将从横向角度比较相同年级阶段"向"中介语的输出率和准确率情况，从纵向角度比较不同年级阶段"向"同一种用法的习得情况。

2.4.1 横向角度

我们将各年级段留学生关于"向"的中介语输出率与准确率直观统计为表4。

表4 各年级留学生关于"向"的中介语输出率与准确率

意义和用法	阶段	输出数量(例)	输出率	正确数量(例)	准确率
$向_1$	初级	20	7%	15	75%
	中级	36	12%	29	80.6%
	高级	23	14%	19	82.6%
$向_2$	初级	209	73.6%	164	78.5%
	中级	197	65.7%	162	82.2%
	高级	109	66.5%	98	89.9%
$向_3$	初级	55	19.4%	48	87.3%
	中级	67	22.3%	60	89.6%
	高级	32	19.5%	28	87.5%

横向比较考察。在初级阶段，留学生$向_1$的输出比例为7%，准确率为75%；$向_2$的输出比例为73.6%，准确率为78.5%；$向_3$的输出比例为19.4%，准确率为87.3%。据此，在初级阶段，"向"的输出率从大到小依次是$向_2 > 向_3 > 向_1$，准确率依次是$向_3 > 向_2 > 向_1$。虽然$向_3$准确率比$向_2$高一些，但是$向_2$的输出比例远远高于$向_3$，而$向_1$的输出率和准确率都是最低的。所以总体来看，初级阶段介词"向"三种用法的掌握程度可以排序为：$向_2 > 向_3 > 向_1$。同时，初现情况的统计结果也反映出，"向"的初现率及准确率同前文表3统计的总输出率与准确率完全一致。在中级阶段，$向_1$的输出比例为12%，准确率为80.6%；$向_2$的输出比例为65.7%，准确率为82.2%；$向_3$的输出比例为22.3%，准确率为89.6%。可见，中级阶段的输出情况和准确率情况与初级阶段相同。高级阶段，留学生$向_1$的输出比例为14%，准确率为82.6%；$向_2$的输出比例为66.5%，准确率

为 89.9%；向₃的输出比例为 19.5%，准确率为 87.5%。高级阶段输出情况是向₂>向₃>向₁，准确率情况也是向₂>向₃>向₁，对比之下可以发现高级阶段向₂的习得情况要高于向₃，再次证明前两个阶段习得顺序排列的合理性。

2.4.2 纵向角度

考察"向"的三种用法在各个年级阶段输出率和准确率的变化情况，结合表 4，我们可以将这种变化情况直观统计为图 1 与图 2。

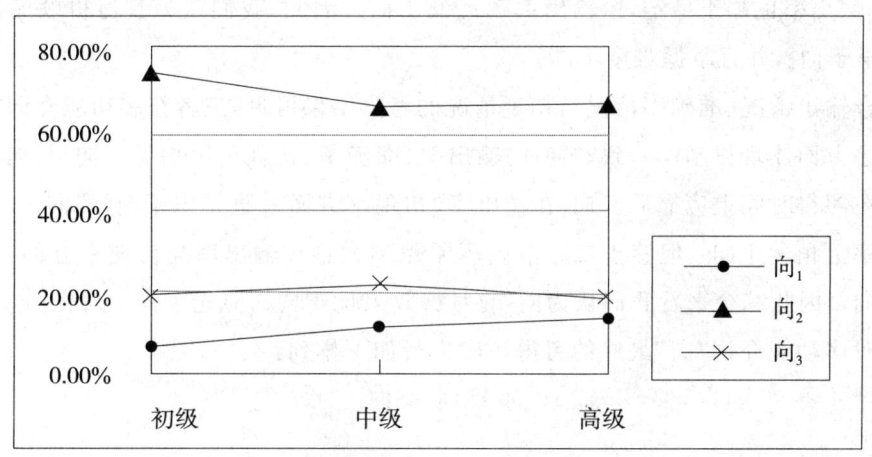

图 1　输出率变化情况

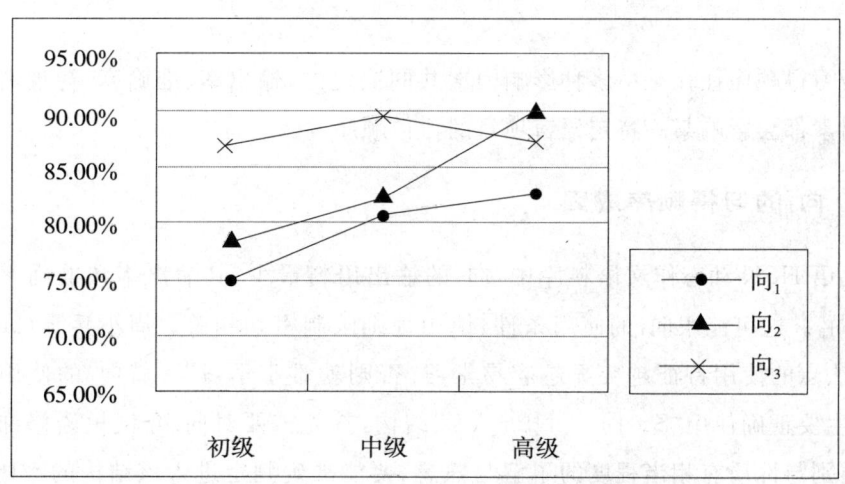

图 2　准确率变化情况

图 1 中输出率变化情况显示：从初级到高级阶段，向₁的输出率总体上升了 7%，向₂的输出率先下降 7.9% 后又上升 0.8%，向₃先上升 2.9% 后又下降了 2.8%。其中，向₂在各阶段中输出率始终是最高的。图 2 显示，准确率的数据波动比输出率要更明显一些，

从初级到中高级，向$_1$和向$_2$的准确率都是一路上升，尤其是向$_2$的准确率呈加速度上升态势，由初级阶段的78.5%上升到高级阶段的89.9%（见表4），可见到了高级阶段向$_2$习得情况非常好。向$_3$在初级阶段就达到习得标准，在中高级阶段数据波动不大。综合来看，向$_1$的输出率和准确率在三个阶段均一直低于向$_2$和向$_3$，因此，向$_1$应当是最晚习得的。向$_2$在三个阶段中输出率是都最高的，虽然它在初级、中级阶段准确率略低于向$_3$，但差距不大，并且到高级阶段它的准确率实现反超，达到约90%，因此向$_2$是三种用法中是习得最好的。向$_3$的输出率变化不大但也一直不高，它的准确率虽然一直居高不下，输出率也趋于稳定，但输出率远远低于向$_2$，因此，我们认为其习得顺序应晚于向$_2$，但早于向$_1$，并且掌握难度不高。

综合输出情况、准确率情况与初现情况的考察结果可见，三者在多功能介词"向"的习得顺序方面体现得基本一致。向$_1$的输出率、准确率、初现情况均低于向$_2$与向$_3$，可以确定其在习得时间上应靠后。向$_2$在输出率、初现率方面一直领先于向$_1$和向$_3$，虽然向$_2$在准确率上稍逊于向$_3$，但鉴于二者准确率差距不大且在输出率与初现率方面向$_2$大幅度领先向$_3$，因此综合来看我们认为向$_2$的习得效果优于向$_3$，应先于向$_3$习得。这样我们就可以对多功能介词"向"最终的习得顺序进行如下排列：

$$向_2 > 向_3 > 向_1$$

三、介词"向"习得顺序成因考察

二语习得顺序往往是由多种影响因素共同决定的，输出率、准确率、初现情况及其他一些因素都会影响某一特定语言项目的习得顺序。

3.1 向$_1$的习得顺序成因

在北语HSK动态作文语料库中，向$_1$的输出语料最少，其输出率和准确率都远低于向$_2$与向$_3$。这可能跟向$_1$的使用条件、使用规则限制密切相关。周小兵等（2010:25）指出"语法点的使用特征越突显越容易学习，否则就难于学习"。就向$_1$的使用特征来看，留学生要正确使用"S+向$_1$+NP+VP"结构，首先需要对向$_1$介词短语修饰的谓语动词的类别与性质有相当程度的了解与熟悉，要能准确判定进入该结构的VP这个动作行为是否有方向性、是否可以发生位移，如不把两个突显特征准确理解了，就无法正确使用向$_1$；其次，对向$_1$表示方向、方位或地点这一语法意义要熟练掌握；最后还要注意向$_1$介词短语同谓语动词以及其他状语的位置顺序，避免出现错序问题。语料统计分析显示，"S+向$_1$+NP+VP"结构中VP的位移性突显特征使得留学生很少发生VP使用的偏误,原因在于向₁的方向义与 VP 位移义都属于基本的空间范畴,空间范畴认知度高,习得难度低,因而 VP 的偏误率低。而向₁出现偏误的 16 个用例基本都是错用和错序的问题。错用说明学习者对向₁意义把握不准确,易与其他介词相混淆。错序说明学习者在如下两个位置关系处理上难度较大:一是向₁介词短语与其修饰的谓语动词之间的位置关系,二是向₁介词短语与其他状语之间的位置关系。施家炜(1998:96)认为:"认知难易程度在习得顺序成因中占优势地位,制约着习得顺序。"就向₁而言,留学生对哪些动词具有位移性哪些不具有位移性认知难度不太高、判定难度也不大,这就回答了为何"S+向₁+NP+VP"结构中 VP 的偏误率低。但为何向₁在偏误率上高于向₂与向₃,主要原因在于学习者对向₁的语法意义没能熟练掌握,对向₁介词短语与谓语动词的位置以及其他状语的位置没能很好掌握,从而外显为错用与错序用例高。

3.2 向₂的习得顺序成因

语料检索显示,向₂的输出量最大,占介词"向"总输出量的近三分之二,这表明留学生向₂的使用频率很高。但也同时存在用法规则化的倾向,如在介词向₂的语料里,"向₂+五官及体态动词""向₂+言语类动词"这两类用例占据其中的大部分。体态类动词和言语类动词关乎我们的行与言,均与我们的身体动作行为与语言行为密切相关,因而构成"S+向₂+NP+VP"基本结构时,其规则化程度也高。规则化程度高则不易出现规则泛化;规则化程度不高,则容易出现规则泛化。(邓守信,2003:104-108)因向₂具有规则化程度高的特点,认知难度相对较低,学习者往往可以将其作为一个整体去习得,因而在"向"的三种用法中其输出率与初现率都最高。又因其规则化程度高,不易出现规则泛化,其整体偏误率也较低,整体准确率达到了82.3%,并且从初级阶段到高级阶段,其准确率一直在稳步提升,由初级阶段的 78.5% 飙升到高级阶段的89.9%(见表4),达到接近90%的准确率;加之其输出用例也非常可观,因此留学生对向₂总体习得效果最好。

3.3 向₃的习得顺序成因

向₃的输出量从初级阶段到高级阶段一直不高,但较之于向₁又要稍高一些。向₃使用的准确率在"向"的三种用法里是最好的,这跟它使用特征的突显度高密切相关,使用特征突显度高则降低了认知难度。能够进入"S+向₃+NP+VP"结构中的 NP 均是表人的或由人组成的机构组织,这一点上向₃与向₂认知难度等同,因为向₂的宾语也主要是表人的或由人组成的机构组织。但向₃的准确率无论在初级阶段还是在中级阶段甚至在高级阶段都稳定在88%左右(见表4),主要原因就在于它所修饰的VP类型较为单一,具有[＋取得]语义特征,认知难度低,只要留学生熟练把握这一点,就可以使用该结构且偏误率也不会太高。而向$_2$因为修饰的VP相对复杂,下位类型多,所以尽管在高级阶段其准确率赶超了向$_3$,但在初级阶段与中级阶段都落后于向$_2$。向$_3$在我们检索到的语料中呈现整体输出率不高同时准确率不低的特点。原因在于,向$_3$介词短语修饰的谓语动词只是动词大类中很小的一类,即仅具有[＋取得]语义特征的这类动词,这就决定了它在语料中整体输出率不高;同时,[＋取得]语义特征的高突显度,认知难度不高又决定了它使用偏误率低,因而准确率高。

四、结语

介词"向"是现代汉语中典型的多功能虚词,可以标记多种语义角色。本文从二语习得顺序视角将介词"向"的用法归纳为三种,表示动作的方向、引出动作行为的对象、表示来源,并依次将它们标记为向$_1$、向$_2$、向$_3$。

习得顺序的考察必须基于一定的习得标准,常用的习得标准是准确率标准与初现率标准。准确率标准关注目的语的使用是否正确、规范,但不易排除学习者使用"公式化"策略造成的对语料和分析结果的影响。初现率标准更注重目的语使用的创造性与自主性,但仅关注语言习得的开始而忽视了语言习得的发展。鉴于这两种习得标准各有优缺点,本文又引入输出情况标准,从准确率、初现率、输出情况三个方面综合展开考察。通过中介语语料统计分析,分别得出三组习得顺序:

输出率顺序:向$_2$＞向$_3$＞向$_1$

准确率顺序:向$_3$＞向$_2$＞向$_1$

初现率顺序:向$_2$＞向$_3$＞向$_1$

在这三组习得顺序中,介词"向"在输出率顺序与初现率顺序方面表现一致,在准确率顺序方面稍有不同(向$_3$＞向$_2$)。虽然向$_2$在准确率上稍逊于向$_3$,但鉴于二者准确率差距不大且在输出率与初现率方面向$_2$大幅度领先向$_3$,因此综合来看我们认为向$_2$的习得效果优于向$_3$。综合三方面习得顺序,我们就可以得出多功能介词"向"相对客观的最终习得顺序:

向$_2$＞向$_3$＞向$_1$

向$_1$的输出率、准确率、初现率都远低于其他两种用法。向$_2$在输出率、初现率方面领先向$_3$很多,在准确率方面稍逊于向$_3$。

参考文献

陈昌来(2002)《介词与介引功能》,安徽教育出版社。
邓守信(2003)对外汉语语法点难易度的评定,载《对外汉语教学语法探索》,中国社会科学出版社。
冯丽萍、孙红娟(2010)第二语言习得顺序研究方法述评,《语言教学与研究》,第1期。
高顺全(2015)《基于语法化理论的汉语兼类虚词习得顺序研究》,中国社会科学出版社。
"HSK动态作文语料库"课题组(2015)《北京语言大学HSK动态作文语料库2.0版》,北京语言大学。
何　薇(2004)《汉语常用对象介词的分析与教学》,苏州大学硕士学位论文。
侯学超(1998)《现代汉语虚词词典》,北京大学出版社。
刘月华等(2001)《实用现代汉语语法》,商务印书馆。
吕叔湘主编(1999)《现代汉语八百词》(增订本),商务印书馆。
逄洁冰(2013)《介词"对"和"向"的意义及用法考察》,吉林大学硕士学位论文。
施家炜(1998)外国留学生22类现代汉语句式的习得顺序研究,《世界汉语教学》第4期。
王自强(1998)《现代汉语虚词词典》,上海辞书出版社。
张　斌(2006)《现代汉语虚词词典》,商务印书馆。
张燕吟(2003)准确率标准和初现率标准略谈,《世界汉语教学》第3期。
张谊生(2000)《现代汉语虚词》,华东师范大学出版社。
中国社会科学院语言研究所词典编辑室(2012)《现代汉语词典》(第6版),商务印书馆。
周小兵、刘瑜(2010)汉语语法点学习发展难度,《华文教学与研究》第1期。
Dulay, H. & M. Burt (1974) Natural Sequences in Child Second Language Acquisition, *Language Learning*, 24.
Pienemann, M. (1998) *Language Processing and Second Language Development: Processability Theory*, Amsterdam: Benjanmins.

(1. 211815　江苏南京,南京审计大学文学院；
2. 226242　江苏启东,江苏省启东市陈兆民中学)

基于T单位的CSL口语动态
发展轨迹个案研究*

胡兴莉

摘　要：本研究基于T单位测量法，纵向跟踪6名不同层次的CSL初级学习者，从复杂性、流利性和准确性三个维度对他们的口语动态发展过程进行个案研究。研究发现：三个维度的群体动态发展轨迹呈现不同的突变特点，个体动态发展轨迹更加多样化和个性化，反映了口语能力发展过程中的涌现和非线性等复杂动态特征。进一步探讨了个体间的动态发展轨迹，转换成Z值揭示个体内部三个维度的动态竞争关系，同时还探索了口语能力动态发展的跨时间变化率。

关键词：T单位；CSL学习者；汉语口语；动态；发展轨迹

〇、引言

二语习得研究始于40多年前，从最初关注第二语言教学中的问题发展到对语言习得机制的研究，现在已经成为一门独立的学科，具有完整的知识体系和理论系统。在复杂动态系统理论的视域下，二语习得术语的合理性和二语习得中的一些重要理论都受到了质疑。目前，应用复杂动态系统理论进行二语习得的研究取得了一定的进展，逐渐成为国际应用语言学界的研究热点。

在Van Gelder & Port(1995)提出的三种研究动态系统的方法中，动态描述提供了一般概念工具，可以帮助理解系统，特别是非线性系统随时间变化的方式。Larsen-Freeman(2006)尝试运用这一概念工具来理解二语学习过程中运行的复杂系统。De Bot et al.(2007)、Robinson & Mervis(1998)、Van Geert & Van Dijk(2002)也展开过

---

* 本文系2019年度浙江省哲学社会科学规划课题(项目编号：19NDFC384YB)、2018年度浙江省教育科学规划课题(项目编号：2018SCG130)、2018年度衢州学院校级教改项目(项目编号：JG201804)的研究成果。感谢《对外汉语研究》匿名审稿专家对本文提出的修改意见。

相关的研究。他们使用的测量标准分别是复杂性、准确性和流利性,简称 CAF,测量的基本单位是 T-unit。

　　CAF 是应用语言学领域公认的用于描述二语学习者语言能力的三个重要维度,也是目前已被确认的测量第二语言书面语能力发展水平最好的判断标准(Wolfe-Quintero et al.,1998)。相关研究以书面语语料居多(如 Wolfe-Quintero et al.,1998;Ellis & Barkhuizen,2005;Larsen-Freeman,2006;Verspoor et al.,2008;鲍贵,2009、2010),而口语语料则相对较少(如 Vercellotti,2015;Yuan & Ellis,2003;Foster & Tavakoli,2009;文秋芳,2006a、2006b)。这些研究都是以英语为研究语料,采用 T 单位测量法,但英语属于印欧语系,和汉语在类型学上存在很大差异,以英语为研究语料的 CAF 标准是否适合汉语语料?英语的 T 单位测量法已经发展成为一个成熟、可靠的测量手段,有非常细致的评价指标体系,但利用 T 单位对汉语语料进行 CAF 测量的研究和探讨还非常少。Jiang(2013)对 116 名不同水平的汉语作为第二语言学习者的作文语料进行了 T 单位测量,验证了 T 单位可以作为一个可靠的指标来测量汉语写作能力的发展水平。安福勇(2015)使用 T 单位测量法分析不同汉语水平的学习者作文的复杂性、流畅性和准确性,发现其作文水平越高,流畅性越好,句法复杂程度越高,而准确性与写作水平并未呈现出线性正相关。陈默(2015)设计了单因素实验,对中高级汉语水平的美国留学生汉语自然口语的复杂度、流利度和准确度进行考察,并根据汉语的特点细化了复杂度、流利度和准确度的测量指标,发现这三个维度特征的发展各有特点,而且同一维度下不同特征的发展程度也存在差异。吴继峰(2017)研究一名英语母语者汉语作文的词汇和句法的动态发展,发现学习者词汇变化性和复杂性、句法复杂性和准确性的变化呈现出跳跃式、阶段性和非线性发展的特点,各维度发展并不同步。

　　上述研究多关注书面语,较少关注交际主体的语言能力动态发展过程。在复杂动态系统视角下,分析学习者交际能力的发展模式,对于理解其语言能力发展层面的可变性特征非常重要。因此,如何测量这三个维度,并通过具体的测量指标描述汉语作为二语的交际能力的动态发展过程特征是一个挑战。

　　鉴于相关研究所存在的局限,针对汉语作为第二语言学习者(以下简称 CSL 学习者)初级阶段的实际能力水平,本研究尝试细化 T 单位测量指标,使其更加适切于 CSL 学习者的语言能力,通过纵向研究学习者口语动态发展过程及其发展轨迹,揭示 CSL 学习者初级阶段口语发展的阶段性特征和规律。具体研究问题如下:其一,T 单位的测量指标如何适切于 CSL 学习者初级阶段口语能力发展?其二,CSL 学习者 CAF 三个维度的口语能力动态发展呈现哪些特点？其三，学习者个体内部口语能力发展有哪些特点？

一、研究设计

1.1 被试与话语语料

本研究的被试是从初级汉语口语课长期班中选取的学生，共 6 名。在为期一个学期的课堂教学实录和测试中，定期抽取被试的话语语料并进行人工转写分析。全部转写语料由另一位任课老师复核以确保语料的准确性。根据学习者的实际水平和时间跨度，分别在一个学期的四个时间点来抽取话语语料：9 月中下旬、10 月中下旬、11 月中下旬和 12 月中下旬，在语料编号中分别采用 1 至 4 来代表相应时间，即 1 代表 9 月中下旬，依此类推。在交际话语语料的选择上，主要是根据被试口语能力的实际发展水平自然推进，没有采取 Larsen-Freeman(2006)等人设计的重复话题任务。重复话题虽然一定程度上可以避免话题变量本身所产生的影响，但也会产生其他如话题准备环境变量、话语结构变量、情感变量等的影响，从而很难真正呈现学习者的语言能力发展过程。有研究表明，在历时研究中使用重复话题采集数据，可能会产生更加严重的效度问题，如相同话题可能导致学习者失去兴趣而敷衍了事，或者干扰研究结果的分析和原因的界定(Ortega & Iberri-Shea,2005)。此外，从操作层面来考虑，被试者是汉语水平零起点的学生，很难从学习起点开始就规定同一个话题并一直重复到学期结束。按照话题的自然发展顺序来选择话题，更加符合学习者口语能力的真实发展规律。考虑到话题类别对口语能力的影响，所选话题均为大学生所熟悉的方面，并与他们的生活密切相关，尽量减少话题变量本身所产生的影响。同时，不同被试尽可能选用相同话题，以此降低个体间变量的影响。最后选择的话题是：自我介绍(9 月份)，我的一天(10 月份)，我去过的地方、我最感兴趣的事(11 月份)，我国家/城市的天气、节日和我的房间(12 月份)。

为了讨论的方便，在对话语语料进行统计和分析时，6 名被试分别用姓名首字母代码 H、L、B、D、S、A(为避免首字母代码重复，使用该生姓名中的不重复代码)。在话语语料转写中分别以编号 1 至 4 来标注每段话语文本，如 H1 是指 H 同学在 9 月份的话语语料，依此类推。6 名被试的口语水平分属于班级的低、中、高三个层次。这 6 名被试的基本信息和其他信息详见表 1：

表1 被试信息列表

代码	编号	性别	年龄	国家	母语	职业	层级
H	H1-4	男	29	老挝	老挝语	高校教师	高
L	L1-4	男	28	哥斯达黎加	西班牙语	金融领域翻译	高
B	B1-4	女	24	挪威	挪威语	大使馆职员	中
D	D1-4	女	25	法国	法语	硕研在读	中
S	S1-4	女	32	乌克兰	乌克兰语	公司职员	低
A	A1-4	女	23	比利时	英语	大学生	低

注:代码用于数据统计和分析,编号用于话语文本标注。

1.2 工具选取

考虑到被试口语发展的实际水平,本研究的复杂性测量采用词汇复杂性指标。这是一种复杂的形符与类符比率,其中形符是指言语中一切不重复出现的词语,类符是指言语中实际出现的一切词语,包括重复使用的(陈默,2015),其计算方法为形符的平方除以类符(简称 T2TR),选择该计算方法是为了减少话语语料长度对词汇复杂性的影响(Ellis & Barkhuizen,2005)。

流利性指标采取每个 T 单位的平均用词量(简称 W/T),准确性指标为无误 T 单位比率(简称 EFT/T),表 2 列出了对学习者口语能力动态发展进行测量的指标。

表2 口语能力动态发展测量指标

维度	指标类型	测量内容	测量方法	简称
复杂性	词汇复杂性	形符与类符比率	形符的平方除以类符	T2TR
流利性	语言指标	总词数与 T 单位总数的比率	每个 T 单位的词数之和除以 T 单位总数	W/T
准确性	语言指标	无误 T 单位比率	无误 T 单位与全部 T 单位之比	EFT/T

1.3 T单位切分

在进行测量前,首先要明确各项测量指标的内涵,并按照汉语的特点从可操作性层面进行界定。指标中的 T 单位是指:包含一个主句,以及附加和嵌入的所有从句和非从句结构的不可分割的最小单位(Larsen-Freeman,2006;秦晓晴、文秋芳,2007)。作为最小的可终止性单位,T 单位是反映学习者语言能力发展水平的可靠指标(Hunt,1976)。按照汉语句子结构类型来切分 T 单位是一个值得尝试的办法,但汉语的结构类型远比英语等形态丰富的印欧语言更为复杂。Jiang(2013)和安福勇(2015)都认为汉语的一个单句就是一个 T 单位。汉语从句类型中的偏正/主从复句（包括假设、因果、条件和目的复句）算作一个 T 单位,联合复句（包括并列复句、承接复句、递进复句、选择复句、解说复句、转折复句）中的各个分句都是各自独立的 T 单位（安福勇,2015）。但汉语中的单句复句不能单纯从结构上区分,还要从语义上判断。这是因为汉语句子类型复杂,很多汉语的单句和复句之间没有明显的界线,存在"剪不断理还乱"的纠结现象（邢福义,1993）。有鉴于此,我们主要结合初级阶段学习者口语语料的特点和语义完整性对 6 位被试的 24 段话语语料进行 T 单位切分,单句切分为一个 T 单位,紧缩句根据语义切分为独立的 T 单位,例如：

(1)①我叫 Dolores,②我法国人。③我是留学生,④我学习汉语。(D1)(4 个 T 单位)

复句的各个分句都是一个 T 单位,分句切分到无法独立成句,如：

(2)①我要说我的城市,②因为我在那儿生长,③所以我知道那儿。(H4)(3 个 T 单位)

(3)①我很喜欢这个城市,②因为我明白了中国人的住,③明白了中国人的做法。(L4)(3 个 T 单位)

T 单位切分工作由笔者进行,并由一位语法学专业教师复核,最后达成完全一致的切分意见,得出的话语语料 T 单位数量,如表 3 所示：

表 3　个体话语采集 T 单位数量

被试代码	语料编号			
	1	2	3	4
H	7	18	13	16
L	8	12	18	11
B	17	11	27	18
D	8	8	8	10
S	15	6	9	10
A	9	8	10	12

1.4　分词

词汇复杂性和语言流利性指标中涉及分词,分词的处理是汉语语言学界的一个难题,再加上"词与短语之间的界限不是十分清楚,他们之间存在着广阔的中间地带（邵敬敏等,2009）",这更增加了研究开展的难度。鉴于此,本研究的分词处理使用了中科院研发的 NLPIR/ICTCLAS 2014 分词系统,并由一位汉语词汇学专家协助手动处理分词结果,保证了全部语料分词标准的一致性。

二、研究结果与讨论

2.1 群体动态发展轨迹

首先,对 6 位被试的口语语料的复杂性、流利性和准确性进行数据统计和分析,以研究学习者口语能力总体的变化趋势,图 1 至图 3 显示的分别是复杂性、流利性和准确性的群体动态发展轨迹。

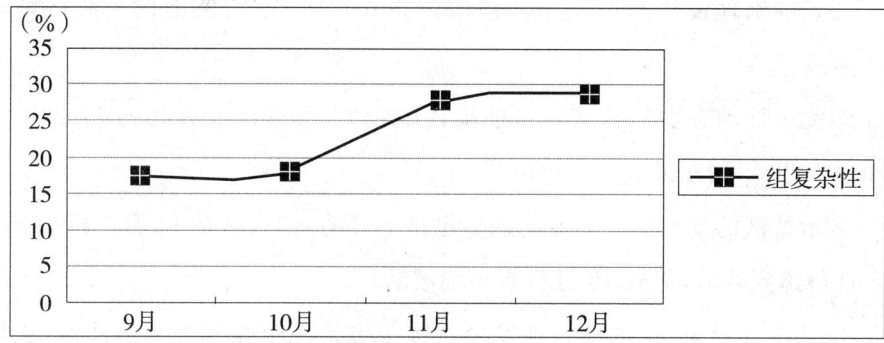

图 1 组复杂性动态发展轨迹

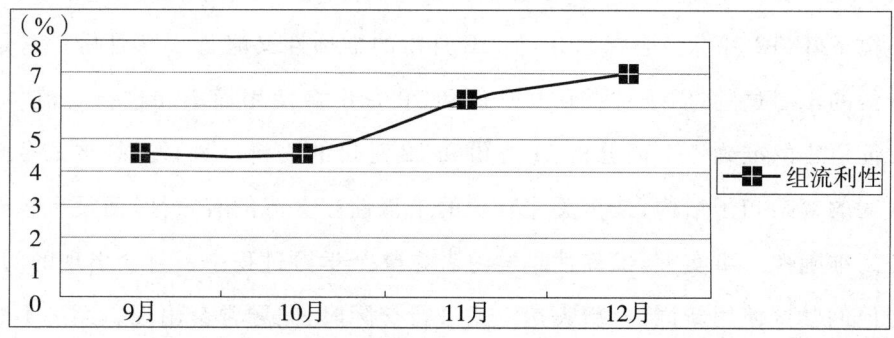

图 2 组流利性动态发展轨迹

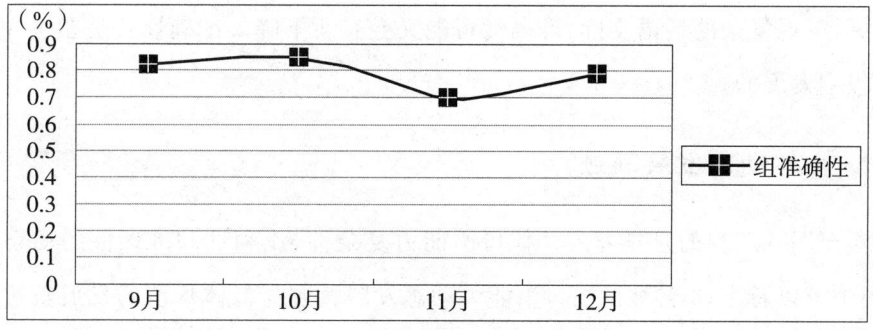

图 3 组准确性动态发展轨迹

从这三个轨迹图可以看出,学习者口语能力的发展呈现非线性的特征,伴随着起伏波动,口语能力的三个方面发展不均衡。从总体来说,复杂性、流利性都呈现上升趋势,其中复杂性进步比较明显,流利性也有较大增幅,但最后一次的准确性和第一次相比,数值却略有下降。另外,在口语能力发展的四个时间节点上,最值得关注的是11月份,因为学习者口语能力发展的三个维度——复杂性、流利性和准确性在11月份都出现了群体性的突变,其中复杂性和流利性是上升的突变,而准确性是下降的突变。这说明被试在经过两个月的学习后,已经能够用比较复杂的词汇和语言结构进行较流利的交际,但是还不能较准确地使用这些复杂的词语及句式,处于语言实践的自我调整与适应阶段。

图1组复杂性动态发展轨迹显示进步幅度较大,数据由9月份的17.27%上升到12月份的28.78%,增幅最大。

图2显示被试的流利性总体变化趋势也是上升的,特别是在11月份出现了群体性突变,12月份达到峰值,但在10月份有小幅波动。

从图3可以看出,被试的准确性发展轨迹很像是一个弧线柔和的波浪,比较典型地反映了学习者口语能力准确性往复上升的实际过程,10月份准确率略有上升,11月份小幅下降,12月份又小幅回升,但12月份的准确性又略低于9月份。这是一个非常自然的学习过程,因为被试在9月份和10月份多使用简单句进行交流,能够较好地保证语言的准确性。而分析11月份和12月份的语料,我们发现,被试多使用带有关联词的复杂句子结构,或多关注表意的丰富性和交流的有效性,而没有较好地保证语言的准确性。事实上,准确性是学习者在整个学习过程中一直会出现的问题,特别是当他们尝试使用新词语、新表达方式进行交际时,问题常会出现。经过不断发现错误和更正错误的过程后,学习者再使用这些词语时,准确性就会有所提升。然后,再尝试更新、更复杂的话语交际,准确性可能又会有所下降。准确性就是在这样循环往复的过程中发展的。

2.2 个体动态发展轨迹

图4至图6反映的是学习者个体口语能力复杂性、流利性和准确性的动态发展轨迹,从图中可以看出,6名被试的口语能力动态发展轨迹与群体均值的发展轨迹并不相同,每一位学生的发展轨迹都各有特点。

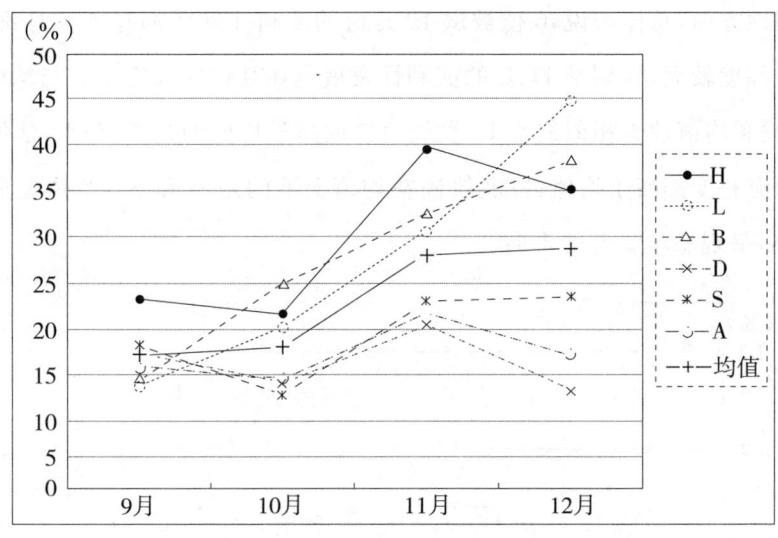

图 4　复杂性个体动态发展轨迹图

在复杂性方面,总体来说,6位被试除了 D 以外,其他 5 位 12 月份的复杂性发展都好于 9 月份,其中,H、L、B 的进步幅度都很大,特别是 L 的增幅最为明显。与均值相比较而言,发展曲线较为相似的是 S;发展轨迹一般在均值之上的是 H、L 和 B,其中 H 的发展轨迹全部都在均值之上;发展轨迹一般在均值以下的是 D 和 A。个体发展较为平稳的是 L、B 和 S,波动较大的是 H 和 D。H 的发展起伏较大,峰值在 11 月份,谷值在 10 月份。

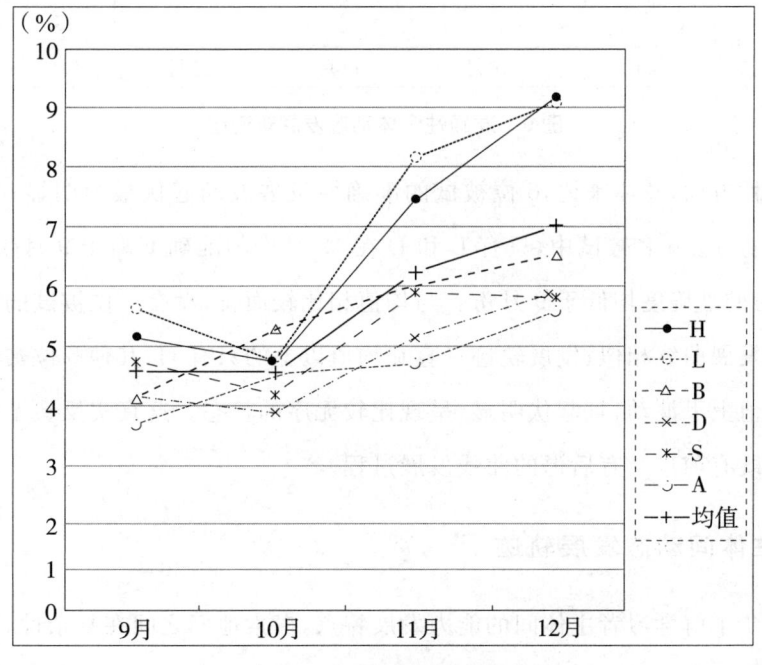

图 5　流利性个体动态发展轨迹图

在流利性方面,总体来说,6位被试12月份的流利性发展都好于9月份,其中,H、L、B的进步幅度较大,特别是H、L的流利性发展远在其他四人之上。与均值相比较而言,发展曲线和均值较为相似的是D;发展轨迹远高于均值的是H和L,他们在四个时间节点上的流利度都高于均值;发展轨迹在均值上下的是B和S。个体发展较为平稳的是B和A,呈现稳步上升的走向。

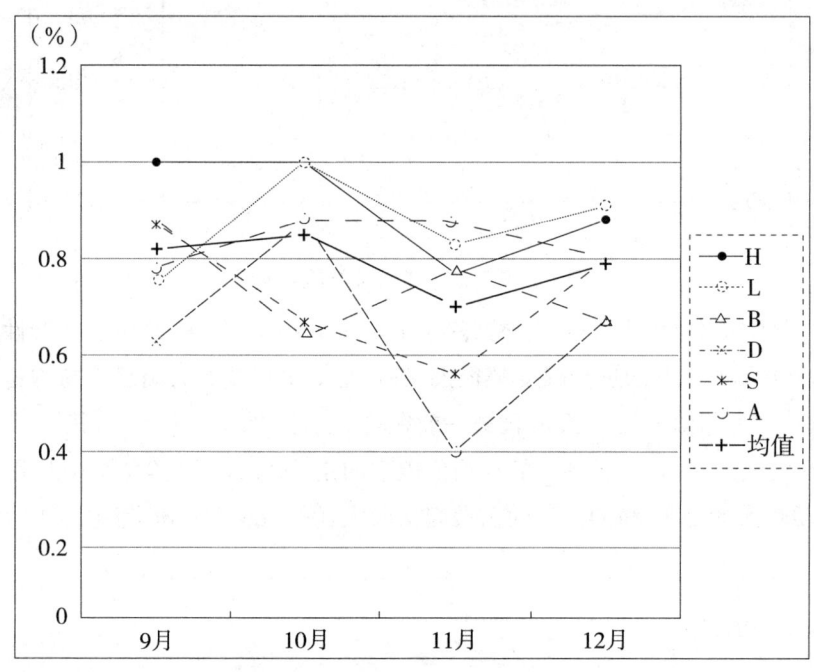

图6 准确性个体动态发展轨迹图

在准确性方面,总体来说,6位被试的准确性发展波动起伏最为明显,呈现比较典型的非线性特征。6名被试中,只有L和D在12月份的准确度高于9月份,其他4位被试12月份的准确度均低于9月份。与均值相比较而言,没有一位被试的准确性发展轨迹与均值发展曲线相似;发展轨迹一直在均值以上的只有H,其他5位被试的发展轨迹都是在均值上下波动,且起伏明显,呈现比较无序的状态。这真实反映了口语能力的发展是一个既有前进又有后退的曲线发展过程。

2.3 主体间动态发展轨迹

为进一步了解学习者主体间的能力发展特点,探索他们之间在复杂性、流利性和准确性三个维度上的发展轨迹,我们分别对6位被试在每两个维度上的发展轨迹进行描述，以发现不同主体在复杂性、流利性与准确性之间的变化特点（图 7 所示）。

a

b

c

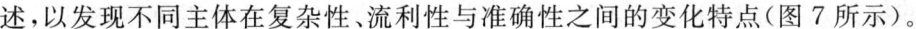

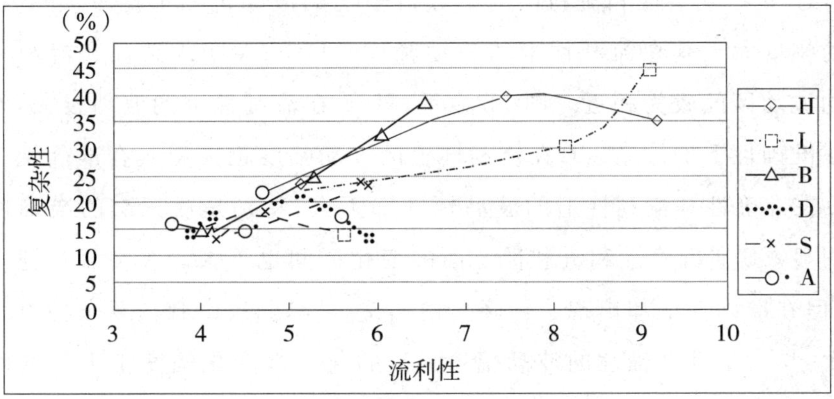

图 7　6 位学生主体间动态发展轨迹

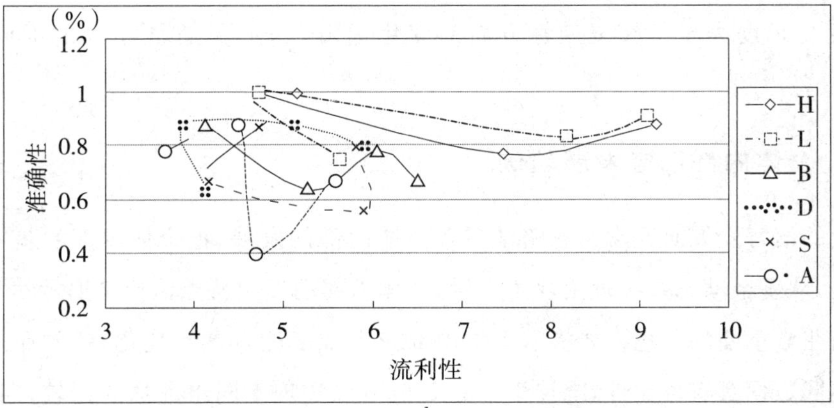

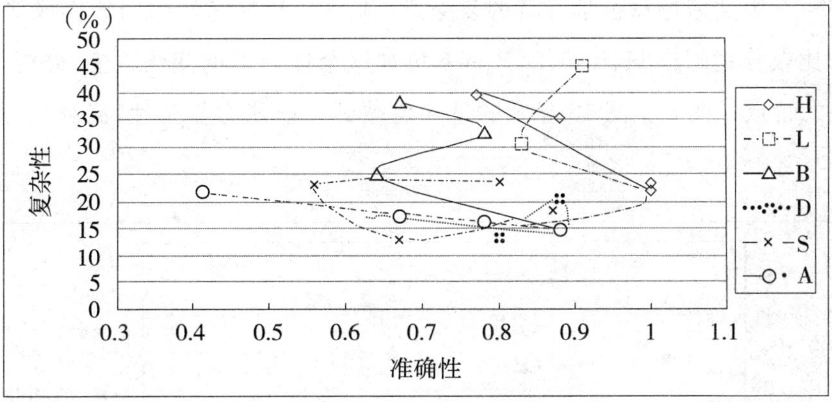

图 7 显示，6 位被试的口语能力发展轨迹是非线性的，每两个维度上的发展曲线都有各自的走向，呈现不同的发展轨迹和特点，没有明显的规律可循，这说明不

同个体之间能力的子系统发展是不平衡的,具有动态性、变异性和不可预测性。从图 7a 看,H、L 在复杂性和流利性两个数值轴上的波动范围都比较大,B 在复杂性上的波动幅度大于其在流利性上的波动幅度。D、S、A 在复杂性和流利性两个数值轴上的波动区间较为相近。图 7b 显示,H、L 在流利性上的波动较大,波动幅度大于其在准确性上的波动。B 在流利性上的波动幅度也大于其在准确性上的波动幅度。D 在准确性和流利性上的波动幅度都不大,特别是后三次的准确性变化幅度不太明显。S 在准确性和流利性方面的变化区间也不大。A 在流利性方面的变化不大,但在准确性上却出现了骤降。由图 7c 可见,H、L、B 在复杂性方面的波动幅度较大,均大于其准确性的波动幅度。D 的复杂性变化幅度小于其准确性变化幅度。S 在复杂性和准确性上的变化不大,但呈现循环往复的特点。A 在准确性方面的变化幅度大于其在复杂性方面的变化幅度,这主要是因为 A 的准确性出现了骤降。

2.4 个体内部动态发展轨迹

传统的语言发展研究常常忽略学习者个体内部的发展,把个体内部的差异视为误差。但是,从复杂动态系统理论视角来看,个体内部的发展特点恰恰是揭示学习者口语能力发展非常重要的信息。要揭示个体内部三个维度的发展和变化,就要保证这三个指标的不同数据具有可比性,统计学中的 Z 值可以实现不同组数据的比较。我们首先通过 SPSS 19 中文版把每位学习者的复杂性、流利性和准确性数据转换成 Z 值,再通过 Z 值的比较分别画出 H、L、B、D、S、A 6 位被试个体内部的变化轨迹,分析他们口语能力发展的特点。图 8 至图 13 显示的是 6 位被试口语能力复杂性、流利性、准确性的 Z 值比较。

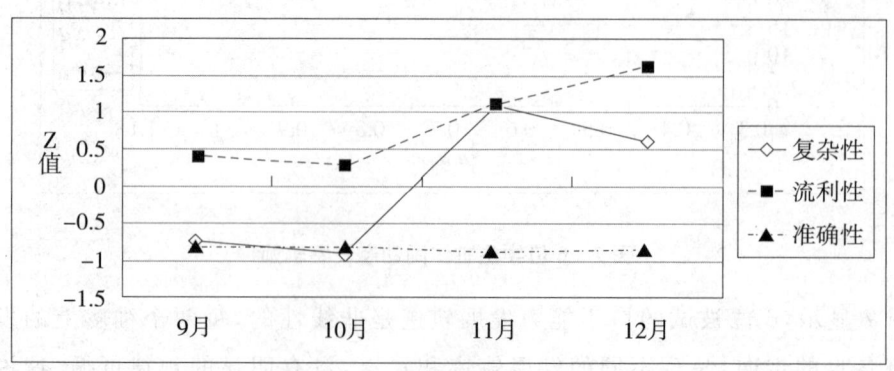

图 8　H 个体内部动态发展轨迹

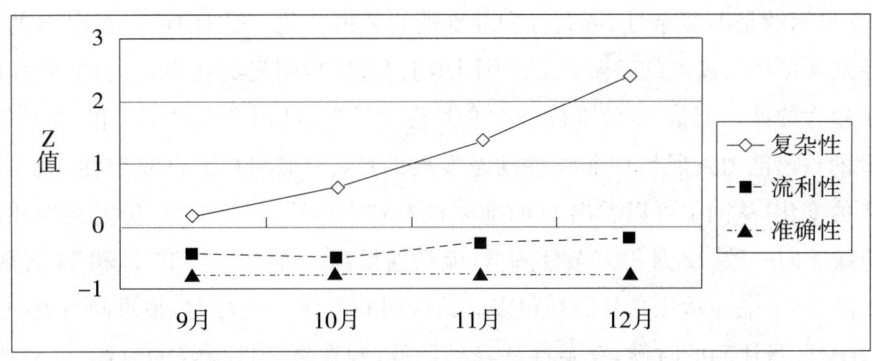

图 9 L 个体内部动态发展轨迹

图 8 显示的是 H 复杂性、流利性和准确性的 Z 值变化,从图中可以看出 H 在 9 至 11 月份的复杂性和流利性发展轨迹一致,都有小幅下降后大幅上升的变化,复杂性在 12 月份继续保持上升,而流利性有所下降。准确性一直保持了较稳定的发展,变化不大,12 月份比 9 月份略有提高。图 9 显示的是 L 复杂性、流利性和准确性的 Z 值变化,从图中可以看出 L 的复杂性提升得最快,流利性发展缓慢,准确性一直保持了较稳定的发展,基本没有变化。

H 和 L 作为高水平的代表,在口语能力发展上具有一些一致性特征,那就是复杂性发展得最快,流利性次之,而准确性则一直保持稳定。

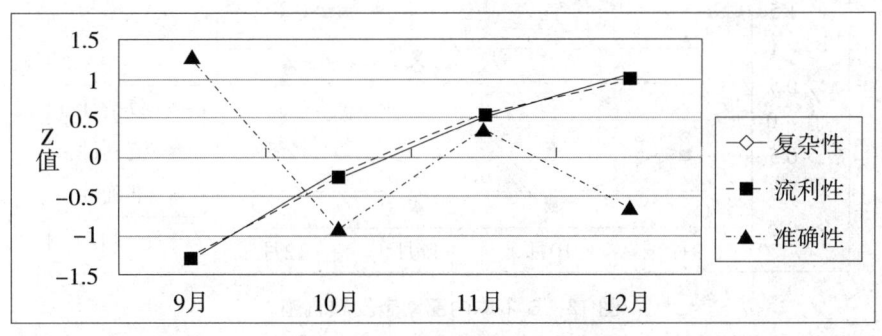

图 10 B 个体内部动态发展轨迹

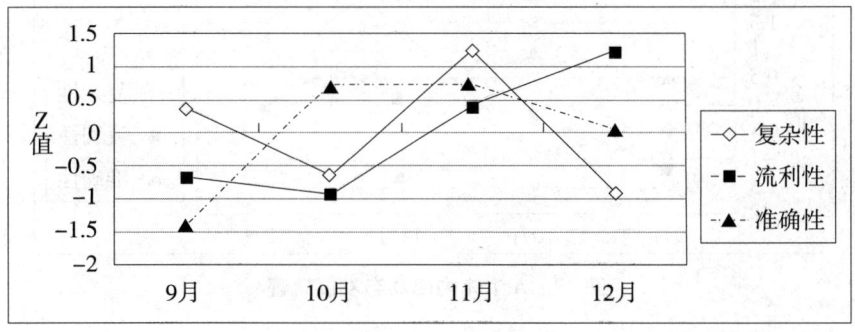

图 11 D 个体内部动态发展轨迹

图 10 显示的是 B 复杂性、流利性和准确性的 Z 值变化,从图中可以看出 B 的复杂性和流利性发展保持了高度的一致性,呈现同步上升、进步明显的特点。与此同时,准确性却出现了较大的波动起伏,B 的准确性在 9 月份为最高,11 月份次之,10 和 12 月份较低。这说明 B 的口语能力发展呈现非线性动态发展的特征。图 11 是 D 复杂性、流利性和准确性的 Z 值变化,从图中可以看出 D 的准确性有较大提升,9 至 11 月份复杂性和流利性的发展曲线趋向一致,12 月份复杂性降低,流利性提高。准确性在 10 月和 11 月较高,12 月有所下降,但 Z 值显示比 9 月份高很多。这说明 D 在进行交际时,很难同时兼顾这三个方面,她在交际最流利的时候,复杂性就降到最低;她在复杂性最好的时候,流利性下降;她在准确性 Z 值最高的时候,流利性 Z 值下降。

B 和 D 作为中等水平的代表,在口语能力发展过程中都呈现出高度不稳定性,她们可以在口语能力某方面表现得很好,最好时 Z 值甚至比两位高水平的被试还要高,如 B 的准确性 Z 值和 D 的流利性 Z 值都是单个 Z 值中最高的,但同时她们某个 Z 值的升高一般会伴随着其他 Z 值的降低。也就是说,在 B 和 D 的口语能力的三个方面存在比较明显的动态竞争关系,这使学习者难以同时保证三个方面的稳定发展。这其实也反映了多数学习者的实际口语能力发展过程。随着语言能力的逐渐提升,学习者会越来越好地平衡这三个方面的关系。

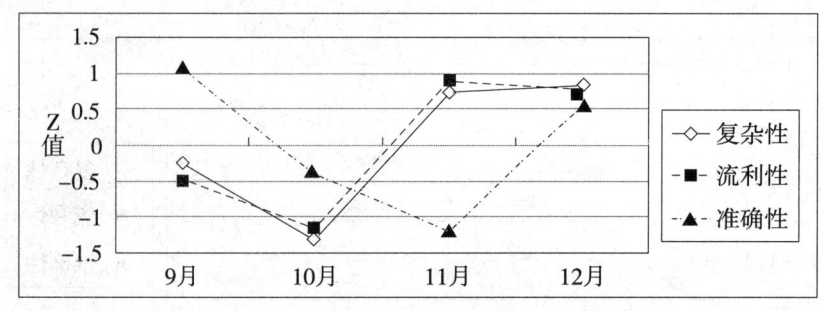

图 12　S 个体内部动态发展轨迹

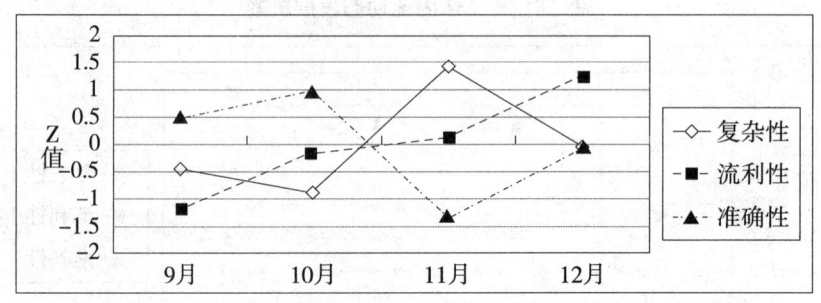

图 13　A 个体内部动态发展轨迹

图 12 显示的是 S 复杂性、流利性和准确性的 Z 值变化,从图中可以看出 S 的复杂

性和流利性发展保持了高度的一致性,呈现同步下降和上升、进步明显的特点。准确性在 9 月份为最高(准确率达到 100%),10 至 11 月份持续降低,12 月份有所回升。S 的三个 Z 值在 12 月份都较高,这说明 S 的口语能力发展呈现循环往复上升的动态发展特征。图 13 显示的是 A 的复杂性、流利性和准确性的 Z 值变化,从图中可以看出 A 的复杂性、准确性和流利性呈现不断变化和波动起伏的特点。在口语能力三个方面的发展过程中,A 的流利性呈现不断进步的特点。而准确性和复杂性则存在对抗竞争的关系,如在 10 月份,准确性达到峰值,而复杂性 Z 值却最低;而在 11 月份,复杂性达到峰值,而准确性 Z 值却降到最低。从 A 交际能力内部发展来看,12 月份的复杂性和流利性 Z 值都高于 9 月份。这说明 A 的口语能力发展呈现非线性、非可预测性的动态发展的特征。

S 和 A 作为低水平的代表,在口语能力发展过程中出现了比较明显的倒退和进步现象,充分说明交际能力的发展是一个复杂的、动态的、非线性发展过程。低水平的学习者更加难以兼顾复杂性、流利性和准确性的同步发展。但是,从两位被试口语能力长期发展过程来看,还是能够看出他们在 12 月份的进步。

2.5 个体历时变化

为了更详细地分析学习者个体在口语能力三个维度上的发展变化特点,我们借鉴了英语研究中以母语为研究对象进行跨时间变化发展研究的方法,描述 6 位被试个体内部交际能力的发展变化轨迹。这是一个探索性的研究尝试,Larsen-Freeman(2006) 首次将其用于二语的发展变化研究,目前还未见用于汉语作为第二语言的研究。研究方法是以第一次口语交际语料的相关数据为基准,将其值设为 0。将第二次口语交际语料的数据减去第一次口语交际语料的相应数据,再除以第一次口语交际语料的相关数据,得出一个比率,这个比率就是其发展轨迹中的具体变化率。例如,B 在 9 月份复杂性值为 13.89,10 月份复杂性值为 24.9,B 在 10 月份口语能力发展的变化率即为 (24.9 − 13.89)/13.89 = 0.79。图 14 至图 19 显示的是 6 位被试在口语能力复杂性、准确性和流利性方面的动态发展变化轨迹。

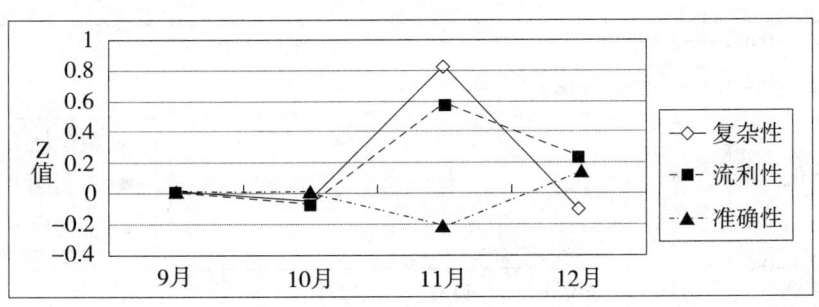

图 14　H 口语能力动态发展变化轨迹

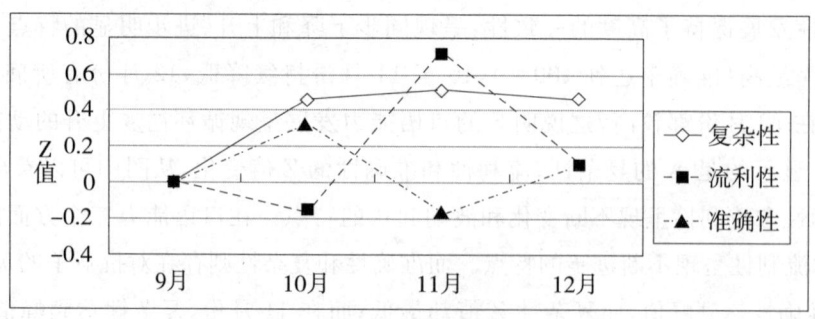

图 15　L 口语能力动态发展变化轨迹

图 14 的数据表明,H 变化率波动最大的是复杂性和流利性,特别是在 11 月份的变化比较明显,而准确性表现平稳,值得注意的是,H 的前两次没有语言错误,准确率达到 100%,后两次的复杂性和流利性提高时,准确性略有降低。总体而言,H 在口语能力发展过程中比较关注语言交际的准确性。图 15 显示,L 变化率波动最大的是流利性,特别是在 11 月份的变化比较明显,而复杂性在 10 月份以后表现为平稳的上升,变化率没有波动。L 的准确性在变化率上的表现为小幅波动,值得注意的是,在 11 月份,L 在流利性和准确性的变化方向是相反的。也就是说,L 在 11 月份的复杂性是上升的,而准确性是下降的。数据方面的解释是 L 在 10 月份的准确率达到 100%,在 11 月份随着复杂性和流利性的变化而有所下降是正常的。

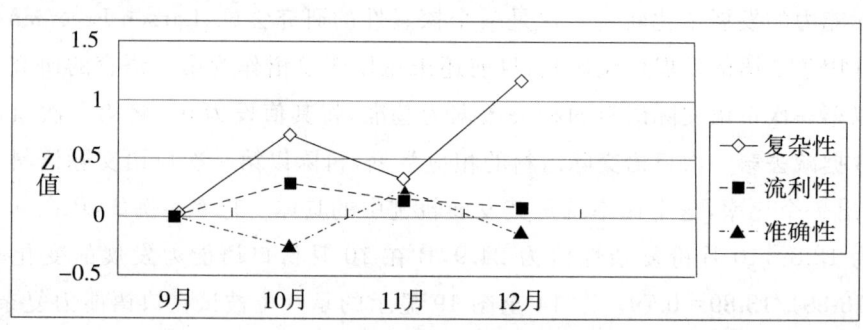

图 16　B 口语能力动态发展变化轨迹

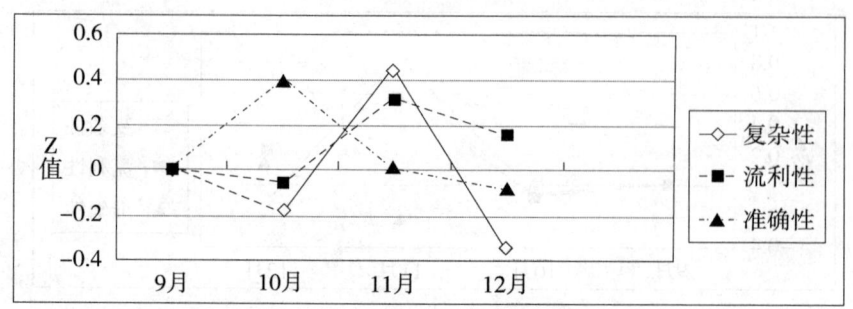

图 17　D 口语能力动态发展变化轨迹

图 16 的数据表明,B 变化率波动最大的是复杂性,特别是在 12 月份的变化比较明显,表现为大幅上升,B 的准确性和流利性在变化率上表现为小幅波动,特别是流利性的波动区间较小,在 0 至 0.28 之间。这说明 B 在口语能力发展过程中保持了流利性和稳定性。图 17 显示,D 变化率波动最大的是复杂性,特别是在 11 月份的变化比较明显,表现为大幅上升,而 12 月份的变化率又呈现大幅降低的趋势。D 的准确性和流利性在变化率上也表现为较大幅度的波动。

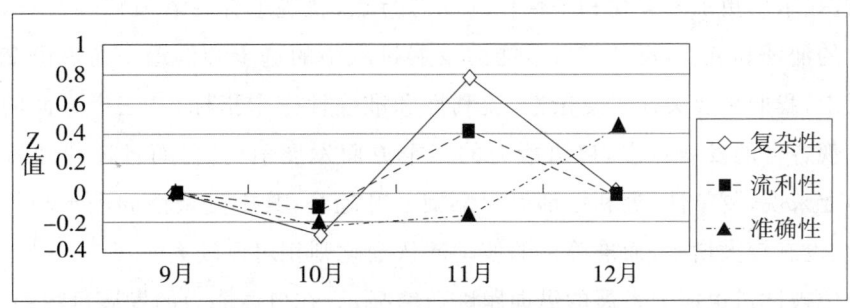

图 18　S 口语能力动态发展变化轨迹

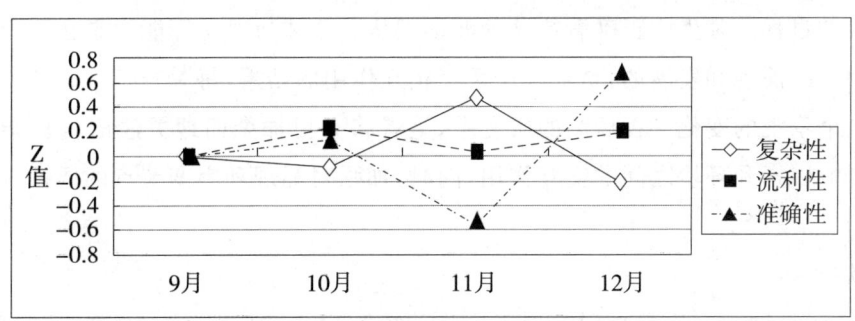

图 19　A 口语能力动态发展变化轨迹

图 18 数据表明,S 变化率波动最大的是复杂性,特别是在后三次的变化比较明显,S 的准确性和流利性在变化率上的波动区间为 -0.23 至 0.41,波动幅度相对较小。图 19 显示,A 变化率波动最大的是复杂性和准确性,特别是在 11 月份的变化比较明显,A 的流利性在变化率上的波动区间相对较小,在 0 至 0.23 之间。

三、结论与启示

本文是学习者口语交际能力动态发展的过程性研究。研究表明,经过细化处理的 T 单位评价指标可以用于测量 CSL 口语能力发展。经过对 6 位被试为期 4 个月的跟踪研究,我们发现,初级汉语学习者口语交际能力的发展过程是复杂的、动态的、非线性的、不可预知的。传统的线性思维认为比学习者现有水平略高的、持续语言输入就会引起学习者成功的语言输出,因此学习者的口语交际能力发展过程是不断向目标语接近的线性增长过程。但是,从我们的话语语料分析得出的数据来看,无论是群体的还是个体的口语能力,复杂性、流利性和准确性三个方面的发展轨迹都呈现非线性的特征,并伴随着波动起伏。而且,与传统研究更加关注群体的发展特征不同,复杂动态系统理论视域下的研究更加关注被群体发展特征所掩盖的个体发展特征。从个体发展特征来看,其轨迹显示出更加多样化和个性化的动态特点,轨迹上存在着波峰和波谷,体现了口语能力的涌现和突变,反映了口语能力发展过程中的进步和倒退。在口语交际能力发展指标中,我们主要关注了复杂性、流利性和准确性三个指标,这三个方面的群体发展轨迹呈现各自的发展特点,口语能力的三个方面发展不均衡,而且还伴随着起伏波动。总体上来说,复杂性、流利性都呈现螺旋上升趋势,其中复杂性的进步趋势比较明显,流利性也有较大增幅,而准确性的波动起伏变化则相对比较大。

对6位被试口语能力发展的纵向跟踪研究显示,在口语能力的发展过程中,充满了波动起伏的变异性和自适应性,表现出进步和退步相互交替的发展特点,这是口语能力自然发展的过程。师生应正确看待这种波动起伏。个体口语交际能力是在一个复杂动态系统中不断涌现和发展的,是众多子系统相互作用的结果,每一个子系统的变化都可能引起整个系统的变化。在后续的研究中,笔者将会更加全面地关注语言复杂动态系统中的影响因素和环境之间的交互作用,同时,加强对涌现和突变节点的质性分析。

参考文献

安福勇(2015)不同水平 CSL 学习者作文流畅性、句法复杂度和准确性分析———一项基于 T 单位测量法的研究,《语言教学与研究》第 3 期。
鲍　贵(2009)英语学习者作文句法复杂性变化研究,《外语教学与研究》第 4 期。
鲍　贵(2010)英语学习者语言复杂性变化对比研究,《现代外语》第 2 期。
陈　默(2015)汉语作为第二语言自然口语产出的复杂度、准确度和流利度研究,《语言教学与研究》第 3 期。
秦晓晴、文秋芳(2007)《中国大学生英语写作能力发展规律与特点研究》,中国社会科学出版社。
邵敬敏、任芝锳、李家树、税昌锡、吴立红(2009)《汉语语法专题研究》,北京大学出版社。
文秋芳(2006a)英语专业学生口语词汇变化的趋势与特点,《外语教学与研究》第 3 期。
文秋芳(2006b)英语专业学生口语词汇进步模式研究,《外语电化教学》第 4 期。
吴继峰(2017)英语母语者汉语书面语动态发展个案研究,《现代外语》第 2 期。
邢福义(1993)汉语复句与单句的对立与纠结,《世界汉语教学》第 1 期。
De Bot, Kees, Wander Lowie & Marjolijn Verspoor(2007) A Dynamic Systems Theory Approach to Second Language Acquisition. *Bilingualism*, 10(1):7—21.
Ellis, Rod & Gary Barkhuizen(2005) *Analyzing Learner Language*. Oxford: Oxford University Press.

Foster, Pauline & Parvaneh Tavakoli(2009) Native Speakers and Task Performance: Comparing Effects on Complexity, Fluency, and Lexical Diversity. *Language Learning*, 59(4):866—896.

Hunt, Kellogg W. (1976) Study Correlates Age with Grammatical Complexity. *Linguistic-Reporter*, 18(7):3.

Jiang, Wenying(2013) Measurements of Development in L2 Written Production: The Case of L2 Chinese. *Applied Linguistics*, 34(1):1—24.

Larsen-Freeman, Diane(2006) The Emergence of Complexity, Fluency, and Accuracy in the Oral and Written Production of Five Chinese Learners of English. *Applied Linguistics*, 27(4):590—619.

Ortega, Lourdes & Gina Iberri-Shea(2005) Longitudinal Research in Second Language Acquisition: Recent Trends and Future Directions. *Annual Review of Applied Linguistic*, 25:26—45.

Robinson, B. Fyron & Carolyn B. Mervis(1998) Distangling Early Language Development: Modeling Lexical and Grammatical Acquisition Using an Extension of Case-Study Methodology. *Developmental Psychology*, 34(2):363—375.

Van Geert, Paul & Marijn Van Dijk(2002) Focus on Variability: New Tools to Study Intra-Individual Variability in Developmental Data. *Infant Behavior and Development*, 25(4):340—374.

Van Gelder, Timothy & Robert F. Port(1995) It's about Time: An Overview of the Dynamical Approach to Cognition. In R. Port & T. Van Gelder (eds). *Mind as Motion: Exploration in the Dynamics of Cognition*. Cambridge: MIT Press.

Vercellotti, Mary Lou(2015) The Development of Complexity, Accuracy, and Fuency in Second Language Performance: A Longitudinal Study. *Applied Linguistics*, 38:90—111.

Verspoor, Marjolijn, Wander Lowie & Marijn Van Dijk(2008) Variability in Second Language Development from A Dynamic Systems Perspective. *The Modern Language Journal*, 92(2):214—231.

Wolfe-Quintero, K., S. Inagaki, H. Y. Kim & Hae-Young Kim(1998) *Second Language Development in Writing: Measures of Fluency, Accuracy and Complexity*. Honolulu: University of Hawaii Press.

Yuan, Fangyuan & Rod Ellis(2003) The Effects of Pre-Task Planning and On-Line Planning on Fluency, Complexity and Accuracy in L2 Monologic Oral Production. *Applied Linguistics*, 24(1):1—27.

(324000　浙江衢州,衢州学院外国语学院)

韩国学生普通话上声变调能产性的实验研究

亓海峰[1]　秦　震[2]　严菡波[3]

摘　要：本文通过真词、假词上声变调的实验分析考察不同汉语水平的韩国学生连读变调的习得机制。声学分析和数据统计显示，词语的类别、学习者的汉语水平都对变调的能产性产生影响，随着熟练度的提高，学习者运用了从词汇列举到规则推导不同的习得机制。

关键词：上声变调；能产性；词汇列举；规则推导

〇、引言

普通话中上声连读时有变调现象，变调规则为：两个上声音节连读时，前一个音节变为阳平，即：213→35/213。上声连读变调是在一定的音系规则制约下发生的变调。

对留学生上声变调的习得已有较多研究成果，学者们主要通过声学分析和听辨实验对不同母语背景学习者的连读调的偏误表现进行描写和分析，比如 Xu(1997)、王功平(2004)、冯丽萍、胡秀梅(2005)、侯晓虹、李彦春(2006)、高玉娟、李宝贵(2006)、严彦(2010)、薛晶晶(2013)、温宝莹、燕芳(2015)等，对母语背景为韩语、印尼语、英语、日语、越南语等语言的汉语学习者的连读变调进行了实证研究。

陈默、王建勤(2010)纵向考察了两名声调语言母语者和非声调语言母语者汉语双字组声调的动态发展，研究发现双字组声调发展过程呈现非线性和复杂性，非汉语母语者通过调节不同声调特征的权重来学习汉语双字组声调。

目前关于双字组连读变调的研究虽然成果较多，但仍有明显局限。相关研究主要

＊ 本文是上海外国语大学校级课题"外国学习者汉语声调范畴习得的实验研究（项目编号：41001898）"的阶段性成果。在本文写作与修改过程中，得到了美国堪萨斯大学张杰教授、孙锐欣老师和《对外汉语研究》编辑部与匿名审稿专家的悉心指导和热情鼓励。值本文刊出之际，向给予过帮助的良师益友、编辑部、匿名审稿专家致以诚挚谢意！

针对变调习得的结果进行分析,很少关注二语学习者变调习得的过程,特别是变调习得的深层机制。在二语学习者习得汉语连读变调的过程中,他们是否会形成连读变调潜在的音系知识?随着学习者汉语水平的提高,对于汉语连读变调的潜在音系知识是否会发生变化?变调的习得究竟是以词汇记忆的方式进行的,还是以规则推导的方式进行的?

实验音系学研究表明(张杰,2014),说话人具有对语音组织规律的潜在知识。这些潜在的音系知识可能大于或小于语言中固有词汇所体现的音系规律,只考察固有词汇很难了解说话人潜在的音系知识,而通过实验方法看这些音系规则在假词中的运用,也即探究音系规则的能产性,可以更好地考察说话人潜在的音系知识。

Hsieh(1975、1976)在20世纪70年代便提出了音系规则的能产性问题,他通过wug实验以语言中的固有词汇和语言中并不存在的假词的对比来测试音系规则的能产性,但当时并未引起理论界的充分关注。近年来,随着实验音系学的发展,研究者们(Yan,2013;Zhang & Peng,2013;Yan & Zhang,2016;Huang et al.,2018)通过wug实验对普通话和汉语方言变调规则的能产性进行了大量的研究。Zhang & Lai(2010)通过wug实验对汉语母语者普通话上声变调的能产性进行了研究,结果显示说话者关于变调的潜在音系知识、变调的能产性会受到词汇的熟悉度、变调的自然性等多种因素影响。

上述研究成果集中于对母语者和不同方言背景的说话人连读变调能产性的研究,其研究方法对探究二语学习者关于变调的潜在音系知识和习得机制很有启发。

本研究以韩国留学生为研究对象,对不同汉语水平的韩国留学生上声变调的能产性进行了初步的实验研究,以尝试探索二语学习者变调习得的过程和机制。

一、实验说明

1.1 研究假设

第一,不同汉语水平的韩国留学生变调能产性不同,水平较低的学习者变调能产性低,水平较高的学习者变调能产性高。

第二,不同汉语水平的学习者习得上声变调的机制不同,水平较低的汉语学习者以词汇记忆的方式习得变调,水平较高的汉语学习者主要以规则推导的方式习得变调,并逐步形成关于变调的潜在音系知识。

1.2 被试

本实验的被试共 16 位,均为上海外国语大学的韩国留学生。8 位为中级汉语水平的学习者,通过了 HSK4 级考试;8 位为高级汉语水平的学习者,通过了 HSK6 级考试。16 位被试平均年龄 25 岁,均无听力障碍,发音正常。对照组为 2 名汉语母语者,均为上海外国语大学研究生,25 岁,普通话水平为一级乙等,发音清晰。

1.3 实验材料

词表包括目标项和干扰项共 24 个词语,测试词语见表 1。目标项为 12 个两字词,是上声与上声组成的两字词,包含三类:真词(AO + AO),如"美好、手表";两个固有音节组成的假词(﹡AO + AO),如"整早、手怎";由语言中并不存在的两个音节组成的虚拟词(AG + AG),如"cǒusěn",每类有 4 个词。词表的设计选择沿用了 Zhang & Lai (2010)、Chen et al.(2017)wug 实验的词类设计。为避免任务效应,所有词都是乱序排列,同时还加入了同样数量的干扰词。见表 1:

表 1 上声变调测试词表

AO + AO(真词)					
目标项	美好	měihǎo	干扰项	每天	měitiān
	手表	shǒubiǎo		可能	kěnéng
	整理	zhěnglǐ		可怕	kěpà
	可以	kěyǐ		美丽	měilì
﹡AO + AO(固有音节组成的假词)					
目标项	美朵	měiduǒ	干扰项	每聪	měicōng
	手怎	shǒuzěn		美别	měibié
	整早	zhěngzǎo		手兔	shǒutù
	可散	kěsǎn		可杭	kěháng
AG + AG(非固有音节组成的虚拟词)					
目标项	hěidiǔ	hěidiǔ	干扰项	hěidēn	hěidēn
	cǒusěn	cǒusěn		cǒumū	cǒumū
	sěnduǐ	sěnduǐ		sěndiú	sěndiú
	těcǒu	těcǒu		těcà	těcà

1.4 数据提取

录音工作是在上海外国语大学国际文化交流学院语音教室中进行的。实验通过 Paradigm(2.5)软件设计并通过 Paradigm player(2.5)采样录音,语音样本均为 16 位单声道的录音,语音采样率为 44 100HZ。

被试每次会听到两个间隔为 800 毫秒的单音节刺激,在听到声音的同时,电脑上会看到两个独立的单音节,然后有 1 000 毫秒的停顿,被试的任务是把这两个单音节刺激音连读为一个双音节词,朗读结束后摁任意键进入下一组刺激项。每组刺激项包含两个单音节刺激,所有刺激项随机排列,重复两次。

实验前,主试对任务进行说明,被试在电脑中会看到如何把听到的两个刺激项朗读为一个词语的示例,以保证被试清楚实验过程。

实验在语音标注的基础上采用 Praat Prosody(Xu,2013)提取每个音节元音部分的基频,每个音节的声调提取 10 个测量点的数据,每位被试每个目标项朗读两次,得到 16 位发音人发出的 384 个样本词,共有 7 680 个测量点的基频数据量。对基频进行归一化,基频值先转化为半音值(semi tone),再转为 Z-score,归一化公式为:

$$ST = 39.87° \times \log^{Hz}/50 \qquad ZSTx = \frac{STx - \frac{1}{n}\sum_{i=1}^{n} STi}{\sqrt{\frac{1}{n-1}\sum_{i=1}^{n}(STi - \frac{1}{n}\sum_{i=1}^{n} STi)^{2}}}$$

二、实验结果及分析

2.1 两组被试上声变调的方差分析

本实验使用 R 3.4.1 统计工具,通过 2×3 混合效应方差分析对中级汉语水平和高级汉语水平韩语母语者在上声+上声连读调前一音节的 Z-score 值进行统计。其中自变量有两个,一个是组间变量——汉语水平,另一个是组内变量——词语类别。因变量是 Z-score 值。

根据方差分析,汉语水平主效应显著,$F(1,1\,911) = 53.861, P = 3.17e-13(P < 0.001)$,学习者的汉语水平对上声+上声变调的影响呈现出显著差异。词语类型的主效应不显著,$F(2,1\,911) = 1.441, P = 0.236\,976(P > 0.001)$,词语类型和汉语水平这两个因素之间的交互作用呈现出显著差异,$F(2,1\,911) = 7.812, P = 0.000\,418(P < 0.001)$。方差分析的结果说明中、高级汉语水平的差异对上声变调的 Z-score 值有显著影响,而汉语水平对词语产出的影响与不同的词语类别有关。

在混合方差分析的基础上,我们分别对中级、高级两种汉语水平学习者上声+上声的变调能产性进行单因素方差分析,以便清楚地对比三种不同的词语类型对上声+上声变调组合的影响。其中自变量为词语类别,因变量为 Z-score 值。

单因素方差分析结果显示中级组(HSK4)词语类别的差异呈边际显著,$F(2,954) =$

2.503, $P = 0.0824(0.001 < P < 0.1)$；高级组（HSK6）词语类别的差异不显著，$F(2,954) = 0.589$, $P = 0.555$。

2.2 两组被试与母语者上声变调的对比分析

在方差分析的基础上，我们将两名母语者上声变调基频的 Z-score 值与两组被试进行对比。首先，对两名母语者基频数据的 Z-score 值进行一致性评估，Cronbach's alpha = 0.95, $\alpha > 0.9$，达到高度一致。然后，我们以两名母语者 Z-score 值的均值为基准，与本实验中 16 名被试基频的 Z-score 值进行对比绘制声调图。具体如下：

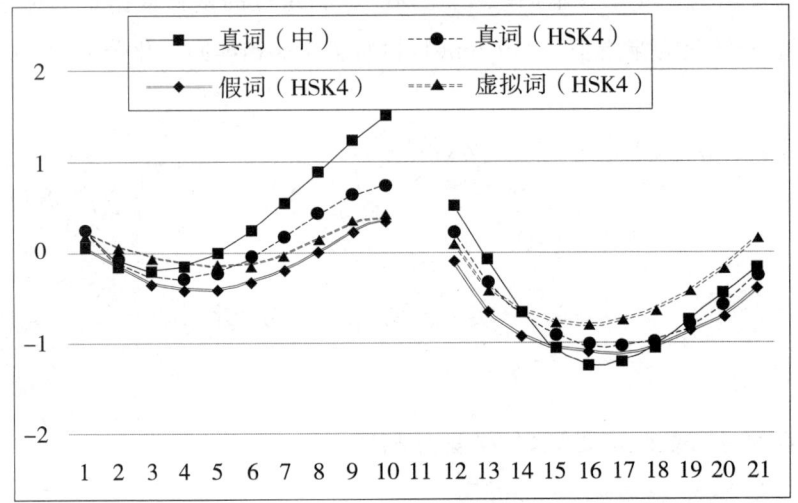

图 1　HSK4 级被试"上 + 上"变调

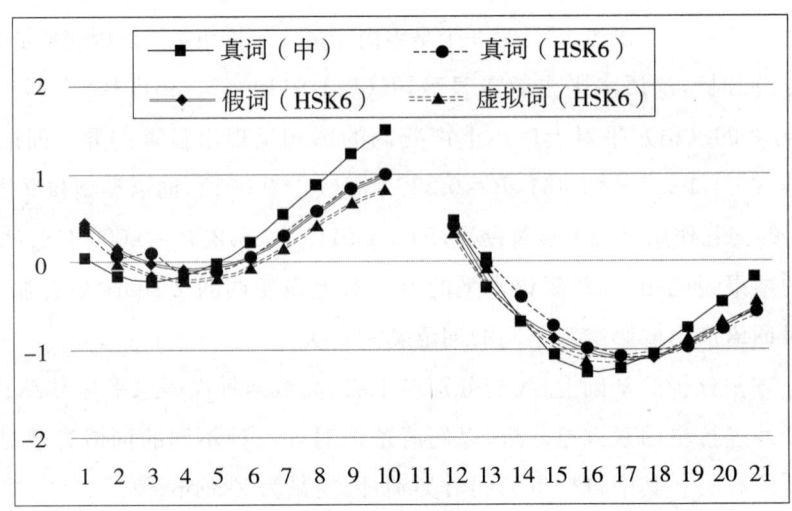

图 2　HSK6 级被试"上 + 上"变调

从图1可以看出,在"上声+上声"的两字组中,HSK4级的被试真词、假词和虚拟词三类词语之间的声调曲线有明显的差别,与汉语母语者相比,HSK4级被试真词的调型特征与汉语母语者较接近。假词和虚拟词前一音节的声调曲线具有"凹"形特征,声调的折点时刻靠后,特别是虚拟词声调的折点几乎在声调的中间位置,声调的终点基频值明显低于母语者。调型和声调折点、终点的基频Z-score值与汉语母语者差异较大。

从图2可以看出,在"上声+上声"的两字组中,HSK6级的被试在真词、假词和虚拟词三类词语中前一音节的变调基本相同。与汉语母语者相比,主要的区别在于母语者前一音节起点较低,声调的上扬幅度较大,而被试前一音节声调最低点基频的Z-score值比母语者高,最高点基频Z-score值比母语者低,声调后半段升速偏慢,折点后声调曲线的上扬幅度小于汉语母语者。

我们选取"上声+上声"前一音节声调曲线起点、终点和最低点的数据,通过One-sample test进一步对比汉语母语者与两组被试三类词语的Z-score值,具体见表2:

表2　AO+AO(真词)"上声+上声"前一音节的Z-score值对比

真词	HSK4级被试－母语者	HSK6级被试－母语者	两组被试与母语者基线分别比较结果	
			HSK4级	HSK6级
起点	0.18	0.31	$P=0.21$	$P=0.05$
最低点	－0.20	－0.02	$P=0.06$	$P=0.91$
终点	－0.75	－0.48	$P<0.001$	$P<0.001$

表3　*AO+AO(假词)"上声+上声"前一音节的Z-score值对比

假词	HSK4级被试－母语者	HSK6级被试－母语者	两组被试与母语者基线分别比较结果	
			HSK4级	HSK6级
起点	0.18	0.37	$P=0.13$	$P<0.001$
最低点	－0.24	0.15	$P=0.06$	$P=0.09$
终点	－1.19	－0.59	$P<0.001$	$P<0.001$

表4　AG+AG(虚拟词)"上声+上声"前一音节的Z-score值对比

虚拟词	HSK4级被试－母语者	HSK6级被试－母语者	两组被试与母语者基线分别比较结果	
			HSK4级	HSK6级
起点	0.18	0.39	$P=0.12$	$P=0.002$
最低点	－0.30	0.02	$P=0.05$	$P=0.89$
终点	－1.04	－0.60	$P<0.001$	$P<0.001$

结合两组被试"上声+上声"的声学表现以及声调曲线Z-score值的统计结果看,HSK6级被试较好习得了上声连读的变调规则,可以将变调规则衍生到假词和虚拟词中,变调具有较高的能产性;HSK4级被试未完全习得这一变调规则,在真词中习得情况好于假词、虚拟词,变调的能产性低。

三、结论

通过两组被试上声变调的能产性实验,我们发现学习者的汉语水平以及词语的类别都会影响变调的习得。

学习者的汉语水平越高,变调的习得状况越好。高水平的汉语学习者可以习得并内化变调规则,变调的能产性高。本实验中,HSK6级被试"上声+上声"的二字组合与母语者调型和调值都有较高的相似度,并且在真词、假词和虚拟词中差别较小,说明上声的变调规则可以衍生到假词和虚拟词中,高水平学习者可以逐步内化这一音系规则,形成关于"上声+上声"变调的音系语法知识。

HSK4级被试变调的能产性低,真词、假词和虚拟词之间在上声的连读组合中都有差异,真词的变调习得情况总体好于假词和虚拟词,反映出中级水平的学习者还未完全习得上声的变调规则,词语的熟悉度对变调有较大影响。HSK4级被试在习得上声变调的过程中,音系规则还没有内化,是以词汇列举的方式存储的。

从两组被试上声二字组的产出中,我们还可以发现,韩国留学生在习得上声变调方面声学特征的一些共性。与母语者相比,韩国留学生上声二字组的前字都更"凹",调尾都更低,不论是HSK6级的被试还是HSK4级的被试声调上扬的幅度都不够。

上声变调是二语学习者通过对词语的记忆以词汇列举的方式习得的,还是以规则推导的方式习得的?从两组被试上声变调的能产性实验结果看,我们认为二语学习者在习得普通话上声变调的过程中经历了不同的阶段,使用了不同的机制。

HSK4级被试在"上声+上声"的二字组中,真词的发音不论是调型还是Z-score值都更接近母语者,假词和虚拟词的发音与母语者有较大差别,"上声+上声→阳平+上声"的变调习得中主要使用了词汇列举的机制,熟悉的词语发音较好,没接触过的词语发音差。

HSK6级被试在"上声+上声"的二字组中,统计结果和声调曲线都反映出词语类别对变调产出的影响不明显,在真词、假词和虚拟词中他们都能较好地运用变调规则。被试在假词和虚拟词中运用了规则的推导机制,将变调规则推衍到未接触的词语中,使变调具有了能产性,在"上声+上声"的变调习得中HSK6级被试主要使用了这一机制。

两组被试变调能产性的差异也体现出,在变调习得的过程中,随着熟练度的提高,学习者从词汇列举到规则推导可以运用不同的习得机制。

四、余论

纵观两组被试上声变调的产出特征,我们认为留学生在习得上声变调的过程中有明显的阶段性,高水平学习者可以内化规则,将变调规则运用到真词和假词中,形成关于变调的潜在音系语法知识。

这一研究发现对声调教学有一定的启示,即声调习得的初期阶段,学习者是以词汇列举的方式习得变调规则的,在训练中不应过多进行机械性训练和一味强调变调规则,可以结合有意义的词汇训练帮助学习者逐步形成变调的知识,内化音系规则。

参考文献

陈 默、王建勤(2010)汉语作为第二语言的汉语双字组声调发展研究,《云南师范大学学报》(对外汉语教学与研究版)第1期。
冯丽萍、胡秀梅(2005)零起点韩国学生阳平二字组声调格局研究,《汉语学习》第4期。
高玉娟、李宝贵(2006)韩国留学生汉语声调习得偏误的声学研究,《云南师范大学学报》(对外汉语教学与研究版)第1期。
侯晓虹、李彦春(2006)初级汉语水平韩国留学生汉语双音节词声调的发音规律研究,《语言文字应用》第2期。
王功平(2004)印尼华裔留学生汉语普通话双音节上上连读调偏误实验研究,《暨南大学华文学院学报》第4期。
温宝莹、燕 芳(2015)留学生声调习得中阳上合流的实验研究,*Journal of the Chinese Language Teachers Association*,1。
薛晶晶(2013)美国和泰国学习者汉语普通话阳平与上声习得的实验研究,北京大学博士学位论文。
严 彦(2010)美国学生习得第三声的声调情境变异研究,《汉语学习》第1期。
张 杰(2014)汉语方言变调系统的能产性与其理论分析,《当代语言学》第4期。
Chen, Si, Yunjuan He, Chun Wah Yuen, Bei Li & Yike Yang(2017)Mechanisms of Tone Sandhi Rule Application by Non-Native Speakers, *Interspeech*, ISCA:1760—1764.
Hsieh, Hsin-I(1975)How Generative is Phonology. In E.F.Koerner(ed). *The Transformational-Generative Paradigm and Modern Linguistic Theory*. Amsterdam:John Benjamins:109—144.
Hsieh, Hsin-I(1976)On the Unreality of Some Phonological Rules. *Lingua*,38(1):0—19.
Huang, Xunan, Gaoyuan Zhang & Caicai Zhang(2018)A Preliminary Study on the Productivity of Mandarin T3 Sandhi in Mandarin Speaking Children, *Sixth International Symposium on Tonal Aspects of Languages*:88—92.
Xu, Yi(1997)Contextual Tonal Variations in Mandarin. *Phonetics*,25(1):0—83.
Xu, Yi(2013)ProsodyPro — A Tool for Large-Scale Systematic Prosody Analysis. In *Tools and Resources for the Analysis of Speech Prosody*, Aix-en-Provence, France:Laboratoire Parole et Langage,7—10.
Yan, Hanbo(2013)*The Productivity of Tone Sandhi Patterns in Wuxi Chinese*. MA Thesis, The University of Kansas.
Yan, Hanbo & Jie Zhang(2016)Pattern Substitution in Wuxi Tone Sandhi and Its Implication for Pho-

nological Learning. *International Journal of Chinese Linguistics*, 3:1.

Zhang, Caicai & Gang Peng(2013) Productivity of Mandarin Third Tone Sandhi: A Wug Test. In G. Peng & F. Shi(eds). *Eastward Flows the Great River: Festschrift in Honor of Prof. William S-Y. Wang on His 80th Birthday*. Hong Kong: City University of Hong Kong Press.

Zhang, Jie & Yuwen Lai(2010) Testing the Role of Phonetic Knowledge in Mandarin Tone Sandhi, *Phonology*, 27(01):153—201.

(1.3.200083 上海,上海外国语大学国际文化交流学院;

2.香港,香港理工大学中文及双语学系)

附 录

母语者"上声+上声"Z-score 值

母语者	1	2	3	4	5	6	7	8	9	10
真词	0.0540	-0.1449	-0.2151	-0.1504	-0.0099	0.2342	0.54663	0.88129	1.2278	1.5074
假词	0.0847	-0.15135	-0.3335	-0.31296	-0.16271	0.16957	0.52771	0.93938	1.32095	1.58831
虚拟词	-0.0155	-0.22689	-0.27564	-0.18413	0.02237	0.25616	0.55035	0.85861	1.199166	1.42947
母语者	11	12	13	14	15	16	17	18	19	20
真词	0.5130	-0.0794	-0.6698	-1.0727	-1.2538	-1.210	-1.0373	-0.7428	-0.4527	-0.1595
假词	0.1584	-0.4215	-0.9833	-1.2252	-1.34126	-1.3856	-1.27161	-1.02367	-0.6597	-0.2593
虚拟词	0.04647	-0.36859	-0.8594	-1.21000	-1.315486	-1.2434	-1.05307	-0.7776	-0.4886	-0.23674

HSK6 级被试"上声+上声"Z-score 值

HSK6	1	2	3	4	5	6	7	8	9	10
真词	0.366	0.036	0.118	-0.1589	-0.0995	0.0620	0.3153	0.5946	0.85954	1.0199
假词	0.4584	0.1604	0.0016	-0.072	-0.0531	0.0634	0.2735	0.5779	0.8666	0.9975
虚拟词	0.3698	0.04444	-0.1250	-0.1986	-0.17051	-0.041	0.1654	0.4302	0.6835	0.8345
HSK6	11	12	13	14	15	16	17	18	19	20
真词	0.4565	0.0155	-0.3943	-0.7240	-0.9607	-1.050	-1.0638	-0.9746	-0.7516	-0.5311
假词	0.3995	-0.2537	-0.6413	-0.8556	-1.0053	-1.088	-1.0893	-0.8873	-0.6893	-0.4992
虚拟词	0.3078	-0.2708	-0.6767	-0.9902	-1.1250	-1.085	-0.9978	-0.9014	-0.6911	-0.4301

HSK4 级被试"上声+上声"Z-score 值

HSK4	1	2	3	4	5	6	7	8	9	10
真词	0.2368	-0.0929	-0.2556	-0.2859	-0.2103	-0.047	0.17919	0.43608	0.6525	0.74893
假词	0.26058	-0.1655	-0.3401	-0.4176	-0.40865	-0.328	-0.1991	0.00955	0.24078	0.39755
虚拟词	0.16211	0.06285	-0.0727	-0.1307	-0.1518	-0.146	-0.0274	0.14429	0.31373	0.38528
HSK4	11	12	13	14	15	16	17	18	19	20
真词	0.22589	-0.3395	-0.6706	-0.9103	-1.0186	-1.040	-0.9640	-0.8163	-0.5740	-0.2189
假词	-0.0939	-0.6568	-0.9164	-1.0495	-1.1025	-1.133	-1.0432	-0.8612	-0.7043	-0.4000
虚拟词	0.0965	-0.4146	-0.6418	-0.7748	-0.8050	-0.750	-0.6442	-0.4315	-0.1742	0.15583

泰语母语者汉语言语流利度研究*

陈 艳 刘 艺 宁景虹

摘 要：本实验考察高级水平的泰国留学生的汉语口语产出的流利度特征,并将汉语母语者的口语产出作为基线数据进行比较。研究结果发现,泰国留学生学习汉语时在语速、发音速度、发音时间比、平均语流长度、无声停顿时长、超长停顿频率和调整后无声停顿时长这几个流利度指标上都明显落后于汉语母语者;在无声停顿频率、充实停顿频率和修正频率这几个特征上都能达到母语者的水平。此外,汉语母语者和泰国被试的平均语流长度和调整后无声停顿时长都受到性别和话题的交互影响。

关键词：汉语言语；口语能力；流利度；泰语母语者

〇、引言

复杂度、准确度和流利度是衡量第二语言学习者语言能力的三个维度(Housen, Kuiken & Vedder,2012),并已经成为传统衡量第二语言习得模式的重要补充(Bachman,1990)。其中,流利度更是预测习得者口语能力的可靠指标(De Jong et al., 2012a;Revesz et al.,2014)。近十年,关于第二语言流利度的研究在广度上和深度上都有长足进展(Segalowitz,2010、2016)。尽管如此,流利度在第二语言习得的研究中始终是一个复杂的课题,在众多学者的研究结果中难以找到共通点。细究原因发现,一直以来研究者对流利度的定义和测量方法都没有相对一致的说法,而实验方法(如研究二语流利度时选用的口语任务)和研究对象(如被试母语的特征以及被试第二语言的特征)又进一步影响研究的结果。因此,本文将首先界定流利度的定义,说明测量方法、实验方法以及研究对象,然后详细分析泰国学生的汉语流利度情况。另外,本文还将口语任务及性别对流利度的影响考虑在内。

Segalowitz(2000、2010、2016)提出从认知流利度(cognitive fluency)、言语流利度

---

* 作者对匿名审稿人提出的修改意见以及香港理工大学对4-ZZHP项目的支持,谨致谢忱。

(utterance fluency)和感知流利度(perceived fluency)三个角度考察流利度。此架构有助于整理及跟进前人的研究,是当前一个比较完善的架构,因此,本文将沿用这一架构,并将实验的重点放在言语流利度上。言语流利度着重研究可测量的言语特征及其输出过程(Segalowitz,2016)。综合相关研究的共同点以及汉语的言语特征(Kormos,2006;Skehan,2014;Prefontaine,2013;Kahng,2014;De Jong & Bosker,2013;陈默,2015;王希竹、彭爽,2017),本文选定以下衡量言语流利度的特征并将其分为三组:速度特征、停顿特征和迟疑特征。

速度特征包括:语速、发音速度、发音时间比和平均语流长度。速度特征的数值越大表示流利度越高。停顿特征包括:无声停顿频率和时长、超长停顿频率和调整后无声停顿时长。停顿特征的数值越大表示流利度越低。迟疑特征包括:充实停顿频率和时长、重复频率和修正频率。迟疑特征的数值越大表示流利度越低。

由于学者们对这些特征的定义也各不相同(Kormos,2006;Segalowitz,2010),我们需要对这些特征的定义一一进行说明,并解释选择这些特征的原因。

由于众多特征的定义都与无声停顿密切相关,所以需要首先定义无声停顿。无声停顿作为衡量言语流利度的重要指标,其定义却一直存在争议。De Jong & Bosker(2013)认为,在一段自然话语中,塞音的出现会导致说话的短暂停顿,且此类停顿并不反映说话的迟疑或不流利。若要别除此类停顿,需要为停顿界定一个最小时值。Goldman-Eisler(1968)建议将停顿最小时值定为 0.25 秒,此建议被大部分学者沿用。但也有不少学者另定最小时值,小至 0.1 秒大至 1 秒。对此,De Jong & Bosker(2013)专门立题研究,解决如何确定最小停顿时值的问题。通过分析 21 个不同的最小停顿时值与荷兰语第二语言习得者的语言能力(以词汇量为指标)的相关性,得出当最小停顿时值定于 0.25 秒至 0.30 秒时,习得者的无声停顿频率与习得者的语言能力的相关性最大。研究同时发现,无声停顿的长度与习得者语言能力的相关性并不明显,而无声停顿频率是衡量流利度的一个重要指标。因此,本文将无声停顿定义为:达到或超过 0.25 秒的没有声音的停顿。

关于停顿的最大时值,Riggenbach(1991、2000)认为当个别说话者偶尔有大于 3 秒的停顿时,这种停顿通常与流利度关系不大,而与其他外在因素有关,因此应该将超过 3 秒的无声停顿算作 3 秒,以提高计算流利度特征的准确度。虽然 Riggenbach 并没有深入探讨做出此建议的原因,但对处理超长停顿而言是一个重要的启发。本研究获得的数据中的确有一部分超过 3 秒的无声停顿,我们将使用两种方法处理无声停顿的平均时长:第一种方法是对超过 3 秒的无声停顿不做任何特殊处理,直接按照原始数据计算无声停顿平均时长,只是将超过 3 秒的无声停顿定义为超长停顿,同时算出每段语料中超长停顿的频率,称之为超长停顿频率;第二种方法是将超长停顿算作 3 秒,然后再计算调整后无声停顿的平均时长,称之为调整后无声停顿时长。

关于语速(speed)的定义,最常见的是音节数/总说话时长(含停顿时间),但计算基准稍有差异。有学者计算平均每分钟的音节数,即 60×说话总音节数/总说话时长(包括停顿,以秒为单位)(Segalowitz,2010);有学者计算平均每秒的音节数(陈默,2012)。其实两个定义的本质相同,区别只是前者以分钟为单位,后者以秒为单位。为了与其他特征的量度单位保持一致,本文选用前者的计算方法。

发音速度(articulation rate)为音节数除以发音时长(不含任何大于或等于 0.25 秒的停顿)。发音时间比(articulation ratio)为发音时间(不包括任何大于或等于 0.25 秒的停顿)除以总说话时间。平均语流长度(mean length of run),与无声停顿的定义密切相关,定义为每两次达到或者超过 0.25 秒停顿之间的语流的平均长度。无声停顿频率,即每分钟内达到或超过 0.25 秒的没有声音的停顿的次数,即每分钟内停顿(大于或等于 0.25 秒)的总次数除以说话总时长(包括停顿,以秒为单位)。无声停顿时长,达到或超过 0.25 秒的没有声音的停顿的时长。充实停顿频率(frequency of filled pause)为每分钟内使用"嗯""啊"等表示停顿的次数,即每分钟内充实停顿的总次数除以说话总时长(包括停顿,以秒为单位)。充实停顿(filled pause)时长为在语流中使用"嗯""啊"等表示停顿的时长(陈默,2012)。重复(repeat)频率为无句法和语义功能的言语在语流中的重复出现的次数(Segalowitz,2010;陈默,2012)。修正(amendment)频率为在较长的语流中对前面的言语进行修正的次数(陈默,2012)。

虽然目前关于说话任务难度与二语流利度指标之间相关度的研究甚少,但已有研究结果表明口语任务难度会影响二语流利度(De Jong et al.,2012b;Prefontaine & Kormos,2015)。性别对第二语言流利度的研究也很少,陈默(2012)首次将性别因素引入汉语作为第二语言口语流利度的研究中,并发现停顿时长容易受到性别因素和语言水平交互影响。汉语作为第二语言的流利度研究成果也不多,最值得关注的是郭修敏(2007)、陈默(2012、2015)、刘瑜、吴辛夷(2016)以及胡伟杰和王建勤(2017)的研究。相关研究分别考察了一系列流利度特征,陈默的研究还专门考察了汉语母语者与汉语作为第二语言学习者流利度的区别,以及不同性别、不同程度的汉语学习者的流利度差异,但是,这些研究都没有考虑口语任务的难度与性别的交叉影响。本实验将补足这一空缺。

本实验的目的主要包括三个方面:其一,比较两个不同话题对泰语母语(声调语言)的汉语学习者和汉语母语者汉语流利度的影响;其二,性别对两组被试汉语流利度的影响;其三,两组被试汉语流利度的区别。

一、实验设计

1.1 被试

被试分为两组,分别为泰语母语者和汉语母语者。泰语母语者是暨南大学华文学院正在修读汉语的非华裔大学本科生,共 14 人,7 男 7 女,平均年龄为 21 岁,在华居住时间从 1 年到 3 年不等,汉语为第二或者第三语言,汉语水平均为高级。汉语母语者为居住于香港的普通话母语者,共 20 人,10 男 10 女,平均年龄为 30 岁,普通话水平均为二级甲等或者以上,受教育程度均为大学本科或者以上水平。由于广州和香港的当地均使用粤语,所以笔者认为两组被试的居住地不同不会对实验结果造成显著影响。

1.2 实验语料

本研究选择"简单的自我介绍"和"假日生活"两个题目进行实验。根据 Robinson (2007)的任务难度分类框架,两个话题在任务复杂度、任务语境以及任务难度的能力变量方面的评估都属于中等,但在任务难度的情感变量方面两个话题稍有区别,被试对表达自身经验是否持开放态度以及是否愿意沟通对话题一"简单的自我介绍"影响较大,即话题一比话题二的难度稍大。题目以文字形式呈现,并以文字形式要求被试就两个题目自由说话各 2 分钟。每位被试思考三分钟后就两个话题分别自由说话并录音。语音样本为 16 位单声道,44 100 赫兹。录音后使用 Praat 软件对语料进行标注,以统计流利度特征数据。对时长少于或者等于 120 秒的录音,截取从言语产出到言语结束的一段语料;对时长大于 120 秒的录音,截取从言语产出开始算起的 120 秒语料。

关于被试的学习背景,泰国被试学习汉语的时间为 $M=2.36$ 年,$Min=1$,$Max=5$;在华居住时长为 $M=2.18$ 年,$Min=1$,$Max=3$;学习汉语的动机为 $M=6.50$,$Min=3$,$Max=9$;汉语使用频率为 $M=4.93$,$Min=2$,$Max=7$;汉语流利度的自我评估为 $M=4.36$,$Min=1$,$Max=6$。其中学习汉语的动机、汉语的使用频率和汉语流利度,为泰国被试对自己的状况进行的评估,1 表示程度最低,9 表示程度最高。

1.3 数据分析方法

本实验使用 IBM SPSS 第 23 版进行数据处理,数据处理分为两部分。在第一部分,使用平均数程序分析单一国籍被试各流利度指标。由于每位被试都就话题一和话题二说话,因此先使用配对样本 T 检验(paired-sample T test)分析每组被试在话题一和话题二中各流利度指标的区别,再使用独立样本 T 检验(independent sample T test)分析每个话题中男性和女性各流利度指标的区别。在第二部分,先使用重复测量方差分析(repeated measures ANOVA)综合分析两组被试各流利度指标的区别,再使用二因子独立样本变异数分析(two way ANOVA)来处理两组被试分别在话题一和话题二中各流利度指标的区别。

二、结果与分析

2.1 速度特征

表 1 速度特征

话题	被试 母语背景	性别	语速 平均值	语速 标准*偏差	发音速度 平均值	发音速度 标准偏差	发音时间比 平均值	发音时间比 标准偏差	平均语流长度 平均值	平均语流长度 标准偏差
一	汉语母语者	女	193.83	47.30	267.46	35.45	0.72	0.10	10.67	3.88
		男	213.70	27.45	291.67	28.29	0.73	0.06	9.91	1.77
		全部	203.76	39.00	279.56	33.59	0.73	0.08	10.29	2.96
	泰国学习者	女	115.24	30.17	193.39	16.29	0.59	0.13	6.56	1.53
		男	101.48	21.41	200.87	18.67	0.51	0.11	4.83	0.64
		全部	108.36	26.13	197.13	17.27	0.55	0.12	5.69	1.44
	所有被试	女	161.47	56.47	236.96	47.10	0.67	0.13	8.98	3.70
		男	167.49	61.94	254.28	51.99	0.64	0.14	7.82	2.93
		全部	164.48	58.44	245.62	49.63	0.65	0.13	8.40	3.34
二	汉语母语者	女	223.86	34.90	290.21	30.86	0.77	0.07	12.99	3.07
		男	219.89	33.35	300.42	30.30	0.73	0.08	10.46	2.24
		全部	221.87	33.29	295.32	30.22	0.75	0.07	11.73	2.92
	泰国学习者	女	132.03	19.45	204.63	24.23	0.65	0.08	6.25	1.27
		男	112.68	27.40	206.94	18.94	0.54	0.11	5.54	2.12
		全部	122.35	24.94	205.78	20.93	0.59	0.11	5.90	1.72
	所有被试	女	186.04	54.75	254.97	51.39	0.72	0.09	10.22	4.20
		男	175.74	62.17	261.93	53.85	0.65	0.13	8.44	3.28
		全部	180.89	57.92	258.45	51.95	0.69	0.12	9.33	3.82

* 标准偏差,表示原始数据与平均值的偏差。

汉语母语被试在话题一与话题二的发音时间比上无明显区别,但话题一(M = 203.76,SD = 39.00)比话题二(M = 221.87,SD = 33.29)的语速慢,t(19) = 3.327,P = 0.004<0.05。话题一(M = 279.56,SD = 33.59)与话题二(M = 295.32,SD = 30.22)的发音速度慢,t(19) = 3.823,P = 0.001<0.05。话题一(M = 10.29,SD = 2.96)比话题二(M =

11.73，SD = 2.92)的平均语流长度短，t(19) = 3.052，P = 0.007＜0.05。在话题一和话题二中，女性和男性的语速、发音速度、发音时间比、平均语流长度均无明显区别。

泰国被试在话题一与话题二的语速、发音速度、发音时间比、平均语流长度上均无明显区别。在话题一中，女性与男性的语速、发音速度、发音时间比无明显区别，但女性(M = 6.56，SD = 1.53)比男性(M = 4.83，SD = 0.64)的平均语流长度大，t(12) = 2.761，P = 0.017＜0.05。在话题二中，女性与男性的语速、发音速度、发音时间比和平均语流长度无明显区别。

对于语速、发音速度、发音时间比、平均语流长度，重复测量方差分析结果显示，国籍具有显著主效应，汉语母语者(M = 212.82)比泰语被试(M = 115.36)的语速快 F(1, 30) = 86.58，P＜0.001；汉语母语者(M = 287.44)比泰语被试(M = 201.46)的发音速度快，F(1,30) = 93.44，P＜0.001；汉语母语者(M = 0.74)比泰语被试(M = 0.57)的发音时间比大，F(1,30) = 32.06，P＜0.001；汉语母语(M = 11.01)比泰语被试(M = 5.80)的平均语流长度大，F(1,30) = 45.34，P＜0.001。

对于平均语流长度，话题、国籍与性别存在显著的交互作用，Wilks' Lambda = 0.86，F(1,30) = 4.75，P = 0.037＜0.05。汉语母语者女性在话题一(M = 10.67，SD = 0.66)的平均语流长度明显比在话题二(M = 12.99，SD = 0.65)的平均语流长度小。在话题一中，泰国被试女性(M = 6.56，SD = 1.53)比男性(M = 4.83，SD = 0.64)的平均语流长度大，t(12) = 2.761，P = 0.017＜0.025。

二因子独立样本变异数分析结果显示，话题一和话题二的检定结果都显示国籍的主效应显著，汉语母语者的语速、发音速度、发音时间比和平均语流长度优于泰语被试。

比较结果发现，汉语母语者的速度流利度均优于泰国被试。话题难度对汉语母语者的影响比对泰国被试的影响明显，话题难度越大，汉语母语者的速度流利度越低，但泰国被试不受此影响。而性别对两组被试速度流利度的影响也不明显。

2.2 停顿特征

表 2 停顿特征

话题	被试 母语背景	性别	无声停顿频率 平均值	无声停顿频率 标准偏差	无声停顿时长 平均值	无声停顿时长 标准偏差	超长停顿频率 平均值	超长停顿频率 标准偏差	调整后无声停顿时长 平均值	调整后无声停顿时长 标准偏差
一	汉语母语者	女	17.62	2.74	0.81	0.32	0.82	1.01	0.73	0.24
		男	20.98	3.36	0.64	0.19	0.09	0.30	0.64	0.18
		全部	19.30	3.45	0.73	0.27	0.46	0.81	0.69	0.22

续表

话题	被试母语背景	性别	无声停顿频率		无声停顿时长		超长停顿频率		调整后无声停顿时长	
			平均值	标准偏差	平均值	标准偏差	平均值	标准偏差	平均值	标准偏差
一	泰国学习者	女	17.01	4.29	1.46	0.67	1.21	1.20	0.99	0.22
		男	20.40	3.95	1.45	0.62	1.93	1.81	1.21	0.32
		全部	18.71	4.33	1.45	0.62	1.57	1.52	1.10	0.29
	所有被试	女	17.37	3.35	1.08	0.58	0.98	1.07	0.84	0.26
		男	20.74	3.51	0.97	0.57	0.85	1.46	0.88	0.38
		全部	19.05	3.79	1.03	0.57	0.92	1.27	0.86	0.32
二	汉语母语者	女	16.75	2.47	0.68	0.20	0.00	0.00	0.68	0.20
		男	20.17	2.11	0.68	0.23	0.27	0.57	0.68	0.22
		全部	18.46	2.84	0.68	0.21	0.13	0.42	0.68	0.21
	泰国学习者	女	20.76	4.04	0.99	0.36	0.78	0.77	0.75	0.13
		男	20.72	5.60	1.37	0.59	1.37	0.76	1.00	0.17
		全部	20.74	4.69	1.18	0.51	1.07	0.79	0.88	0.20
	所有被试	女	18.40	3.70	0.81	0.31	0.32	0.61	0.71	0.17
		男	20.40	3.79	0.96	0.53	0.72	0.84	0.81	0.26
		全部	19.40	3.82	0.89	0.43	0.52	0.75	0.76	0.22

汉语母语者在话题一与话题二的无声停顿频率、无声停顿时长、超长停顿频率、调整后无声停顿时长上均无明显区别。在话题一中,女性与男性的无声停顿时长、超长停顿频率、调整后无声停顿时长均无明显区别,女性($M=17.62,SD=2.74$)比男性($M=20.98,SD=3.36$)的无声停顿频率小,$t(18)=2.454,P=0.025<0.05$。在话题二中,女性与男性的无声停顿时长、超长停顿频率、调整后无声停顿时长均无明显区别,女性($M=16.75,SD=2.47$)比男性($M=20.17,SD=2.11$)无声停顿频率小,$t(18)=3.329,P=0.004<0.05$。

泰国被试在话题一与话题二的无声停顿频率、无声停顿时长、超长停顿频率上均无明显区别,但话题一($M=1.10,SD=0.29$)比话题二($M=0.88,SD=0.20$)调整后无声停顿时长大,$t(13)=3.307,P=0.006<0.05$。在话题一中,女性与男性的无声停顿频率、无声停顿时长、超长停顿频率、调整后无声停顿时长均无明显区别。在话题二中,女性与男性的无声停顿频率、无声停顿时长、超长停顿频率均无明显区别,但女性($M=0.75,SD=0.13$)比男性($M=1.00,SD=0.17$)的调整后无声停顿时长小,$t(12)=3.151,P=0.008<0.05$。

重复测量方差分析结果显示,对于无声停顿时长,泰语被试($M=1.32$)比母语者($M=0.71$)的无声停顿时长大,$F(1,30)=24.46,P<0.001$。对于超长停顿频率,泰语被试($M=1.32$)比母语者($M=0.30$)的超长停顿频率大,$F(1,30)=19.28,P<0.001$。

对于调整后无声停顿时长,汉语母语者(M=0.68)比泰语(M=0.99)被试的调整后无声停顿时长小,$F(1,30)=19.97$,$P<0.001$。国籍与性别具有显著主效应,$F(1,30)=4.54$,$P=0.041<0.05$,汉语母语者男性(M=0.66,SD=0.06)明显比泰语被试男性(M=1.11,SD=0.07)的调整后无声停顿时长小。话题与国籍具有显著的交互作用,Wilks' Lambda=0.74,$F(1,30)=10.55$,$P=0.003<0.05$。泰国被试话题一(M=1.10,SD=0.29)比话题二(M=0.88,SD=0.20)调整后无声停顿时长大,$t(13)=3.307$,$P=0.006<0.05$。汉语母语者话题一和话题二调整后无声停顿时长无明显区别。

无声停顿时长只有国籍的主效应显著,而调整后无声停顿时长不但国籍的主效应显著,国籍与性别,以及话题与国籍都具有交互作用。这说明部分超过3秒的无声停顿模糊了性别以及话题对流利度的影响,证明了限定无声停顿最大时长的必要性。

2.3 迟疑特征

表3 迟疑特征

话题	被试		充实停顿频率		充实停顿时长		重复频率		修正频率	
	母语背景	性别	平均值	标准偏差	平均值	标准偏差	平均值	标准偏差	平均值	标准偏差
一	汉语母语者	女	4.87	2.93	0.48	0.27	1.18	1.32	1.88	1.82
		男	5.92	4.01	0.32	0.24	0.82	0.92	0.79	1.40
		全部	5.40	3.46	0.40	0.26	1.00	1.12	1.34	1.68
	泰国学习者	女	3.43	1.68	0.42	0.12	1.79	1.48	1.04	0.52
		男	3.35	1.77	0.52	0.14	1.60	1.16	0.87	0.33
		全部	3.39	1.66	0.47	0.14	1.69	1.28	0.95	0.43
	所有被试	女	4.28	2.53	0.45	0.22	1.43	1.38	1.54	1.46
		男	4.86	3.45	0.40	0.22	1.14	1.07	0.82	1.07
		全部	4.57	3.00	0.43	0.22	1.28	1.22	1.18	1.31
二	汉语母语者	女	4.69	2.89	0.52	0.39	0.57	0.70	1.73	1.07
		男	5.87	4.06	0.32	0.18	1.20	1.39	0.93	1.19
		全部	5.28	3.48	0.42	0.31	0.88	1.12	1.33	1.17
	泰国学习者	女	3.51	2.39	0.41	0.33	2.82	2.05	0.90	0.74
		男	2.50	1.77	0.47	0.28	1.66	1.06	1.37	0.90
		全部	3.00	2.09	0.44	0.29	2.24	1.68	1.14	0.83
	所有被试	女	4.20	2.68	0.48	0.36	1.50	1.78	1.39	1.01
		男	4.48	3.66	0.38	0.23	1.39	1.25	1.11	1.07
		全部	4.34	3.16	0.43	0.30	1.44	1.51	1.25	1.04

汉语母语者在话题一与话题二的充实停顿频率、充实停顿时长、重复频率和修正频率上均无明显区别。在话题一和话题二中,女性和男性的充实停顿频率、充实停顿时

长、重复频率和修正频率均无明显区别。

泰国被试在话题一与话题二的充实停顿频率、充实停顿时长、重复频率和修正频率上均无明显区别。在话题一和话题二中,女性和男性的充实停顿频率、充实停顿时长、重复频率和修正频率均无明显区别。

重复测量方差分析结果显示,对于充实停顿频率,国籍具有显著主效应,$F(1,30) = 4.89, P = 0.035 < 0.05$,汉语母语者($M = 5.34$)比泰国($M = 3.20$)被试的充实停顿频率大。对于重复频率,国籍具有显著主效应,$F(1,30) = 7.21, P = 0.012 < 0.05$,汉语母语($M = 0.94$)比泰国被试($M = 1.97$)的重复频率小。对于充实停顿时长和修正频率,国籍、性别以及国籍与性别的交互作用均不显著。

三、总结与讨论

3.1 话题难度与流利度

综合检测结果发现,根据 Robinson(2007)的认知假设,两组被试话题一的流利度应该比话题二的流利度稍低。分析本实验的结果发现,两组被试的无声停顿频率、超长停顿频率、充实停顿频率、充实停顿时长、重复频率和修正频率受到口语任务难度的影响都不大,泰国被试话题一的调整后无声停顿时长比话题二大。汉语母语者话题一比话题二的语速、发音速度、平均语流长度小。

值得留意的是,Goldman-Eisler(1968,又见 De Jong et al.,2012b)曾表示发音速度对于个人而言相对稳定并且较少因为口语任务的变化而变化。然而在本实验中,汉语母语者的发音速度却受到口语任务难度的影响,口语任务难度越大,汉语母语者的流利度越低。原因可能是发音速度对于母语者而言,不单能够量度说话者发音的速度,还能反映说话者在说话前处理语言的速度。因此,口语任务的认知和言语要求不同,被试的发音速度也不相同(Prefontaine & Kormos,2015)。

在有明显区别的流利度指标中,汉语母语者的流利度区别表现在速度特征(即发音速度和平均语流长度),而泰国被试的流利度区别表现在停顿特征(即调整后无声停顿时长)。由于两个口语任务的难度区别在于被试对表述自身经历是否持开放态度以及是否愿意沟通,所以这些区别可能与两组被试的文化特征相关,对于需要表述更多自身经历以及对沟通持更开放态度的口语任务,汉语母语者可能通过放慢发音速度和缩短语流长度的方法处理,而泰国被试可能通过延长无声停顿时间的方法来处理。

这一结果还显示口语任务的难度对汉语母语者以及汉语二语学习者的流利度都有影响，而且对汉语母语者流利度的影响似乎更加明显。

3.2 性别与流利度

综合检测结果发现，泰国被试话题一中女性比男性的平均语流长度大，话题二中女性比男性的调整后无声停顿时长小，这表明泰国被试女性的流利度略优于男性。汉语母语者话题一和话题二中，女性的无声停顿频率都比男性小，这表明汉语母语者女性的流利度也略优于男性。

值得留意的是，陈默(2012)曾在研究中发现汉语母语者的口语流利度特征不存在性别差异，但本实验发现汉语母语者被试女性的无声停顿频率低于男性。原因可能与两个实验采用不同标准测量无声停顿有关。陈默的研究将无声停顿定义为大于或等于0.2秒没有声音的停顿，而本实验根据Goldman-Eisler(1986)的建议和De Jong & Bosker(2013)的实验结果，将无声停顿定义为大于或等于0.25秒没有声音的停顿，即本实验没有将时值为0.2秒至0.25秒没有声音的停顿计算在内，而陈默则将此类停顿计算在内，因此两个实验的无声停顿频率应该有所不同。一个可能的原因是女性汉语母语者有较多时值为0.2秒至0.25秒没有声音的停顿，所以计算方法不同导致实验结果不同。但是本实验没有以0.2秒为界计算无声停顿频率，所以这一原因只是猜测。另外，究竟0.2秒还是0.25秒更适用于汉语母语及汉语第二语言的研究，还有待日后进一步研究方可定断。

另外，陈默(2012)还发现美国汉语学习者的性别差异表现在无声停顿时长和充实停顿时长，而本实验发现泰国汉语学习者的性别差异表现在平均语流长度和调整后无声停顿时长这两个方面。两组被试由于母语不同，所表现出来有性别差异的流利度特征也不相同，这也表明学习者的母语对汉语学习的影响不容忽视。此外，两个实验中有性别差异的流利度特征不相同，陈默的实验是无声停顿时长，本实验是调整后无声停顿时长，很可能是因为泰国学习者的超长无声停顿（即超过3秒的没有声音的停顿）较多，只在调整后才能显示出性别的差异，而美国汉语学习者的超长无声停顿较少或者没有，不需要特别调整无声停顿时长。

3.3 两组被试的流利度比较

在语速、发音速度、发音时间比、平均语流长度、无声停顿时长、超长停顿频率、调整后无声停顿时长、充实停顿频率和重复频率等方面，汉语母语者优于泰语被试。这表明高水平汉语学习者在这几个特征上都未能达到母语者的水平。

在充实停顿时长、无声停顿频率和修正频率等方面,汉语母语者与泰国被试无明显区别。这表明高水平汉语学习者在这几个特征上都能够达到母语者的水平。可以认为,泰国被试的充实停顿时长、无声停顿频率和修正频率发展得比较好。这也说明不同流利度特征的发展程度是不均衡的。而不同流利度特征的差异,符合 Skehan(1998)关于语言能力的平衡假说(trade-off hypothesis),即学习者会有意识或者无意识地在某个发展阶段将关注焦点投注于某一方面,而忽视其他方面的发展。

在平均语流长度方面,话题、国籍与性别存在显著的交互作用,汉语母语者女性话题一的平均语流长度明显比话题二的平均语流长度小。在话题一中,泰国被试女性比男性的平均语流长度大。在调整后无声停顿时长方面,话题与国籍具有显著的交互作用。泰国被试话题一比话题二调整后无声停顿时长大。汉语母语者话题一和话题二的调整后无声停顿时长无明显区别。在单一话题中,汉语母语者与泰国被试调整后的无声停顿时长有明显区别,话题一和话题二中泰国被试比汉语母语者的调整后无声停顿时长大。在重复频率方面,话题与国籍、性别存在显著的交互作用。

3.4 结语

综上所述,泰国被试学习汉语时在语速、发音速度、发音时间比、平均语流长度、无声停顿时长、超长停顿频率和调整后无声停顿时长这几个流利度指标上都明显落后于汉语母语者;在无声停顿频率、充实停顿频率和修正频率这几个特征上都能达到母语者的水平。此外,汉语母语者和泰国被试的平均语流长度和调整后无声停顿时长都受到性别和话题的交互影响。

研究还发现,话题难度主要影响汉语母语者的速度特征(即发音速度和平均语流长度),以及泰国被试的停顿特征(即调整后无声停顿时长)。因此,在考察话题难度对流利度的影响时,速度特征和停顿特征相对比较重要。

就泰国被试而言,性别对流利度的影响体现在平均语流长度和调整后无声停顿时长这两个方面,就汉语母语者而言,性别对流利度的影响体现在无声停顿频率方面。因此,在考察性别对流利度的影响时,速度特征和停顿特征都比较重要。

而母语对流利度的影响主要体现在语速、发音速度、发音时间比、平均语流长度、无声停顿时长、超长停顿频率、调整后无声停顿时长、充实停顿频率和重复频率上。因此,在考察母语对流利度的影响时,速度特征和停顿特征也相对比较重要。

综合观察话题难度、性别以及母语对流利度各特征的影响,发现速度特征和停顿特征受到的影响最明显,其中,平均语流长度和调整后无声停顿时长起着重要的作用。

参考文献

陈 默(2012)美国留学生汉语口语产出的流利性研究,《语言教学与研究》第2期。

陈 默(2015)汉语作为第二语言自然口语产出的复杂度、准确度和流利度研究,《语言教学与研究》第3期。

郭修敏(2007)汉语作为第二语言的口语流利性量化测评,《湘潭师范学院学报》(社会科学版)第4期。

胡伟杰、王建勤(2017)第二语言口语认知流利性对口语能力的预测作用,《世界汉语教学》第1期。

刘 瑜、吴辛夷(2016)汉语二语学习者口语产出的流利度研究,《华文教学与研究》第4期。

王希竹、彭 爽(2017)汉语二语学习者口语非流利产出分类体系探析,《延边大学学报》(社会科学版)第5期。

Bachman, L. F. (1990) *Fundamental Considerations in Language Testing*. Oxford: Oxford University Press.

De Jong, N. H., Margarita P. Steinel, Arjen Florijn, Rob Schoonen & Jan H. Hulstijn (2012a) Facets of Speaking Proficiency. *Studies in Second Language Acquisition*, 34(1): 5—34.

De Jong, N. H., Margarita P. Steinel, Arjen Florijn, Rob Schoonen & Jan H. Hulstijn (2012b) The Effect of Task Complexity on Functional Adequacy, Fluency and Lexical Diversity in Speaking Performances of Native and Non-Native Speakers. In De Jong (ed). *Dimensions of L2 Performance and Proficiency Complexity, Accuracy and Fluency in SLA*. Amsterdam: John Benjamins Pub, 121—197.

De Jong, N. H. & R. Bosker (2013) Choosing a Threshold for Silent Pauses to Measure Second Language Fluency. Proceedings of DiSS 2013 the 6th Workshop on Disfluency in Spontaneous Speech, Stockholm.

Goldman-Eisler, F. (1968) *Psycholinguistics: Experiments in Spontaneous Speech*. New York: Academic Press.

Housen, A., F. Kuiken & I. Vedder (2012) Complexity, Accuracy and Fluency: Definitions, Measurement and Research. In A. Housen, F. Kuiken & I. Vedder (ed). *Language Learning & Language Teaching: Dimensions of L2 Performance and Proficiency: Complexity, Accuracy and Fluency in SLA*. Amsterdam, NL: John Benjamins Publishing Company, 1—20.

Kahng, J. (2014) Exploring Utterance and Cognitive Fluency of L1 and L2 English Speakers: Temporal Measures and Stimulated Recall. *Language Learning*, 64(4): 809—854.

Kormos, J. (2006) *Speech Production and Second Language Acquisition*. Mahwas, NJ: Lawrence Erlbaum Associates, 163.

Prefontaine, Y. (2013) Perceptions of French Fluency in Second Language Speech Production. *Canadian Modern Language Review*, 69(3): 324—348.

Prefontaine, Y. & J. Kormos (2015) The Relationship between Task Difficulty and Second Language Fluency in French: A Mixed Methods Approach. *The Modern Language Journal*, 99(1): 96—112.

Revesz, A., Rebecca Sachs & Mika Hama (2014) The Effect of Task Complexity and Input Frequency on the Acquisition of the Past Counterfactual Construction through Recasts. *Language Learning*, 64(3): 615—650.

Riggenbach, H. (1991) Towards an Understanding of Fluency: A Microanalysis of Nonnative Speaker Conversations. *Discourse Processes*, 14(4): 423—441.

Riggenbach, H. (2000) *Perspectives on Fluency*. Ann Arbor: University of Michigan Press.

Robinson, P. (2007) Criteria for Classifying and Sequencing Pedagogic Tasks. In M. d. P. G. Mayo (ed). *Investigating Tasks in Formal Language Learning*. Clevedon: Multilingual Matters, 7—27.

Segalowitz, N. (2000) Automaticity and Attentional Skill in Fluent Performance. In H. Riggenbach (ed). *Perspectives on Fluency*. Ann Arbor: University of Michigan Press, 200—219.

Segalowitz, N. (2010) *The Cognitive Bases of Second Language Fluency*. New York: Routledge, 6.

Segalowitz, N. (2016) Second Language Fluency and Its Underlying Cognitive and Social Determinants. *International Review of Applied Linguistics in Language Teaching*, 54(2): 79—95.

Skehan, P. (1998) *A Cognitive Approach to Language Learning*. Oxford: Oxford University Press.

Skehan, P. (2014) Limited Attentional Capacity, Second Language Performance, and Task-Based Pedagogy. In P. Skehan (ed). *Processing Perspectives on Task Performance*. Amsterdam: John Benjamins, 211—260.

（香港，香港理工大学中文及双语学系）

近二十余年商务汉语研究状况分析
(1998—2018)*

郭 婷

摘 要:本文通过定量研究方法分析1998至2018年我国商务汉语研究的发展状况。研究发现:商务汉语研究范围涉及语言技能、语言知识及语言教学研究等各方面,前十几年商务汉语领域发文数量总体呈上升态势,近七年来有所减少且趋于稳定;研究热点主要集中于商务汉语教学内容、教学方法及教材编写等方面,缺乏系统性及国别化的商务汉语研究;商务汉语研究具有跨学科的性质,但从经济学角度对国际商务行业的汉语人才培养研究不足,等等。研究结论对未来商务汉语研究的发展方向有一定借鉴意义。

关键词:商务汉语;学术研究;研究状况

〇、引言

1982年,北京语言学院和北京外贸学院联合编写了《外贸洽谈500句》,这是新中国最早的商务汉语方面的教材(张黎,2006),商务汉语教学从此逐渐成为汉语作为第二语言教学不可或缺的重要组成部分。国内外几乎每个汉语教学机构都开设了商务汉语课程,商务汉语教学成为汉语作为第二语言教学领域中的第一热点(张黎,2006)。与商务汉语同属于专门用途语言的商务英语,其研究成果已十分丰富,研究者对商务英语的学科定位与发展、教学模式、教学方法、教师培养、语言特点、跨文化商务交际、教材出版乃至商务英语人才培养等都进行了全面系统的深入研究。相较而言,商务汉语各方面的研究都还十分薄弱,商务汉语的不断发展与商务汉语相关研究的缺乏形成了鲜明的对比。

---

* 本文为华南理工大学中央高校基本科研业务费资助项目"非汉字文化圈留学生汉字学习策略研究"(项目编号:C2170230)与华南理工大学校教研教改项目"华工汉语国际教育专业商务汉语课程教学模式研究"(项目编号:Y1180741)的研究成果;是"广东省公共外交与跨文化传播研究基地"成果之一。衷心感谢《对外汉语研究》编辑部与匿名审稿专家提出的宝贵修改意见。

目前所见最早发表于核心期刊的商务汉语研究为刘乃华于1998年发表的《商贸汉语中洽谈语言的特性及其教学》。因此,本文选择对1998至2018年我国商务汉语研究状况进行考察,从总体特点、研究角度、发文时间分布、学科领域分布、高级别项目立项情况、研究专著出版状况、教材出版状况及研究方法等八个不同角度梳理这二十余年来论文发表、教材出版及科研项目立项情况,以总结我国商务汉语研究已经取得的成果,分析商务汉语研究的特点,找出研究的不足之处,为今后的商务汉语研究方向与趋势提供一些思路。

我们对1998至2018年间发表的商务汉语研究论文及会议论文进行穷尽式搜集,对该时段出版的商务汉语研究专著及商务汉语教材进行收集整理,对商务汉语高级别项目立项情况进行统计,集中探讨以下四个问题:第一,近二十余年我国商务汉语研究的总体特点及研究分布情况如何?其中研究分布主要从研究角度、发文时间、学科领域、高级别项目立项情况、专著出版状况及教材出版状况等方面考察。第二,近二十余年我国商务汉语研究方法有何特点?第三,近二十余年我国商务汉语研究的不足之处有哪些?第四,我国商务汉语研究方向与趋势如何?

通过在中国知网学术总库(CNKI)所收录期刊及会议论文进行检索,以关键词或篇名出现"商务汉语"(或含"经贸汉语""商贸汉语")为检索条件,检索出221篇期刊文献,其中载于南大核心期刊或北大核心期刊的共计60篇,通过人工筛选将11篇会议通知与通讯稿筛除,共计49篇。检索出会议论文55篇,通过人工筛除10篇通讯稿等,共计45篇。另外,本文还将汉语国际教育领域较有影响力的期刊《云南师范大学学报》(对外汉语教学版)及《海外华文教育》纳入了研究范围,通过检索获得24篇文献。本文所综述的论文范围限定为以上118篇相关论文,即49篇核心期刊所发表文献、45篇会议论文及24篇汉语国际教育领域较有影响力的专业期刊所发表文献。此外,本文的综述对象还包括已出版的5本商务汉语研究专著、94套商务汉语教材及有关商务汉语研究的3个国家级科研项目。

一、期刊和会议论文情况

1.1 总体特点

通过检索发现,近二十余年,发表于核心期刊上的商务汉语论文只有49篇,而据王立非、李琳(2013)的统计,仅2002至2011年在76种国内核心期刊发表的商务英语论文就达到787篇,与商务英语研究相比,商务汉语研究在深度与广度上还存在许多不足。此外,核心期刊发表的商务汉语论文仅约占CNKI收录的所有期刊所发221篇商务汉语论文的四分之一,说明高质量的商务汉语学术论文偏少。不过,由于商务汉语的实践性与应用性相对较强,同样是作为专用汉语,商务汉语研究比科技汉语、医学汉语、法律汉语等的研究受到更多重视。目前,除了商务汉语以外,其他专用汉语研究成果寥寥无几。总的来说,商务汉语研究在目前的专用汉语研究中地位首屈一指,但其研究深度与广度仍需进一步加强。

1.2 研究角度分析

通过对118篇期刊与会议论文进行人工整理与分类,发现1998至2018年的商务汉语研究角度分布如表1。

表1 1998至2018年我国权威期刊商务汉语论文与会议论文研究角度分布统计　　　　　　　　　　　　　（单位:篇）

研究角度		核心期刊	会议论文	其他期刊	占比（总篇数118）
语言技能	口语	0	3	0	2.54%
	阅读	1	0	0	0.85%
语言知识	修辞	1	0	0	0.85%
	语言功能与特征	6	0	1	5.93%
	词典编纂	1	0	0	0.85%
语言教学	课程及专业建设、人才培养	4	1	4	7.63%
	教学内容与教学方法	12	11	6	24.58%
	教学特征	0	1	0	0.85%
	学习策略	0	2	0	1.69%
	教育现代化技术	0	5	0	4.24%
	师资培训与建设	2	2	0	3.39%
	教材及出版	10	12	10	27.11%
	测试	4	4	0	6.78%
	需求分析	2	2	1	4.24%
文化研究		2	1	1	3.39%
语料库研究		2	1	0	2.54%
研究综述		0	0	1	0.85%
其他		2	0	0	1.69%
总计		49	45	24	100%

表1的数据显示:所有论文中最集中的研究角度是教材及出版,共32篇,占27.11%(如辛平,2007;周小兵、干红梅,2008;姜国权,2016)。数量居第二的是教学内容与教学方法,共29篇,占24.58%(如刘丽瑛,1999;刘艳,2011;沈庶英,2014;刘华,2018等)。课程、专业建设与人才培养方面的研究共9篇,占7.63%(如张向荣,2010;王晓华,2016等)。占比排名第四的是商务汉语的语言测试研究,共8篇,占6.78%(如

刘超英,2010;鹿士义,2011等)。商务汉语需求分析(如张黎,2006;张健、李莉,2017等)和教育现代化技术(如冯传强,2018;李吉梅,2018等)均为5篇,各占4.24%。商务汉语师资培养方面受到一定关注(如崔佳兴,2011;韩沛玲,2012等)。商务文化研究较为不足,仅见到4篇(如聂学慧,2010;孙红、巩喜云,2014)。商务汉语语料库方面的研究开始出现,共3篇(如丁俊玲,2009)。有关商务汉语的语言研究主要集中在语言功能与特征研究方面,共7篇,占5.93%(如张黎,2007a、2010等)。商务汉语研究方法没有引起重视,未见一篇。与学术期刊发文分布相比,商务汉语会议论文研究内容相对集中,这主要是由于一般学术会议的主题与范围比较鲜明。

总的来说,近二十余年商务汉语研究角度呈现以下四个特点:其一,商务汉语的语言教学关注度较高,对商务汉语课程、教材、教法、人才培养、学科建设等都有涉及,囊括了课程及专业建设、人才培养、教学内容与教学方法、教学特征、学习策略、教学现代化技术、师资培训与建设、教材及出版、语言测试、学习需求等各个角度,可以说商务汉语的语言教学研究是目前为止商务汉语研究的主流研究范畴。其二,重点关注商务汉语的应用研究,理论研究相对较少。其三,忽视了商务汉语研究方法方面的研究。其四,对语言知识、语言技能及商务文化等方面关注度不够。

1.3 发文时间分布

118篇期刊论文与会议论文发表时间分布如图1:

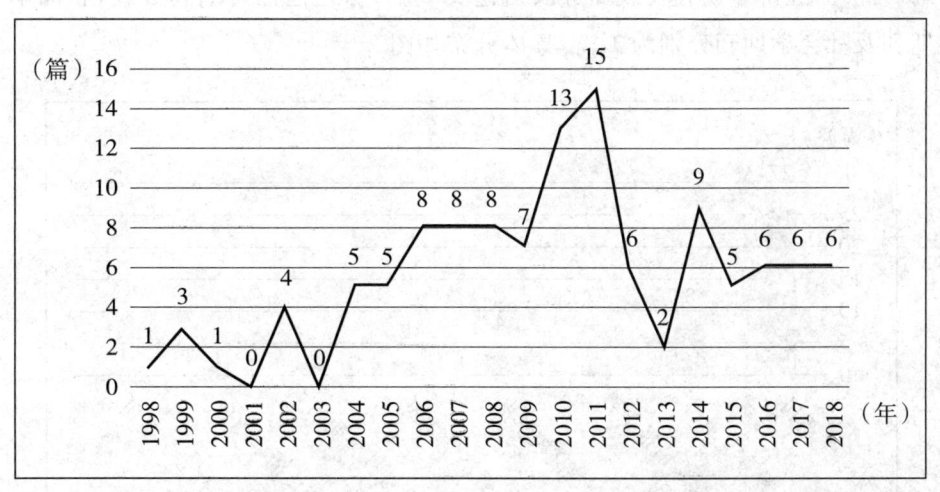

图1　1998至2018年国内期刊商务汉语论文与会议论文发表时间分布统计

图1显示,自1998年以来,商务汉语研究相关论文的发表数量除2010年和2011年超过10篇之外,其他年份均保持在10篇以下,有的年份甚至未见论文发表,如2001

年与 2003 年；商务汉语研究论文发表时间分布出现过几次较为明显的波动，前十几年总体呈上升态势，但近七年来发文数量有所减少且趋于稳定，与 2010 年和 2011 年商务汉语论文发表高峰期相比，有一定的下降趋势。2003 年北京大学开始负责 HSK（商务）研发工作，2008 年北京语言大学商务汉语研究所成立，2010 年上海财经大学与对外经济贸易大学受孔子学院总部/国家汉办委托成立了"国际商务汉语教学与资源开发基地"，这几所大学先后成为国内商务汉语研究重镇，其主要研究人员对商务汉语进行了较为深入的研究，这也是国内期刊商务汉语研究论文数量呈现上升态势且趋于稳定的重要原因之一。总体而言，自 1998 年以来，商务汉语研究逐渐引起学者关注，但近七年的下降趋势表明学界应对商务汉语研究给予更多重视，促使更多高质量的研究成果出现。

1.4 学科领域分布

以 49 篇发表于核心期刊的商务汉语论文为考察对象，统计 1998 至 2018 年的商务汉语论文所发期刊类型后发现，发表商务汉语论文的期刊范围不仅仅局限于语言学相关期刊，还包括经济学、教育学、图书馆学等期刊。语言学期刊发表的论文最多，《世界汉语教学》《语言教学与研究》《华文教学与研究》等共发表 27 篇。其次为教育学期刊，《教育研究》《黑龙江高教研究》《教育评论》等共发表 8 篇。图书馆学、情报学与文献学期刊及综合性高校学报均位列第三，在《中国出版》《出版发行研究》等发表 4 篇，在《南京大学学报》（哲学·人文科学·社会科学版）、《华南师范大学学报》（社会科学版）等发表 4 篇。此外，经济学期刊发表商务汉语论文 2 篇，综合性社科期刊 2 篇，新闻学与传播学期刊及社会学期刊分别为 1 篇，具体分布如图 2：

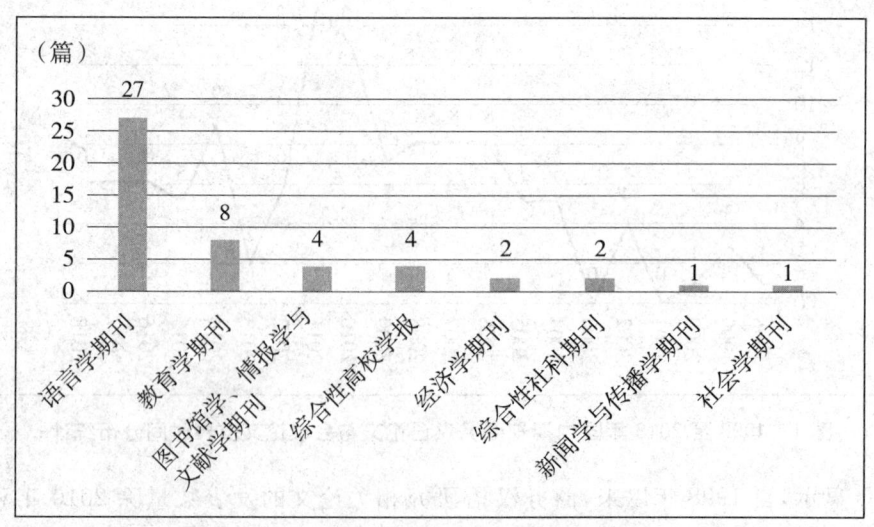

图 2　1998 至 2018 年国内商务汉语论文所发核心期刊分布统计

从图2可以大致看出商务汉语研究的学科领域分布情况具有以下两个特点:第一,商务汉语研究属于语言学研究范畴这一点是毋庸置疑的,但同时它还具有较为明显的跨学科特征。半数以上的发表商务汉语相关研究的核心期刊为语言学领域期刊,但同时教育学、经济学、图书馆及情报学与文献学核心期刊都有相关研究成果发表,这说明商务汉语的跨学科特征比较明显。第二,与商务英语相比,经济学研究者对商务汉语研究领域关注度不足。发表于经济学核心期刊的商务汉语研究仅仅只有2篇。据王立非、李琳(2013)统计,2002至2011年经济学核心期刊发表的商务英语研究论文数量最多,是语言学核心期刊的3倍,经济学研究者高度关注高等外语教育如何培养符合国际商务行业需求的英语人才,并较多探讨了商务英语人才的能力和知识构成。相比之下,从经济学角度对国际商务行业的汉语人才培养研究还很不受重视。

二、高级别项目立项情况分析

表2统计了1998至2018年国家社科基金和教育部人文社科基金商务汉语项目的立项总数共计3项,包括国家社科基金1项,教育部人文社科基金2项,其中2项研究内容与商务汉语教学密切相关,1项与汉语和国际商务语言地位有关,一定程度说明商务汉语的研究力量薄弱,高水平研究不足,且研究的主要课题不平衡。

表2 1998至2018年国家级社科基金商务汉语项目立项统计

类别	项目名称	年份	负责人	单位
国家社科一般项目	基于内容的商务汉语教学模式研究	2005	黄锦章	上海财经大学
教育部重点研究基地重大项目	提升汉语的国际商务语言地位的战略与对策研究	2011	张黎	北京语言大学
教育部规划基金项目	来华留学生商务汉语实践教学研究	2013	沈庶英	北京语言大学

三、专著出版状况分析

1998至2018年,国内一共出版5部商务汉语研究专著,这5部专著大多是围绕商务汉语研究领域的某一个主题展开,主要包括商务汉语课程研究、教学理论与研究方法、词汇研究及全球视野下的教学研究。专著详细情况见表3。

表3　1998至2018年我国商务汉语研究专著出版情况统计

年份	专著	作者	出版社
2007	《经贸汉语课程研究》	张黎	商务印书馆
2011	《2011国际商务汉语年度报告》	对外经济贸易大学国际商务汉语教学与资源开发基地（北京）	高等教育出版社
2013	《商务汉语教学理论研究与方法创新》	沈庶英	北京语言大学出版社
2014	《商务汉语词汇研究》	吴海燕	中国书籍出版社
2017	《全球视野下的商务汉语教学与研究》	关道雄	北京大学出版社

与论文相比，专著更具系统性与理论深度，但与汉语本体研究相比，商务汉语研究著作还十分欠缺，研究范围也很有限，到目前为止还没有跨文化商务汉语交际、商务汉语话语分析、商务汉语人才培养及商务汉语国别化研究等方面的专著出版。可见，今后的商务汉语研究应该继续深入探讨目前已经取得一定成果的问题，同时也应尝试关注前人未曾关注或鲜有关注的领域，以改变目前商务汉语研究基础薄弱、研究成果稀缺、应用实践不足的现状。

四、教材出版状况分析

参考张黎等(2016)的统计结果，通过查阅图书馆资料、实体及网上书店等多渠道，比较全面地收集整理了1998至2018年国内94套商务汉语教材，具体统计情况如图3：

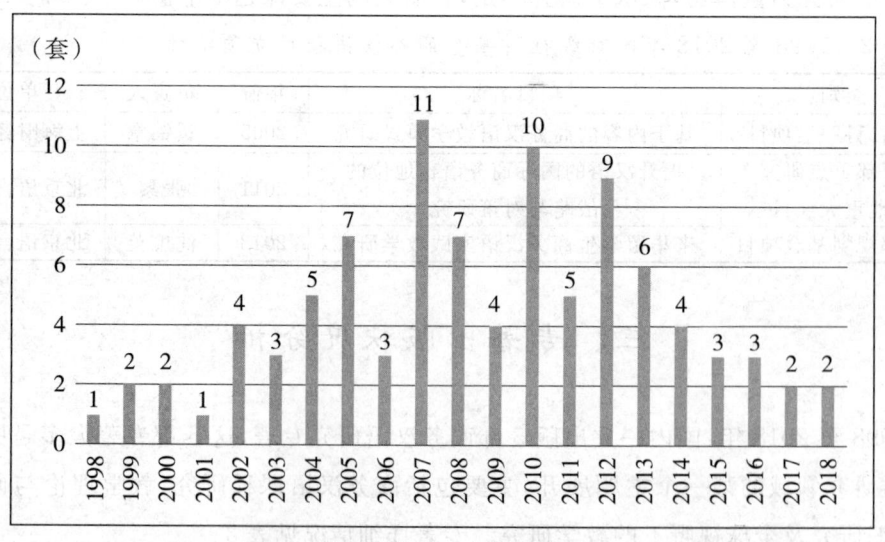

图3　1998至2018年我国出版的商务汉语教材统计（不含教材再版）

新中国第一本商务汉语教材为1982年出版的《外贸洽谈500句》，此后国内陆续出版了一些商务汉语教材，但都处在起步与摸索阶段。2001年中国加入世界贸易组织，直接推动了国内商务汉语教学与研究的发展,商务汉语教材出版也蓬勃发展起来,从图3可以看出,近二十年来商务汉语教材的出版成果不断涌现,特别是自2002年开始出现明显增长。2003年国家汉语水平考试委员会确定由北京大学牵头负责HSK(商务)的研发工作,2006年该考试正式更名为"商务汉语考试(BCT)"。图3显示,商务汉语考试(BCT)正式推出后,2007年商务汉语教材出版达到了高峰。商务汉语考试(BCT)实施推广至今已有十多年,与该考试相关的标准教程、考试大纲、词汇大纲及真题集等教材相继出版,使得商务汉语教材出版队伍日益壮大。如2013年商务印书馆出版的《商务汉语词汇手册》(干红梅主编)收录了40种商务汉语教材及现实商务活动中常用的商务汉语词条4 287个,并按照使用频率与难度分为三个等级,与2012年商务印书馆出版的《商务汉语800句》(刘慧清主编)互为补充,考学结合,简明实用。

不过,从目前已出版的商务汉语教材看,不少教材内容缺乏时效性,在电子商务成为主流的时代,传统商务教材已经无法满足学习者与时俱进的需求。改版后的商务汉语考试(BCT)重点考察考生在真实商务或一般工作情境中运用汉语进行交际的能力,提高这一能力也是学习者学习商务汉语的主要目标,然而现有的大部分商务汉语教材中的场景都不真实或与现实情况脱节。

五、研究方法的特点

参照文秋芳(2004:89-93)及王立非、李琳(2013)的分类方式,结合商务汉语研究论文所使用研究方法的客观现状,将商务汉语研究方法分为实证研究与非实证研究,其中实证研究包括定性研究、定量研究、定性与定量相结合的研究,非实证研究分为经验总结、理论反思、描述性研究。对118篇期刊与会议论文所用研究方法进行分类统计,情况如表4:

表4 1998至2018年国内期刊商务汉语论文与会议论文
　　 研究方法分布统计 (单位:篇)

研究方法	实证研究			非实证研究		
	定性研究	定量研究	定性与定量相结合	经验总结	理论反思	描述性研究
数量	5	3	2	71	8	29

从表4可以看出,1998至2018年商务汉语研究方法具有以下三个特点:其一,实证研究与非实证研究数量不平衡,非实证研究数量大大超过实证研究。其二,实证研究中定性与定量相结合的研究还很少见。其三,非实证研究的经验总结与描述性研究占全部研究方法的比例最大,其中大部分为经验总结。长久以来商务汉语研究的主流方

向均与教学相关，因此目前所取得的研究成果多为从教学实践中获取的经验总结及对课堂、教材及教法等方面的描述，因此非实证研究的经验总结与描述性研究所占比例较大。

六、结语

本文通过分析1998至2018年我国商务汉语研究的发展状况，得出以下结论：商务汉语研究范围涉及商务汉语的语言技能研究、语言知识研究及语言教学研究的各个方面，但是发表在核心期刊的高水平研究成果还较为不足。期间，前十几年商务汉语研究总体呈上升态势，特别是2010年与2011年研究数量有明显提升，但近七年来发文数量有所减少且趋于稳定。目前的商务汉语研究缺乏系统性，研究热点主要集中在商务汉语教学内容、教学方法及教材编写等方面，对商务汉语语言特征、跨文化商务汉语交际等问题关注度相对较低，缺乏国别化的商务汉语研究。商务汉语具有跨学科的性质，商务汉语研究的主要领域除了语言学之外，经济学、教育学等领域也在关注商务汉语的研究，与商务英语相比，经济学研究者对商务汉语研究领域关注度还比较不足。国家级立项项目较为缺乏，研究的主要课题不平衡。商务汉语教材出版数量不断增加，其中商务汉语考试（BCT）的实施推广促进了商务汉语教材出版的发展。商务汉语的研究方法中，非实证研究大大超过实证研究，非实证研究中的经验总结居多，描述性研究次之，实证研究缺乏定量与定性相结合的研究。

我们认为，未来的商务汉语研究应该着重从以下几点出发：首先，不断提高商务汉语研究的质量是一个需要引起学界重视的议题。只有在提高商务汉语研究质量的基础上，才能出版高质量的专著，争取获得更多的国家级立项项目。其次，商务汉语研究应该拓宽研究思路，扩大现有研究范围，在继续保持对商务汉语教学及教材方面的研究基础上，应加强商务汉语语言特征、跨文化商务汉语交际的相关研究。其三，基于商务汉语学习对象的多国别化特点，今后应更加重视商务汉语的国别化研究。其四，应当充分利用商务汉语跨学科的性质，使用跨学科的研究方法，加强跨学科的合作与研究，对商务汉语进行多角度、多层次的系统研究。其五，商务汉语教材出版应与时俱进，更加侧重实用性，以满足我国当前蓬勃发展的商务汉语教学需求。其六，未来应多采用实证研究的方法，特别是定量与定性相结合的实证研究方法，对商务汉语进行更为严谨的科学研究。

参考文献

崔佳兴（2011）对外汉语教师反思渐进培养模式的个案研究——以商务汉语课程为例，第一届国际汉语教师培养论坛论文，载姜明宝主编《汉语国际教育人才培养理论研究》，北京语言大学出版社、中央广播电视大学出版社，2013年。

丁俊玲(2009)商务汉语信息库建设刍议,《教育评论》第5期。
对外经济贸易大学国际商务汉语教学与资源开发基地(2011)《2011国际商务汉语年度报告》,高等教育出版社。
冯传强(2018)基于北语慕课平台的微课设计与应用研究——以高级商务汉语综合课为例,第十一届中文教学现代化国际研讨会会议论文,澳门科技大学。
干红梅主编(2013)《商务汉语词汇手册》,商务印书馆。
关道雄(2017)《全球视野下的商务汉语教学与研究》,北京大学出版社。
韩沛玲(2012)商务汉语师资培养探讨,《山西师大学报》(社会科学版)第4期。
姜国权(2016)大数据时代商务汉语教材出版的困境与策略,《出版发行研究》第6期。
李吉梅(2018)浅议商务汉语虚拟仿真实验室,第十一届中文教学现代化国际研讨会会议论文,澳门科技大学。
刘超英(2010)商务汉语考试(BCT)机考测试结果检验,《华文教学与研究》第2期。
刘　华(2018)商务汉语常用词语表的重构与等级划分,《华文教学与研究》第1期。
刘慧清主编(2012)《商务汉语800句》,商务印书馆。
刘丽瑛(1999)经贸汉语教学初探,《世界汉语教学》第1期。
刘乃华(1998)商贸汉语中洽谈语言的特性及其教学,《南京大学学报》(哲学·人文科学·社会科学版)第3期。
刘　艳(2011)基于任务的商务汉语词汇教学探讨,《华文教学与研究》第4期。
鹿士义(2011)商务汉语考试(BCT)阅读能力与欧盟框架的匹配研究,《语言文字应用》第1期。
聂学慧(2010)经贸汉语:对外汉语教学中的新文化态势探讨,《中华文化论坛》第2期。
沈庶英(2013)《商务汉语教学理论研究与方法创新》,北京语言大学出版社。
沈庶英(2014)来华留学生商务汉语实践教学探索,《语言教学与研究》第1期。
孙　红、巩喜云(2014)国际商务汉语教学中的文化教学问题,《国际商务》(对外经济贸易大学学报)第4期。
王立非、李　琳(2013)我国商务英语研究十年现状分析(2002—2011),《外语界》第4期。
王晓华(2016)基于"一带一路"思路的商务汉语国际生培养,《西安电子科技大学学报》(社会科学版)第3期。
文秋芳(2004)《应用语言学研究方法与论文写作》,外语教学与研究出版社。
吴海燕(2014)《商务汉语词汇研究》,中国书籍出版社。
辛　平(2007)面向商务汉语教材的商务领域词语等级参数研究,《语言文字应用》第3期。
张　健、李　莉(2017)ESP需求分析理论下零基础商务汉语教学述评,《海外华文教育》第10期。
张　黎(2006)商务汉语教学需求分析,《语言教学与研究》第3期。
张　黎(2007a)现场促销言语行为的社会交际功能,《修辞学习》第1期。
张　黎(2007b)《经贸汉语课程研究》,商务印书馆。
张　黎(2010)商务汉语口语的话语特征,《汉语学习》第3期。
张　黎、张　晔、高一瑄(2016)《专门用途汉语教学》,北京语言大学出版社。
张向荣(2010)经贸汉语本科课程建设刍议,《黑龙江高教研究》第7期。
周小兵、干红梅(2008)商务汉语教材选词考察与商务词汇大纲编写,《世界汉语教学》第1期。

(510006　广东广州,华南理工大学国际教育学院)

《对外汉语研究》征稿启事

《对外汉语研究》由上海师范大学对外汉语学院主办,由商务印书馆出版,向国内外发行。本刊以"促进国内外对外汉语教学与研究,及时反映汉语教学与研究领域的最新成果和学术动态,全面提升对外汉语教学界的教学和科研队伍,为学术讨论、研究和理论创新提供平台"为宗旨。竭诚欢迎世界各地从事汉语研究和教学的学者、专家、教师、研究生围绕以上栏目及相关内容给《对外汉语研究》赐稿!

栏目设置:

作为第二语言的汉语本体研究;语言测试研究;语言学习理论;汉语作为第二语言的习得与认知;中外汉语教学的历史与现状;语言文化教学;对外汉语学科教学论;教材建设;对外汉语教育技术;学术评论和学术动态等。本刊特别欢迎论证充分、材料翔实,联系实际的新观点、新成果。

来稿注意事项:

1. 字数:论文以 8000 字左右为宜,重要文章可做适当调整。

2. 题目、摘要和关键词:摘要一般不超过 200 字,关键词一般不超过 5 个。

3. 例句:

例句全部用小五号宋体,用(1)(2)(3)……统一编号,按顺序排列,并在例句后面用小括号注明出处。

4. 注文:注文一律采用脚注,用①②③……编号。

5. 参考文献:

例如:马箭飞(2001)以"交际任务"为基础的汉语短期强化教学教材设计,《对外汉语教学与教材研究论文集》,华语教学出版社。

沈家煊(1994)"语法化"研究综观,《外语教学与研究》第 4 期。

朱德熙(1982)《语法讲义》,商务印书馆。

Wilkins, D. A. (1976) *Notional Syllabuses*, Oxford University Press.

6. 投稿要求:来稿请以 WORD.DOC 格式用 E-mail 通过附件的方式发送至本刊编辑部。详细的格式、体例请参看本刊近期文献。

7.来稿时写明:作者姓名,工作单位,通信地址(含邮政编码),联系电话,E-mail 地址和主要研究方向等内容。

8.来稿审读时间一般为 6 个月,6 个月内未接到用稿通知,可自行处理。

《对外汉语研究》编辑部
邮政编码:200234
地址:上海市桂林路 100 号上海师范大学对外汉语学院
电话:021－64328691;电子信箱:dwhyyj@shnu.edu.cn
联系人:杜轶

图书在版编目(CIP)数据

对外汉语研究. 第 21 期/上海师范大学《对外汉语研究》编委会编. —北京:商务印书馆,2020
ISBN 978-7-100-18133-4

Ⅰ.①对… Ⅱ.①上… Ⅲ.①汉语—对外汉语教学—教学研究—文集 Ⅳ.①H195.3-53

中国版本图书馆 CIP 数据核字(2020)第 032500 号

权利保留,侵权必究。

DUÌWÀI HÀNYǓ YÁNJIŪ
对 外 汉 语 研 究
第 二 十 一 期
上海师范大学《对外汉语研究》编委会 编

商 务 印 书 馆 出 版
(北京王府井大街36号 邮政编码100710)
商 务 印 书 馆 发 行
北京艺辉伊航图文有限公司印刷
ISBN 978-7-100-18133-4

2020年2月第1版　　开本787×1092　1/16
2020年2月北京第1次印刷　印张13

定价:32.00元